U0634644

国家出版基金项目
NATIONAL PUBLICATION FOUNDATION

中国特色社会主义根本政治制度

人民代表大会制度纪实

总　顾　问　王汉斌

编委会主任　乔晓阳

人大代表工作制度

章　林　李跃乾　刘福军　王仰飞 / 编著

中国出版集团

中国民主法制出版社

全国百佳图书

出版单位

图书在版编目（CIP）数据

人大代表工作制度/章林等编著.—北京：中国
民主法制出版社，2024.2

（中国特色社会主义根本政治制度：人民代表大会
制度纪实/杨积堂，吴高盛主编）

ISBN 978-7-5162-3530-0

Ⅰ.①人…　Ⅱ.①章…　Ⅲ.①人民代表大会制—研究
—中国　Ⅳ.①D621

中国国家版本馆 CIP 数据核字（2024）第 018986 号

图书出品人：刘海涛
出 版 统 筹：贾兵伟
责 任 编 辑：张　霞

书名/人大代表工作制度

作者/章　林　李跃乾　刘福军　王仰飞　编著

出版·发行/中国民主法制出版社
地址/北京市丰台区右安门外玉林里 7 号（100069）
电话/（010）63055259（总编室）　83910658　63056573（人大系统发行）
传真/（010）63055259
http：// www.npcpub.com
E-mail：mzfz@ npcpub.com
开本/16 开　700 毫米×1000 毫米
印张/20.5　字数/220 千字
版本/2024 年 6 月第 1 版　2024 年 6 月第 1 次印刷
印刷/三河市宏图印务有限公司

书号/ISBN 978-7-5162-3530-0
定价/78.00 元
出版声明/版权所有，侵权必究。

（如有缺页或倒装，本社负责退换）

中国特色社会主义根本政治制度
——人民代表大会制度纪实

编 委 会

总　顾　问　王汉斌

主　　　任　乔晓阳

副　主　任　李连宁　　陈斯喜　　刘振伟

委　　　员　万其刚　　刘海涛　　杨积堂

　　　　　　吴高盛　　张桂龙　　王　敏

　　　　　　贾兵伟　　张　涛　　周小华

　　　　　　张　霞

执行总主编　杨积堂　　吴高盛

出版说明

"乔木亭亭倚盖苍，栉风沐雨自担当。"在第一届全国人民代表大会第一次会议上，毛泽东同志向世人宣告："我们正在做我们的前人从来没有做过的极其光荣伟大的事业。我们的目的一定要达到。我们的目的一定能够达到。"

从 1954 到 2024 年，人民代表大会制度已走过 70 年。为记录人民代表大会制度发展历程，宣传中国特色社会主义根本政治制度，阐释中国特色社会主义道路自信、制度自信，中国民主法制出版社于 2017 年策划"中国特色社会主义根本政治制度——人民代表大会制度纪实"项目，计划用 1600 万字 20 册图书，对人民代表大会制度在我国的建立发展进行较完整的记录。

历时 6 年，几易框架，无数次讨论修改，最终收稿 3000 万字。3000 万字分理论和纪实两大部分，详述人民代表大会的制度总论、发展历程、自身建设及立法、重大事项决定、选举任免、监督、代表、会议、对外交往等重要工作。理论部分 340 余万字，其中自身建设、重大事项和对外交往三个板块根据工作实际和写作安排，理论纪实合为一册，归入理论板块。立法、监督、选举任免、代表工作、会议五个板块的纪实部分共计 2600 余万字。两大部分通过梳理历届全国人民代表大会会议议程，记录我国根本政治制度的发展历程；通过收录全国人民代表大会及其常务委员会会议作出的决定、批准的重大事项等文件及各专门委员会的文件、报告，为研究中国特色人民代表大会制度整理、保存重要文献，宣传实现我国全过程人民民主的重要制度载体的工作机制。

为保持项目的完整性和对人民代表大会制度记录的客观性，同时适应新时代资料保存查阅的新方式新手段，经多次组织专家讨论、内部研究，项目用 20 册图书、40 个视频、1 个数据库将这 3000 余万字全部收录，将人民代表大会制度 70 年的历程完整记录、如实呈现。其中人大立法工作纪实、人大监督工作纪实、人大会议工作纪实的具体内容均收入"人民代表大会制度纪实"数据库，目录作为索引以图书形式呈现。

项目实施过程中，从总顾问王汉斌同志、编委会主任乔晓阳同志，到刚入校门的大学生，先后百余人参与其中。从框架搭建、内容研讨、资料收集、板块汇编、归类整理到书稿撰写、初稿审读、编辑加工，我们遇到许多意想不到的困难，好在"众人拾柴火焰高"，各方都投入了极大热情，这些困难也一一得到克服。其间，全国人大图书馆、全国人大有关同志给予了我们雪中送炭般的支持。

人民代表大会制度植根于中国历史文化沃土，蕴含着中华文明丰富的政治智慧和治理经验，体现了天下为公、天下大同的社会理想，九州共贯、多元一体的大一统传统，民惟邦本、本固邦宁的民本思想，德主刑辅、法明令行的法治精神。新的伟大征程上，我们要更加坚定制度自信，不断发展具有强大生命力的全过程人民民主。

2024 年是中华人民共和国成立 75 周年，也是全国人民代表大会成立 70 周年、地方人大设立常委会 45 周年，谨以"中国特色社会主义根本政治制度——人民代表大会制度纪实"向祖国献礼！

"六年磨一剑"，其中一定还有许多疏漏和不足，我们希望"中国特色社会主义根本政治制度——人民代表大会制度纪实"项目能为坚持好、完善好、运行好人民代表大会制度尽微薄之力。

2024 年 6 月

总序

习近平总书记指出，人民代表大会制度是坚持党的领导、人民当家作主、依法治国有机统一的根本政治制度安排，是党领导国家政权机关的重要制度载体。100 多年前，中国共产党一经诞生，就把为中国人民谋幸福、为中华民族谋复兴确立为自己的初心和使命，为实现人民当家作主进行了不懈探索和奋斗。在新民主主义革命时期，以毛泽东同志为主要代表的中国共产党人，创造性地提出实行人民代表大会制度的构想。1945 年 4 月，毛泽东同志就说："新民主主义的政权组织，应该采取民主集中制，由各级人民代表大会决定大政方针，选举政府。它是民主的，又是集中的，就是说，在民主基础上的集中，在集中指导下的民主。只有这个制度，才既能表现广泛的民主，使各级人民代表大会有高度的权力；又能集中处理国事，使各级政府能集中地处理被各级人民代表大会所委托的一切事务，并保障人民的一切必要的民主活动。"1954 年 9 月，第一届全国人民代表大会第一次会议召开，通过了《中华人民共和国宪法》，标志着人民代表大会制度这一国家根本政治制度正式建立。

经过 70 年的实践发展，人民代表大会制度更加成熟、更加定型，焕发出蓬勃生机活力。2021 年 10 月 13 日习近平在中央人大工作会议上的讲话中强调："实践证明，人民代表大会制度是符合我国国情和实际、体现社会主义国家性质、保证人民当家作主、保障实现中华民族伟大复兴的好制度，是我们党领导人民在人类政治制度史上的伟大创造，是在我国政治发展史乃至世界政治发展史上具有重大意义的全新政治制度。"

70年来，在中国共产党的领导下，全国人大及其常委会、地方各级人大及其常委会不断探索实践、创新发展，人民代表大会制度的理论体系不断完善，人大工作积累了极其丰富的实践成果。这些理论和实践成果，是进一步坚持好、完善好、运行好人民代表大会制度的重要基石。为了深入贯彻习近平总书记关于坚持和完善人民代表大会制度的重要思想，积极发展全过程人民民主，健全人民当家作主制度体系，继往开来，守正创新，开创人大工作新局面，中国民主法制出版社组织立法机关有关同志、从事人大理论研究的相关学者和人大工作领域的实务专家，对人民代表大会制度的理论和实践进行了全面梳理，形成了"中国特色社会主义根本政治制度——人民代表大会制度纪实"项目，并获得了国家出版基金资助。

项目从人民代表大会制度总论、人民代表大会制度发展历程、人大代表选举制度和人大人事任免制度、人大立法制度、人大代表工作制度、人大讨论决定重大事项制度、人大监督制度、人大会议制度、人大自身建设、人大对外交往工作等十个方面，阐述了"中国特色社会主义根本政治制度——人民代表大会制度"的制度创建、自身建设和发展历程，全面梳理了人大行使立法、监督、决定、选举任免等职权的制度体系，并对人大会议制度、人大代表工作、人大对外交往工作做了详尽汇览。

项目在实施过程中，力图在梳理理论体系的同时，尽量根据现有文献和资料，将人民代表大会制度发展进程中和人大工作全过程各环节相关制度成果加以汇总，为现在和未来的人大工作者、人大理论研究者提供尽可能翔实的人大知识宝库。

这是迄今为止收录内容最为完整的一套人大纪实丛书，为了体现中国特色社会主义根本政治制度的伟力，让更多国人了解和熟悉这一制度的逻辑，每一板块我们都进行了导读设计，从而更有利于读者提纲挈领地加以掌握。

今年是中华人民共和国成立 75 周年，也是全国人民代表大会成立 70 周年。我们谨以"中国特色社会主义根本政治制度——人民代表大会制度纪实"项目，向人民代表大会制度致敬，向祖国献礼。

乔晓阳

2024 年 6 月

"代表"是一个比较宽泛的概念，可以适用于社会的许多团体、组织，以及能够代表某一方面利益的人，如党代表、工会代表、共青团代表、妇女代表、教职工代表、学生代表等。本书中的"代表"，是一个特定的法律概念，即专指根据国家根本政治制度确定的公民在国家政权中的代表。在资本主义国家，一般指代议机关（议会、议院）的议员，在我国是指各级国家权力机关的组成人员，即各级人民代表大会的代表，简称人大代表。

虽然推举代表行使社会公权力、决定社会重大问题的政治形式，可以上溯到原始社会，但真正意义上的代表制度是在近代资产阶级民主政治国家中产生的。一般情况下，不可能每个成员都直接参加国家的管理，因此，近代民主政治国家通过某种方式（如选举、委托等），成立某种国家代议机关，推举少数人作为国家代议机关的代表，代行管理国家权力。也就是说，这种代表制度，实际上是全体统治阶级成员为了维护自己的利益和要求，而推举出自己在政权中的代言人或代理人，负责管理国家的制度。

资本主义国家的代表制度最早出现在英国，此后在欧美主要国家普遍流行起来，最终在世界范围内得到巩固和发展。现代资本主义国家的代表制度，以生产资料私有制为基础，其主要内容包括：议员是国家代议机关的组成人员；凡实行两院制的国家，下院议员大多经普选产生，上院议员有的国家经选举产生，有的国家则规定需具有特定资格的人担任；实行一院制的国家，议员大多是经普选产生；有些国家的议员候选人参加竞选前要交纳一定数量的保证金；当选议员享有的权利主要包括提案权、表决权、质询权等，许多国家的议员还享有开会期间不受逮捕、开会时言论和表决不受追究等方面的特权；议员作为国家公职人员，除领取薪金外，还享受补贴费和其他额外收入；议员一般都归属于某一政党；等等。

19世纪40年代，由马克思和恩格斯创立的科学社会主义理论，已经提出了无产阶级代表制度的一些基本原则，如代表由民主选举产生，代表不称职可被随时撤换，代表在经济上不能有特权等。世界上第一个无产阶级政权巴黎公社，创立了公社委员制度，为无产阶级国家代表制度的建立提供了实践经验。20世纪初期，特别是第二次世界大战以后，一些国家在马克思主义理论指导下取得了政权，建立了与无产阶级政权相适应的政权组织形式，其中包括逐步建立了社会主义性质的代表制度。

社会主义国家的代表制度，基本内容主要包括：代表是国家权力机关的组成人员；代表一般享有提案权、质询权、表决权等；代表通过直接选举或间接选举方式产生；代表可以随时被选民或选举单位罢免、撤换；代表必须与人民群众保持密切联系，有义务向选民或选举单位汇报工作，并接受监督；代表一般都是兼职，不脱离原生产、工作岗位，也不领取代表职务酬金（除某些必要补贴外）；国家为代表履职活动提供各方面的保障；等等。

作为中国共产党领导的代表制度，可以追溯到我国新民主主义革命时期。如在中国共产党创建的革命根据地的人民政权中，先后出现了工农兵代表会议、工农兵（全国）代表大会、参议会等政权组织形式。毛泽东在《新民主主义论》《论联合政府》

《论人民民主专政》等著作中，明确提出并阐述了"人民代表大会"的概念与内涵。新中国成立初期，由于不具备召开全国人民代表大会的条件，中国人民政治协商会议代行全国人民代表大会的职权。1953 年，我国开始了新中国成立后全国范围的第一次普选，产生了地方各级人民代表大会，并在此基础上，于 1954 年 9 月 15 日召开了第一届全国人民代表大会第一次会议，通过了宪法和有关国家机构的基本法律，同时也对代表的性质、代表的选举和罢免以及代表在会议期间的部分权利等作出了一些规定。由此标志着人民代表大会制度正式建立，人大代表制度也成为人民代表大会制度的一个重要组成部分。

我国人大代表制度的真正发展和完善，是在党的十一届三中全会以后。1982 年通过的宪法以及一系列有关重要法律，规定了人大代表的性质、任期、资格、权利和义务、经济补贴、履职保障等方面的内容。1992 年 4 月 3 日，第七届全国人民代表大会第五次会议通过《中华人民共和国全国人民代表大会和地方各级人民代表大会代表法》，成为我国第一部专门规范代表工作的法律。代表法以宪法为依据，从我国国情出发，总结新中国成立以来代表制度、代表工作和代表活动的基本经验，对代表的地位、作用，代表的权利和义务，代表在会议期间的工作和在闭会期间的活动，对代表执行代表职务的保障，停止执行代表职务和代表资格终止，以及涉及代表的其他重要问题，都作出了明确而具体的规定，为代表工作和代表活动进一步规范化、制度化提供了重要法律保障，标志着我国人大代表制度的进一步完善。

党的十八大以来，全国人大常委会深入学习贯彻习近平总书记关于坚持和完善人民代表大会制度的重要思想，遵循和把握代表工作规律，坚持在实践中创新、在创新中发展，推动人大代表工作紧扣时代脉搏，阔步向前迈进，更好地通过人民代表大会制度这一根本政治制度支持和保证人民当家作主。2019 年 6 月 17 日，十三届全国人大常委会第三十二次委员长会议审议并通过了《关于加强和改进全国人大代表工作的具体措施》，从涉及代表工作的 11 个方面，提出 35 条具体措施，全力保障代表履职尽责、发挥作用。此外，全国人大常委会还制定和修改了《关于完善全国人大常委会组成人员联系全国人大代表机制的意见》《关于加强和改进全国人大代表学习培训工作的若干意见》等一系列制度规范，推进代表工作制度化、规范化、常态化。

人民代表大会制度是我国的根本政治制度，是国家政权的组织形式。人民代表大会是这一根本政治制度的组织载体，而人大代表是人民代表大会的组成细胞，是人大工作重要的推动者，是我国人民代表大会制度忠实的捍卫者、实践者和传播者，是人民群众利益坚定的代言人。

我国共有五级人大代表 277 万多名。其中，县乡两级人大代表占到代表总数的 90% 以上，是由选民一人一票选出来的。习近平总书记指出："人民代表大会制度之所以具有强大生命力和显著优越性，关键在于它深深植根于人民之中。"人大代表植根于人民群众之中，并与人民群众保持着密切的联系。我国的人大代表制度支持和保证人民通过人大代表参加行使国家权力，体现了国家一切权力属于人民，能够激发人民的创造活力，具有鲜明的中国特色。

民有所呼、我有所应。人大代表是接受人民的委托，代表人民参加行使国家权力的代表。人大代表来自人民，横向看，来自各地区、各民族、各方面、各阶层；纵向看，全国、省、市、县、乡五级都有人民代表大会，具有广泛代表性。各级人民代表大会会议从乡、县、市、省、全国自下而上、逐级召开，使得人民群众意愿和呼声能够通过代表真实反映、向上传递。可以说，尊重代表的权利就是尊重人民的权利，保障代表依法履职就是保障人民当家作主。

民有所求、我有所为。人大代表依法履行职责的能力和水平，在一定程度上决定了我国人民代表大会及其常委会履行职能的水平，也决定了立法和决策代表人民利益和体现人民意志的程度。从这个意义上讲，不断推进代表制度建设，更好地发挥代表在参与管理国家事务和在全过程人民民主中的作用，与坚持和完善人民代表大会制度息息相关、紧密相联，必然对完善和发展社会主义民主政治具有重要意义。

目录

/ 第一章 /

人大代表的基本情况

我国是中国工人阶级领导的、以工农联盟为基础的人民民主专政的社会主义国家。我国宪法规定，中华人民共和国的一切权力属于人民。人民依照法律规定，通过各种途径和形式，管理国家事务，管理经济和文化事业，管理社会事务。人民行使国家权力的机关是全国人民代表大会和地方各级人民代表大会。人大代表，即全国人大代表和地方各级人大代表，代表人民的利益和意志，依照宪法和法律赋予本级人大的各项职权，参加行使国家权力。

第一节　代表法及其修改导读

法律是人大代表履职的根本依据，依法履职是人大代表进行工作和开展活动的一条根本原则。支持、规范和保障人大代表依法履职，是保证各级人大代表充分发挥作用的必然要求。为了保证人大代表依法行使代表职权，履行代表义务，发挥代表作用，1992年七届全国人大五次会议通过了代表法，对代表的性质、工作、权利和义务等作出具体规定，对保障代表依法履行职责，坚持和完善人民代表大会制度起到了重要作用。随着我国经济社会和社会主义民主法治建设的发展，代表的构成、素质以及履职的环境等都发生了很大变化，代表履职出现了一些新情况、新问题。因此，在总结实践经验的基础上，全国人大常委会于 2009 年、2010 年和 2015 年分别对代表法进行了三次修正。

一、代表法的制定与实施

在代表法制定颁布之前，有关人大代表的权利与义务及其工作，散见于我国宪法、选举法、全国人大组织法、地方组织法等有关法律之中。随着社会主义民主法制建设和人民代表大会制度建设的发展，对代表履行职责提出了进一步规范化、制度化的要求。与此同时，各级人大代表在参加行使国家权力，反映群众的意见和要求，协助宪法和法律的实施等方面，做了大量工作，创造了不少行之有效的做法，因此，自六届全国人大以来，许多代表提出议案和建议，要求制定代表法。为了保障代表依法行使权利，履行义务，更好地发挥代表作用，制定代表法提上了议事日程。

第七届全国人大常委会制定的工作要点提出，要研究制定全国人大代表工作条例。1989 年 7 月，委员长会议要求抓紧起草代表法，并委托全国人大常委会办公厅负责起草工作。办公厅在广泛调查研究的基础上，于 1990 年 4 月起草出代表法草案讨论稿，送各省、自治区、直辖市，全国人大常委会有关部门，中央有关部门，国务院有关部委，最高人民法院，最高人民检察院和部分法律专家征求意见，并多次召开座谈会听取各方面意见。在此基础上，对代表法草案讨论稿进行了反复修改，形成了代表法草案。1991 年 12 月、1992 年 2 月，七届全国人大常委会第二十三次会议、第二十四次会议审议了这个法律草案。全国人大常委会办公厅和全国人大常委会法制工作委员会根据常委会组成人员的审议意见和各方面提出的意见，对代表法草案进行了修改。经全国人大常委会第二十四次会议审议，决定提请七届全国人大五次会议审议。1992 年 3 月 27 日至 31 日，大会各代表团对代表法草案进行了审议。代表们认为草案基本成熟，同意进一步修改完善后通过。4 月 3 日，七届全国人大五次会议表决通过了代表法，并于同日公布施行。

法律修改的指导思想在立法中具有重要作用，决定修改的方向、立法中重大问题的决策以及如何统一思想认识等。根据代表法草案说明，制定代表法的指导思想是，以宪法为依据，从我国国情出发，总结代表工作和代表活动的基本经验，对代表的权利和义务，以及在执行代表职务中需要和可能解决的问题，作出实事求是的规定，使代表工作和代表活动进一步规范化、制度化。代表法吸收了各地开展代表工作和代表活动的成熟经验，使之上升为法律规定。

代表法的主要内容来自宪法、选举法、全国人大组织法和地方组织法，把散见于有关法律中的规定，以代表为主线，按照总则、代表在本级人民代表大会会议期间的工作、代表在本级人民代表大会闭会期间的活动、代表执行职务的保障、停止执行代表职务和代表资格的终止、附则这一逻辑顺序，作了有机的编排。与此同时，也根据实践经验和工作需要，作了一些创新性规定。

第一，明确代表依法在本级人大会议期间的工作和在本级人大闭会期间的活动，都是执行代表职务。国家和社会为代表执行代表职务提供保障。代表是国家权力机关的组成人员，但其执行职务的特点不同于行政机关、司法机关的工作人员，到底哪些行为属于履职行为，过去曾有不同的理解，代表法首次将代表闭会期间的活动明确为履职行为，并对代表在闭会期间的活动单列一章论述。

第二，扩大了代表质询的对象，使代表提出质询案的法律规定更趋完备。代表法制定之前，全国人大质询的对象只限于国务院及其所属各部门，代表法扩大了质询对象，可以对最高人民法院和最高人民检察院提出质询案。规定全国人大会议期间，一个代表团或者三十名以上的代表联名，有权书面提出对最高人民法院和最高人民检察院的质询案。

第三，对代表在本级人大闭会期间的活动作了较为系统规定。一是按照便于组织和开展活动的原则，组成代表小组，开展活动。二是开展集中统一视察和持代表证就地进行视察。三是应邀列席本级人大常委会会议和有关会议。四是采取多种方式听取和反映人民群众的意见。五是依法参加特定问题的调查委员会等。

第四，对代表履职的保障作了比较全面的规定。一是扩大了代表人身法律保护的范围。除原先需要报请许可的逮捕和刑事审判外，增加规定对县级以上各级人大代表采取法律规定的其他限制人身自由的措施，也纳入应当报经许可的范围。二是明确了代表的时间保障。代表在本级人大闭会期间，参加由本级人大或者其常委会安排的代表活动，代表所在单位必须给予时间保障。三是明确了代表履职的待遇。代表在闭会期间执行代表职务，其所在单位按正常出勤对待，享受所在单位的工资和其他待遇；无固定工资收入的代表执行代表职务，根据实际情况由本级财政给予适当补贴；代表活动经费，应当列入本级财政预算。

虽然代表法的内容主要来源于已有的法律规定，但代表法的制定与实施，仍然发挥了重要作用，取得了良好的成效。

首先，代表法明确规定全国和地方各级人大代表是最高国家权力机关和地方各级国家权力机关组成人员，代表人民的利益和意志，参加行使国家权力。各级人大不断深化提高对代表工作的认识，把充分发挥代表作用作为坚持和完善人民代表大会制度的重要内容，将其作为做好人大及其常委会工作的前提和基础，摆到重要位置，纳入经常性议事日程，使代表工作的内容不断丰富，形式不断增加，代表工作迈上新台阶。

其次，促进了代表工作的制度化，并在实践中不断创新发展。根据党的十六大和十六届四中全会精神，在代表法的基础上，经过深入调查研究，中共全国人大常委会党组起草了《关于进一步发挥全国人大代表作用，加强全国人大常委会制度建设的若干意见》（以下简称 2005 年《若干意见》）。2005 年 5 月，中共中央转发了这个意见，进一步明确了坚持和完善人民代表大会制度、做好人大工作的方向和重点。全国人大常委会及其机关认真落实这一意见精神，制定关于代表活动、代表议案、代表建议等方面的十个相关工作文件[1]，形成和完善了一套支持和保障代表依法行使职权的制度和办法，促进了代表工作制度化、规范化、程序化。地方人大根据中央文件精神和全国人大机关的相关制度，结合本地实际情况，也制定和完善了相应的制度和办法。

再次，代表依法履职的保障不断加强。从全国人大来看，这方面有很多新的举措和创新。一是保障代表知情知政，在形势报

---

〔1〕　2005 年 6 月，全国人大常委会办公厅出台了《关于加强和规范全国人大代表活动的若干意见》《全国人民代表大会代表议案处理办法》《全国人民代表大会代表建议、批评和意见处理办法》以及《全国人大常委会机关信访工作若干规定》《关于充分发挥专门委员会作用的若干意见》等五个工作文件。同年 8 月，又联袂出台了《关于规范向委员长会议汇报议案的若干规定》《关于加强为全国人大常委会会议听取和审议报告、议案服务的若干规定》《关于为全国人大常委会开展对外交往提供服务和保障的若干意见》《全国人民代表大会会议工作程序》《全国人大常委会会议工作程序》五个相关工作文件。

告和向代表寄送有关公报的同时，大幅增加向代表提供书面材料的种类，帮助代表更多地了解全局的情况。二是在大会前组织代表审阅和讨论准备提交大会审议的重要议案和报告，并根据代表的意见对议案和报告作出修改。三是扩大代表对常委会活动的参与，并使之规范化、制度化。四是在继续组织代表集中视察的同时，统一组织代表开展专题调研。五是加强代表履职培训。

最后，增强了代表依法履职的责任感和使命感。代表法比较系统地规定了代表的性质、地位、工作职责与服务保障等，便于代表学习掌握。通过代表法的贯彻实施，加强代表履职培训，完善代表小组编组，强化代表履职保障，加强代表履职监督，进一步增强了代表履职的责任感和使命感。各级人大代表肩负人民的重托，积极履行职责，加强调查研究，倾听人民呼声，在出席会议、发表意见、提出议案、参加行使表决权等方面，都有新的提高。

总之，代表履职和代表工作，成为人民代表大会制度的生动实践，也是人民代表大会制度保持旺盛生命力的源泉所在。

二、代表法的第一次与第二次修正

代表法的实施成效表明，它总体上是适应代表履职和代表工作需要的。但是，随着我国经济社会和社会主义民主法治建设的进一步发展，以及人民群众民主法治意识的提高，对代表履职有了更高的要求和新的期待。同时，代表的构成、要素以及履职的环境、条件等发生了较大变化，代表履职出现了一些新情况、新问题。有的代表对代表职务的性质、地位认识不够到位，履职意识比较淡薄，仅将其视为一种"荣誉"，没有充分认识到代表的神圣责任和历史使命，缺乏履职热情，履职不够积极主动；有的代表对履职方式把握不够准确，没有严格依照法律的规定履职，甚至利用代表职务为个人职业活动谋取便利；有的代表对本行政区域内的经济社会发展情况、人大常委会以及"一府两院"的工作情况了解不多，以致提出和审议议案等存在不少困难。在一些地方，代表知情知政权得不到保障，依法履职缺乏必要的条件，在履职的时间、经费等方面存在一些困难，等等。

以上这些问题影响了代表作用的发挥。究其原因，有思想认识、工作层面的，也有法律本身的，需要适时对代表法进行必要的修改完善，以适应新形势发展的需要。2005 年《若干意见》以代表法为基础，进一步支持、规范和保障代表依法行使职权、履行职责。各级人大常委会也结合本地实际，创造性地进行了有益探索，积累了不少好的经验，形成了不少好的做法。这些都为进一步修改完善代表法，积累了经验，创造了条件。

为保证中国特色社会主义法律体系科学、统一、和谐，2009年，全国人大常委会集中开展了法律清理工作。2009 年 8 月 27日，十一届全国人大常委会第十次会议通过了关于修改部分法律的决定。根据这一决定，将代表法第三十九条第三款中的"依照治安管理处罚条例第十九条的规定处罚"修改为"适用《中华人民共和国治安管理处罚法》第五十条的处罚规定"，并将"依照刑法第一百四十六条的规定"修改为"依照刑法有关规定"。这是代表法的第一次修正。

按照全国人大常委会的工作部署，从 2009 年底开始，全国人大常委会法制工作委员会即会同全国人大常委会办公厅等有关部门着手研究代表法的第二次修改，主要做了以下几方面的工作：（一）整理研究近年来全国人大代表提出的关于修改代表法的议案、建议和其他方面的意见。（二）向各省（区、市）人大常委会发函，征求对修改代表法的意见，并对反馈的意见进行整理和分析研究。（三）2010年5月至7月，全国人大常委会法工委和办公厅有关局（室）、中组部等方面共同组成调研组，到安徽、四川、甘肃、黑龙江4个省进行调研，先后召开12次座谈会，听取各方面特别是各级人大代表对修改代表法的意见。（四）7月下旬召开了中央有关部门和部分省（区、市）座谈会，听取对代表法修改思路和方案的意见、建议。在上述工作的基础上，经过反复研究，形成了代表法修正案草案。

2010年8月16日，十一届全国人大常委会第四十八次委员长会议通过了关于提请审议代表法修正案草案的议案。8月24日，十一届全国人大常委会第十六次会议召开，对代表法修正案草案进行了第一次审议。常委会初审后，全国人大常委会法制工作委员会将草案印发各省（区、市）、中央有关部门、社会团体和法学教学科研机构等单位，广泛征求意见。中国人大网站全文公布草案，向社会征求意见。9月，在上海举行第六期全国人大代表专题学习班期间，全国人大法律委、常委会法工委专门听取了参加学习的160名全国人大代表和19个省（区、市）人大常委会有关工作部门负责同志的意见。9月25日，又联合召开座谈会，听取部分法学专家的意见。根据常委会组成人员的审议意见和各方面的意见，法律委对修正案草案进行了审议修改，提出了关于修改代表法的决定草案，并将决定草案发送各位全国人大代表征求意见。10月25日，十一届全国人大常委会第十七次会议召开，对关于修改代表法的决定草案进行审议。根据常委会组成人员的审议意见和全国人大代表的反馈意见，法律委员会对修改决定草案又进行了修改完善。10月28日，全国人大常委会全体会议表决通过了关于修改代表法的决定，同日由国家主席公布实施。这是代表法的第二次修正。

此次代表法修改幅度较大，涉及 20 多条，将原先 6 章 44 条改为 6 章 52 条。对代表法的部分规定作了补充和完善，进一步明确了代表的权利和义务，细化了闭会期间代表活动的方式，强化了代表履职的保障措施与监督。

这次修改代表法是以邓小平理论和"三个代表"重要思想为指导，深入贯彻落实科学发展观，按照党的十七大提出的"保障人大代表依法行使职权，密切人大代表同人民的联系"的要求，深入总结实践经验，特别是深入总结 2005 年《若干意见》实施以来各地好的做法，围绕支持、规范和保障各级人大代表依法履行职责这个重点，统筹兼顾，着力完善制度，充分发挥人大代表作用，增强人民代表大会的生机和活力，坚持和完善人民代表大会制度。

在此次修改代表法工作中，把握的重点有以下几个方面：一是认真贯彻、体现 2005 年《若干意见》的精神。围绕支持、规范和保障各级人大代表依法履行职责这个重点，将 2005 年《若干意见》的精神体现到代表法中。二是全面总结各地代表工作的成功经验与做法，并将这些好的经验与做法上升为法律。三是区分情况，分别处理。各方面对修改代表法提出的意见和建议不少，对此分类予以处理。认识一致、条件成熟，需要由法律加以规范的，通过修改予以补充完善；属于贯彻实施和工作层面的问题，通过加强、改进相关工作或者制定具体实施办法予以解决；认识尚不一致的，暂不作规定，继续深入研究。

虽然修改代表法，所要解决处理的问题包括不同方面、不同层面，但核心是如何处理好保障和规范的关系。一方面，要充分支持和保障人大代表依法执行代表职务，特别是要根据我国人大代表的特点，加强法律保障、时间保障、物质保障以及组织保障；另一方面，要规范代表履职行为，集体有权，个人无权，代表个人不直接处理问题。

根据各方面的意见，此次代表法修改的重点主要包括四个方面：一是进一步明确代表的权利和义务。二是进一步细化代表的履职规范。三是进一步加强对代表履职的保障。四是进一步强化对代表的监督。尤其是第四个方面，一些地方提出，代表法对监督代表的规定还过于原则，不便于实际操作。此次修改将原来第五章"停止执行代表职务和代表资格终止"的章名改为"对代表的监督"。此外，此次修改还根据地方组织法等法律的规定，作了一些衔接性规定，并对条文顺序作相应调整。

三、代表法的第三次修正

党的十八大以来，以习近平同志为核心的党中央对加强人民代表大会制度建设作出了一系列部署安排。2015 年 6 月，中共中央对加强县乡人大工作和建设提出了一系列要求，并转发了《中共全国人大常委会党组关于加强县乡人大工作和建设的若干意见》（以下简称 2015 年《若干意见》），对密切人大代表同人民群众的联系、加强国家机关同人大代表的联系、提高人大代表议案和建议办理质量、做好人大代表履职服务保障工作以及加强人大代表履职监督等提出了要求。这是新时代党中央加强人大工作，特别是加强县乡人大工作、推进社会主义民主法治建设的重要举措。为此，2015 年 8 月 29 日，十二届全国人大常委会第十六次会议"打包"对地方组织法、选举法、代表法三部法律进行修改。这次是对代表法的第三次修改。

此次修改的总体要求是，落实党中央关于加强县乡人大工作和建设的要求，坚定不移走中国特色社会主义政治发展道路，适应协调推进"四个全面"战略布局需要，健全地方人大特别是县乡人大组织制度和运行机制，完善选举和代表制度，推动人民代表大会制度与时俱进。按照这一总体要求，修改的工作思路是，落实中央精神，突出重点，即这次修改是部分修改，不是全面修改，重点是从法律上、制度上着力解决基层人大依法履行职责、发挥作用以及代表选举工作中存在的突出问题。对于各方面提出的其他意见和建议，有的需要通过加强和改进相关工作予以解决，有的需要地方通过制定地方性法规加以明确，认识不统一的问题还可以继续深入研究。

全国人大常委会法制工作委员会主要做了以下工作：（一）深入调查研究，广泛听取意见，召开了湖北、河南两省11市县座谈会；赴湖南、河南省、市、县、乡镇进行调研，召开4省（区、市）座谈会；委托广东、湖南两省提出具体修改方案。（二）对照党中央关于加强县乡人大工作和建设的任务要求，进行逐项分析，需要修改法律的，提出修改建议，并与常委会办公厅研究室、联络局共同研究，形成修改方案。（三）就有关问题分别与中央组织部、中央编办、民政部和北京市等有关方面进行沟通、听取意见。（四）将修改方案下发31个省（区、市）人大常委会征求意见，并召开部分省（市）人大常委会法制委员会、选举联络工作机构同志座谈会。在深入研究论证的基础上，最终形成了代表法的修正案草案。

根据2015年《若干意见》的要求，建议对代表法和地方组织法作如下补充：一是县级人大代表列席专门委员会会议，乡镇人大代表根据乡镇人大主席团的安排开展视察、调研等活动，乡镇人大代表参加视察、专题调研活动形成的报告，由乡镇人大主席团转交有关机关、组织研究处理。二是代表建议、批评和意见办理情况的报告，应当予以公开。三是县级人大常委会和乡镇人大主席团应当定期组织本级代表向原选区选民报告履职情况。

2015 年 8 月 29 日，十二届全国人大常委会第十六次会议正式通过关于修改地方组织法、选举法、代表法的决定。对原代表法第十二条、第十九条、第二十二条、第二十三条、第二十四条、第二十六条、第二十九条、第三十三条、第四十二条、第四十五条等十条进行了局部修改和完善，使代表法语言更简洁，逻辑更严密，突出了乡镇人大职能，并强调了人大的监督与被监督。

这次"三法"修改对于贯彻落实党中央要求，加强县乡人大工作和建设，充分发挥基层国家权力机关和人大代表作用，巩固党的执政基础，加强基层国家政权建设，坚持和完善人民代表大会制度，做好新时代人大工作，具有重要意义。

值得注意的是，2018 年 3 月 11 日，十三届全国人大一次会议通过的宪法修正案，其中一个重要的内容就是对国家机构作出重要调整，即在宪法第三章"国家机构"中增加"监察委员会"一节，将行使国家监察职能的专责机构纳入国家机构体系，明确监察委员会由同级人大产生，对它负责，受它监督。设立监察委员会是我国监察体制改革的重要成果和标志，也是人民代表大会制度的重要完善。最新修改的代表法早于监察委员会的设立，因此在表述国家机构时，仍然表述为"一府两院"。本书凡涉及"国家机构"，一般都包括监察委员会，表述为"一府一委两院"。

第二节　人大代表的产生、任期与补选

我国人民行使国家权力的机关是全国人大和地方各级人大。全国人大和地方各级人大都由民主选举产生，对人民负责，受人民监督。全国人大代表和地方各级人大代表的选举工作，要坚持中国共产党的领导，坚持充分发扬民主，坚持严格依法办事。

一、代表的名额和分配

按照我国选举法规定，我国年满十八周岁的公民，不分民族、种族、性别、职业、家庭出身、宗教信仰、教育程度、财产状况和居住期限，都有选举权和被选举权。依照法律被剥夺政治权利的人没有选举权和被选举权。全国人大和地方各级人大的代表应当具有广泛的代表性，应当有适当数量的基层代表，特别是工人、农民和知识分子代表；应当有适当数量的妇女代表，并逐步提高妇女代表的比例。全国人大和归侨人数较多地区的地方人大，应当有适当名额的归侨代表。旅居国外的中华人民共和国公民于县级以下人大代表选举期间在国内的，可以参加原籍地或者出国前居住地的选举。

（一）地方各级人民代表大会代表名额和分配

地方各级人大的代表名额，按照下列规定确定：1. 省、自治区、直辖市的代表名额基数为三百五十名，省、自治区每十五万人可以增加一名代表，直辖市每两万五千人可以增加一名代表；

但是，代表总名额不得超过一千名；2. 设区的市、自治州的代表名额基数为二百四十名，每二万五千人可以增加一名代表；人口超过一千万的，代表总名额不得超过六百五十名；3. 不设区的市、市辖区、县、自治县的代表名额基数为一百四十名，每五千人可以增加一名代表；人口超过一百五十五万的，代表总名额不得超过四百五十名；人口不足五万的，代表总名额可以少于一百四十名；4. 乡、民族乡、镇的代表名额基数为四十五名，每一千五百人可以增加一名代表；但是，代表总名额不得超过一百六十名；人口不足二千的，代表总名额可以少于四十五名。地方各级人大的代表名额基数与按人口数增加的代表数相加，即为地方各级人大的代表总名额。

对聚居的少数民族多和人口居住分散的地方，人大代表的名额有一定的照顾。自治区、聚居的少数民族多的省，经全国人大常委会决定，代表名额可以另加百分之五。聚居的少数民族多或者人口居住分散的县、自治县、乡、民族乡，经省、自治区、直辖市的人大常委会决定，代表名额可以另加百分之五。但名额不得突破选举法规定的最高限额。

省、自治区、直辖市的人大代表的具体名额，由全国人大常委会确定。设区的市、自治州和县级的人大代表的具体名额，由省、自治区、直辖市的人大常委会确定，报全国人大常委会备案。乡级的人大代表的具体名额，由县级人大常委会确定，报上一级人大常委会备案。

地方各级人大的代表总名额经确定后，不再变动。如果由于行政区划变动或者由于重大工程建设等原因造成人口较大变动的，该级人大的代表总名额重新确定。重新确定代表名额的，省、自治区、直辖市的人大常委会应当在三十日内将重新确定代表名额的情况报全国人大常委会备案。

地方各级人大代表名额，由本级人大常委会或者本级选举委员会根据本行政区域所辖的下一级各行政区域或者各选区的人口数，按照每一代表所代表的城乡人口数相同的原则，以及保证各地区、各民族、各方面都有适当数量代表的要求进行分配。在县、自治县的人大中，人口特少的乡、民族乡、镇，至少应有代表一人。

地方各级人大代表名额的分配办法，由省、自治区、直辖市人大常委会参照全国人大代表名额分配的办法，结合本地区的具体情况规定。

（二）全国人民代表大会代表名额和分配

全国人大的代表，由省、自治区、直辖市的人大和人民解放军选举产生。香港特别行政区、澳门特别行政区应选全国人大代表的名额和代表产生办法，由全国人大另行规定。全国人大代表的名额不超过三千人。

全国人大代表名额，由全国人大常委会根据各省、自治区、直辖市的人口数，按照每一代表所代表的城乡人口数相同的原则，以及保证各地区、各民族、各方面都有适当数量代表的要求进行分配。

省、自治区、直辖市应选全国人大代表名额，由根据人口数计算确定的名额数、相同的地区基本名额数和其他应选名额数构成。

全国人大代表名额的具体分配，由全国人大常委会决定。

全国少数民族应选全国人大代表，由全国人大常委会参照各少数民族的人口数和分布等情况，分配给各省、自治区、直辖市的人大选出。人口特少的民族，至少应有代表一人。

（三）各少数民族人大代表名额和分配

有少数民族聚居的地方，每一聚居的少数民族都应有代表参加当地的人大。

聚居境内同一少数民族的总人口数占境内总人口数百分之三十以上的，每一代表所代表的人口数应相当于当地人大每一代表所代表的人口数。

聚居境内同一少数民族的总人口数不足境内总人口数百分之十五的，每一代表所代表的人口数可以适当少于当地人大每一代表所代表的人口数，但不得少于二分之一；实行区域自治的民族人口特少的自治县，经省、自治区的人大常委会决定，可以少于二分之一。人口特少的其他聚居民族，至少应有代表一人。

聚居境内同一少数民族的总人口数占境内总人口数百分之十五以上、不足百分之三十的，每一代表所代表的人口数，可以适当少于当地人大每一代表所代表的人口数，但分配给该少数民族的应选代表名额不得超过代表总名额的百分之三十。

散居的少数民族应选当地人大的代表，每一代表所代表的人口数可以少于当地人大每一代表所代表的人口数。

（四）中国人民解放军人大代表的名额和分配

根据 2021 年 4 月 29 日第十三届全国人大常委会第二十八次会议修正通过、自 2021 年 4 月 30 日起施行的《中国人民解放军选举全国人民代表大会和县级以上地方各级人民代表大会代表的办法》规定，人民解放军军人和参加军队选举的其他人员依照本办法选举全国人大和县级以上地方各级人大代表；人民解放军及人民解放军团级以上单位设立选举委员会；连和其他基层单位的军人委员会，主持本单位的选举工作；驻地方工厂、铁路、水运、科研等单位的军代表，在地方院校学习的军队人员，可以参加地方选举等。

代表名额的决定和分配。人民解放军应选全国人大代表的名额，由全国人大常委会决定。中央军事委员会机关部门和战区、军兵种、军事科学院、国防大学、国防科技大学等单位应选全国人大代表的名额，由人民解放军选举委员会分配。中央军事委员会直属机构参加其代管部门的选举。各地驻军应选县级以上地方各级人大代表的名额，由驻地各该级人大常委会决定。有关选举事宜，由省军区（卫戍区、警备区）、军分区（警备区）、人民武装部分别与驻地的人大常委会协商决定。

二、代表候选人的提出

全国和地方各级人大的代表候选人，按选区或者选举单位提名产生。

（一）选区划分和选民登记

选区是县、乡两级人大代表直接选举时，选民参加选举活动和当选代表联系选民的基本单位。依法科学、合理地划分选区，是确保选举工作顺利进行的重要一环。根据选举法规定，划分选区应当遵循便于选民参加选举和代表联系选区，选举权平等，因地制宜等原则。

根据选举法规定，不设区的市、市辖区、县、自治县、乡、民族乡、镇的人大的代表名额分配到选区，按选区进行选举。选区可以按居住状况划分，也可以按生产单位、事业单位、工作单位划分。选区的大小，按照每一选区选一名至三名代表划分。本行政区域内各选区每一代表所代表的人口数应当大体相等。

选民登记按选区进行，经登记确认的选民资格长期有效。每次选举前对上次选民登记以后新满十八周岁的、被剥夺政治权利期满后恢复政治权利的选民，予以登记。对选民经登记后迁出原选区的，列入新迁入的选区的选民名单；对死亡的和依照法律被剥夺政治权利的人，从选民名单上除名。精神病患者不能行使选举权利的，经选举委员会确认，不列入选民名单。选民名单应在选举日的二十日以前公布，实行凭选民证参加投票选举的，并应当发给选民证。

对于公布的选民名单有不同意见的，可以在选民名单公布之日起五日内向选举委员会提出申诉。选举委员会对申诉意见，应在三日内作出处理决定。申诉人如果对处理决定不服，可以在选举日的五日以前向人民法院起诉，人民法院应在选举日以前作出判决。人民法院的判决为最后决定。

另外，根据新修正的《中国人民解放军选举全国人民代表大会和县级以上地方各级人民代表大会代表的办法》规定，驻军选举县级人民代表大会代表，由驻该行政区域的军人和参加军队选举的其他人员按选区直接选举产生。选区按该行政区域内驻军各单位的分布情况划分。选区的大小，按照每一选区选一名至三名代表划分。驻军应选的设区的市、自治州、省、自治区、直辖市人大代表，由团级以上单位召开军人代表大会选举产生。中央军事委员会机关部门和战区、军兵种、军事科学院、国防大学、国防科技大学等单位的军人代表大会，选举全国人大代表。人民解放军师级以上单位的军人代表大会代表，由下级军人代表大会选举产生。下级单位不召开军人代表大会的，由军人大会选举产生。旅、团级单位的军人代表大会代表，由连和其他基层单位召开军人大会选举产生。

（二）代表候选人的提出

根据选举法规定，各政党、各人民团体，可以联合或者单独推荐代表候选人。选民或者代表，十人以上联名，也可以推荐代表候选人。推荐者应向选举委员会或者大会主席团介绍代表候选人的情况。接受推荐的代表候选人应当向选举委员会或者大会主席团如实提供个人身份、简历等基本情况。提供的基本情况不实的，选举委员会或者大会主席团应当向选民或者代表通报。各政党、各人民团体联合或者单独推荐的代表候选人的人数，每一选民或者代表参加联名推荐的代表候选人的人数，均不得超过本选区或者选举单位应选代表的名额。

全国和地方各级人大代表实行差额选举，代表候选人的人数应多于应选代表的名额。由选民直接选举人大代表的，代表候选人的人数应多于应选代表名额三分之一至一倍；由县级以上的地方各级人大选举上一级人大代表的，代表候选人的人数应多于应选代表名额五分之一至二分之一。

由选民直接选举人大代表的，代表候选人由各选区选民和各政党、各人民团体提名推荐。选举委员会汇总后，将代表候选人名单及代表候选人的基本情况在选举日的十五日以前公布，并交各该选区的选民小组讨论、协商，确定正式代表候选人名单。如果所提代表候选人的人数超过选举法第三十一条规定的最高差额比例，由选举委员会交各该选区的选民小组讨论、协商，根据较多数选民的意见，确定正式代表候选人名单；对正式代表候选人不能形成较为一致意见的，进行预选，根据预选时得票多少的顺序，确定正式代表候选人名单。正式代表候选人名单及代表候选人的基本情况应当在选举日的七日以前公布。

县级以上的地方各级人大在选举上一级人大代表时，提名、酝酿代表候选人的时间不得少于两天。各该级人大主席团将依法提出的代表候选人名单及代表候选人的基本情况印发全体代表，由全体代表酝酿、讨论。如果所提代表候选人的人数符合选举法第三十一条规定的差额比例，直接进行投票选举。如果所提代表候选人的人数超过选举法第三十一条规定的最高差额比例，进行预选，根据预选时得票多少的顺序，按照本级人大的选举办法根据选举法确定的具体差额比例，确定正式代表候选人名单，进行投票选举。

县级以上的地方各级人大在选举上一级人大代表时，代表候选人不限于各该级人大的代表。选举委员会或者人大主席团应当向选民或者代表介绍代表候选人的情况。推荐代表候选人的政党、人民团体和选民、代表可以在选民小组或者代表小组会议上介绍所推荐的代表候选人的情况。选举委员会根据选民的要求，应当组织代表候选人与选民见面，由代表候选人介绍本人的情况，回答选民的问题。但是，在选举日必须停止代表候选人的介绍。

公民参加各级人大代表的选举，不得直接或者间接接受境外机构、组织、个人提供的与选举有关的任何形式的资助。违反规定的，不列入代表候选人名单；已经列入代表候选人名单的，从名单中除名；已经当选的，其当选无效。

另外，根据《中国人民解放军选举全国人民代表大会和县级以上地方各级人民代表大会代表的办法》规定，人民解放军选举全国和县级以上地方各级人大代表，候选人按选区或者选举单位提名产生。中国共产党在军队中的各级组织，可以推荐代表候选人。选民或者军人代表大会代表，十人以上联名，也可以推荐代表候选人。推荐者应向选举委员会或者军人委员会介绍候选人的情况。接受推荐的代表候选人应当向选举委员会或者军人委员会如实提供个人基本情况。提供的基本情况不实的，选举委员会或者军人委员会应当向选民或者军人代表大会代表通报。人民解放军选举全国和县级以上地方各级人大代表实行差额选举，代表候选人的人数应多于应选代表的名额。由选民直接选举的，代表候选人的人数应多于应选代表名额三分之一至一倍；由军人代表大会选举的，代表候选人的人数应多于应选代表名额五分之一至二分之一。

由选民直接选举的，代表候选人由选举委员会或者军人委员会汇总后，将代表候选人名单以及代表候选人的基本情况在选举日的十五日以前公布，并交各该选区的选民反复讨论、协商，确定正式代表候选人名单。如果所提代表候选人的人数超过《中国人民解放军选举全国人民代表大会和县级以上地方各级人民代表大会代表的办法》第十九条规定的最高差额比例，由选举委员会或者军人委员会交各该选区的选民讨论、协商，根据较多数选民的意见，确定正式代表候选人名单；对正式代表候选人不能形成较为一致意见的，进行预选，根据预选时得票多少的顺序，确定正式代表候选人名单。正式代表候选人名单以及代表候选人的基本情况应当在选举日的七日以前公布。

团级以上单位的军人代表大会在选举人大代表时，提名、酝酿代表候选人的时间不得少于两天。各该级选举委员会将依法提出的代表候选人名单以及代表候选人的基本情况印发军人代表大会全体代表酝酿、讨论。如果所提代表候选人的人数符合《中国人民解放军选举全国人民代表大会和县级以上地方各级人民代表大会代表的办法》第十九条规定的差额比例，直接进行投票选举。如果所提代表候选人的人数超过该规定的最高差额比例，进行预选，根据预选时得票多少的顺序，按照本级军人代表大会确定的具体差额比例，确定正式代表候选人名单，进行投票选举。

三、选举代表的程序

根据选举法规定，全国人大和地方各级人大代表的选举，应当严格依照法定程序进行，并接受监督。任何组织或者个人都不得以任何方式干预选民或者代表自由行使选举权。在选民直接选举人大代表时，选民根据选举委员会的规定，凭身份证或者选民证领取选票。

选举委员会应当根据各选区选民分布状况，按照方便选民投票的原则设立投票站，进行选举。选民居住比较集中的，可以召开选举大会，进行选举；因患有疾病等原因行动不便或者居住分散并且交通不便的选民，可以在流动票箱投票。

县级以上的地方各级人大在选举上一级人大代表时，由各该级人大主席团主持。全国和地方各级人大代表的选举，一律采用无记名投票的方法。选举时应当设有秘密写票处。选民如果是文盲或者因残疾不能写选票的，可以委托他信任的人代写。选举人对于代表候选人可以投赞成票，可以投反对票，可以另选其他任何选民，也可以弃权。选民如果在选举期间外出，经选举委员会同意，可以书面委托其他选民代为投票。每一选民接受的委托不得超过3人，并应当按照委托人的意愿代为投票。

投票结束后，由选民或者代表推选的监票、计票人员和选举委员会或者人大主席团的人员将投票人数和票数加以核对，作出记录，并由监票人签字。代表候选人的近亲属不得担任监票人、计票人。每次选举所投的票数，多于投票人数的无效，等于或者少于投票人数的有效。每一选票所选的人数，多于规定应选代表人数的作废，等于或者少于规定应选代表人数的有效。

在选民直接选举人大代表时，选区全体选民的过半数参加投票，选举有效。代表候选人获得参加投票的选民过半数的选票时，始得当选。县级以上的地方各级人大在选举上一级人大代表时，代表候选人获得全体代表过半数的选票时，始得当选。获得过半数选票的代表候选人的人数超过应选代表名额时，以得票多的当选。如遇票数相等不能确定当选人时，应当就票数相等的候选人再次投票，以得票多的当选。获得过半数选票的当选代表的人数少于应选代表的名额时，不足的名额另行选举。另行选举时，根据在第一次投票时得票多少的顺序，按照选举法第三十一条规定的差额比例，确定候选人名单。如果只选一人，候选人应为二人。依照选举法第四十五条第四款规定另行选举县级和乡级的人大代表时，代表候选人以得票多的当选，但是得票数不得少于选票的三分之一；县级以上的地方各级人大在另行选举上一级人大代表时，代表候选人获得全体代表过半数的选票，始得当选。

选举结果由选举委员会或者人大主席团根据选举法确定是否有效，并予以宣布。当选代表名单由选举委员会或者人大主席团予以公布。

根据《中国人民解放军选举全国人民代表大会和县级以上地方各级人民代表大会代表的办法》规定，直接选举时，各选区应当召开军人大会进行选举，或者按照方便选民投票的原则设立投票站进行选举。驻地分散或者行动不便的选民，可以在流动票箱投票。投票选举由军人委员会或者选举委员会主持。军人代表大会的投票选举，由选举委员会主持。

人民解放军选举全国和县级以上地方各级人大代表，一律采用无记名投票的方法。选举时应当设有秘密写票处。选民因残疾等原因不能写选票，可以委托他信任的人代写。选民如果在选举期间外出，经军人委员会或者选举委员会同意，可以书面委托其他选民代为投票。每一选民接受的委托不得超过三人，并应当按照委托人的意愿代为投票。

选举人对代表候选人可以投赞成票，可以投反对票，可以另选其他任何选民，也可以弃权。投票结束后，由选民推选的或者军人代表大会代表推选的监票、计票人员和选举委员会或者军人委员会的人员将投票人数和票数加以核对，作出记录，并由监票人签字。代表候选人的近亲属不得担任监票人、计票人。

每次选举所投的票数，多于投票人数的无效，等于或者少于投票人数的有效。每一选票所选的人数，多于规定应选代表人数的作废，等于或者少于规定应选代表人数的有效。直接选举时，参加投票的选民超过选区全体选民的半数，选举有效。代表候选人获得参加投票的选民过半数的选票时，始得当选。军人代表大会选举时，代表候选人获得全体代表过半数的选票，始得当选。

获得过半数选票的代表候选人的人数超过应选代表名额时，以得票多的当选。如遇票数相等不能确定当选人时，应就票数相等的候选人再次投票，以得票多的当选。获得过半数选票的当选代表的人数少于应选代表名额时，不足的名额另行选举。另行选举时，根据在第一次投票时得票多少的顺序，按照《中国人民解放军选举全国人民代表大会和县级以上地方各级人民代表大会代表的办法》第十九条规定的差额比例，确定候选人名单。如果只选一人，候选人应为二人。依照《中国人民解放军选举全国人民代表大会和县级以上地方各级人民代表大会代表的办法》第三十条第二款规定另行选举县级人大代表时，代表候选人以得票多的当选，但是得票数不得少于选票的三分之一；团级以上单位的军人代表大会在另行选举设区的市、自治州、省、自治区、直辖市和全国人大代表时，代表候选人获得军人代表大会全体代表过半数的选票，始得当选。

选举结果由选举委员会或者军人委员会根据《中国人民解放军选举全国人民代表大会和县级以上地方各级人民代表大会代表的办法》确定是否有效，并予以宣布。

四、代表资格的审查

代表资格审查是指对当选的代表进行审查，以确认其代表资格有效或确定代表的当选无效。根据选举法规定，代表资格审查委员会依法对当选代表是否符合宪法、法律规定的代表的基本条件，选举是否符合法律规定的程序，以及是否存在破坏选举和其他当选无效的违法行为进行审查，提出代表当选是否有效的意见，向本级人大常委会或者乡、民族乡、镇的人大主席团报告。县级以上的各级人大常委会或者乡、民族乡、镇的人大主席团根据代表资格审查委员会提出的报告，确认代表的资格或者确定代表的当选无效，在每届人大第一次会议前公布代表名单。

公民不得同时担任两个以上无隶属关系的行政区域的人大代表。

五、代表的任期

人大代表的任期同本级人民代表大会的任期相同。全国人民代表大会和地方各级人民代表大会每届都是五年，因此全国人大代表和地方各级人大代表的任期都是五年。

全国人大任期届满的两个月以前，全国人大常委会必须完成下届全国人大代表的选举。如果遇到不能进行选举的非常情况，由全国人大常委会以全体组成人员的三分之二以上的多数通过，可以推迟选举，延长本届全国人大的任期。在非常情况结束后一年内，必须完成下届全国人大代表的选举。

人大代表实行任期制有两层含义：首先，人大代表任满了法律规定的任期，就要依法进行换届选举。其次，人大代表在任期之内，都要执行代表职务和履行代表职责。

实行任期制具有以下好处：一是可以随着社会的发展，通过换届选举，不断更新人大代表队伍，使人大代表队伍紧跟时代步伐，永葆青春活力，使人民代表大会始终同人民群众保持密切联系。二是可以淘汰不称职的代表，如果人大代表不能反映人民群众的意志和利益，不能为人民群众办实事，甚至利用代表职务谋私利，就可以通过选举予以更换。三是有利于加强人大代表的责任感，促使其努力执行代表职务，履行代表职责，充分发挥代表作用。

六、代表的补选

各级人大都是由法定的代表人数组成的，其行使职权的方式，就是按照一定比例的代表人数通过相关的议案或者作出决议、决定。在人大任期内，当其中的一些代表出缺时，就会影响人大的完整性，严重的甚至可能会影响到人大依法行使职权。同时，代表是由选民或者下一级人大代表选举产生的，如果出缺，也不利于在人大会议上反映原选区或者原选举单位的意见与建议。因此，人大代表出缺，应当及时进行补选，并需要在法律上予以相应的规范。地方组织法、选举法、代表法等对人大代表的补选进行了具体的规定。选举法的第十章就是"对代表的监督和罢免、辞职、补选"。

（一）代表出缺补选的条件

选举法和地方组织法都规定了代表出缺、负责补选的选民或单位、补选的条件等。选举法第五十七条第一款规定："代表在任期内，因故出缺，由原选区或者原选举单位补选。"地方组织法第四十五条规定："地方各级人民代表大会代表因故不能担任代表职务的时候，由原选举单位或者由原选区选民补选。"代表法第四十九条规定："代表有下列情形之一的，其代表资格终止：（一）地方各级人民代表大会代表迁出或者调离本行政区域的；（二）辞职被接受的；（三）未经批准两次不出席本级人民代表大会会议的；（四）被罢免的；（五）丧失中华人民共和国国籍的；（六）依照法律被剥夺政治权利的；（七）丧失行为能力的。"

根据上述法律规定，所谓代表出缺，是指代表在任期届满之前，由于某种原因不再担任代表职务，出现法定代表名额的空缺。按照选举法和其他有关法律的规定，代表出缺的原因，可以概括为下列几种情况。

第一，按照选举法相关规定代表被依法罢免的。第二，按照选举法第五十五条的规定，代表辞职被依法接受的。第三，按照代表法第四十九条的规定，代表未经批准两次不出席本级人民代表大会会议的。第四，按照代表法第四十九条的规定，代表丧失中华人民共和国国籍的。第五，按照代表法第四十九条的规定，代表被依法剥夺政治权利的。第六，按照代表法第四十九条的规定，代表丧失行为能力的。第七，代表死亡的。第八，地方各级人大代表迁出或者调离本行政区域的。

（二）代表出缺补选的具体要求

选举法第五十七条规定，地方各级人大代表在任期内调离或者迁出本行政区域的，其代表资格自行终止，缺额另行补选。县级以上的地方各级人大会闭会期间，可以由本级人大常委会补选上一级人大代表。补选出缺的代表时，代表候选人的名额可以多于应选代表的名额，也可以同应选代表的名额相等。补选的具体办法，由省、自治区、直辖市的人大常委会规定。对补选产生的代表，依照选举法第四十七条的规定进行代表资格审查。

全国人大组织法第九条规定，全国人大代表选出后，由全国人大常委会代表资格审查委员会进行审查。全国人大常委会根据代表资格审查委员会提出的报告，确认代表的资格或者确定个别代表的当选无效，在每届全国人大第一次会议前公布代表名单。对补选的全国人大代表，依照前款规定进行代表资格审查。

地方组织法第五十条规定，县级以上的地方各级人大常委会行使的一项职权是，"在本级人民代表大会闭会期间，补选上一级人民代表大会出缺的代表和罢免个别代表"。

代表法第五十条规定，县级以上的各级人大代表资格的终止，由代表资格审查委员会报本级人大常委会，由本级人大常委会予以公告。乡、民族乡、镇的人大代表资格的终止，由代表资格审查委员会报本级人大，由本级人大予以公告。

按照上述法律的规定，代表出缺补选，应当符合以下要求。

第一，县、乡两级人大代表是通过直接选举产生的，当代表出缺时，应当由原选区选民进行补选。

第二，县级以上人大的代表，是通过间接选举产生的，当代表出缺时，应当由原选举单位进行补选。在县级以上的地方各级人大闭会期间，可以由本级人大常委会补选上一级人大代表。

第三，补选出缺的代表时，代表候选人的名额可以多于应选代表的名额，也可以同应选代表的名额相等。至于补选的具体办法，由省、自治区、直辖市的人大常委会规定。

第四，对补选产生的代表，应当依法进行代表资格审查。依照选举法第四十七条规定，由代表资格审查委员会依法对当选代表是否符合宪法、法律规定的代表的基本条件，选举是否符合法律规定的程序，以及是否存在破坏选举和其他当选无效的违法行为进行审查，提出代表当选是否有效的意见，向本级人民代表大会常务委员会或者乡、民族乡、镇的人民代表大会主席团报告。县级以上的各级人民代表大会常务委员会或者乡、民族乡、镇的人民代表大会主席团根据代表资格审查委员会提出的报告，确认代表的资格或者确定代表的当选无效，在每届人民代表大会第一次会议前公布代表名单。

第三节　人大代表的性质、地位与职责

全国人大代表是最高国家权力机关的组成人员，地方各级人大代表是地方各级国家权力机关的组成人员。各级人大代表在法律面前一律平等，不存在特殊代表和普通代表的区别。

一、人大代表的性质

性质是指一种事物区别于其他事物的根本属性。人大代表的性质就是人大代表区别于其他社会成员的本质属性，即人大代表是人民行使国家权力的代表。我国是人民当家作主的社会主义国家，国家的一切权力属于人民。但在一个人口众多、幅员辽阔的国家，不可能由全体人民直接行使国家权力，只能由人民选出一部分人来代表他们行使国家权力。人大代表，就是由人民通过直接或间接选举出来代表人民行使国家权力的人，是人民派到国家权力机关的使者。也就是说，人民群众把自己的权力委托给了人大代表，这些受人民群众委托的人大代表集合在一起组成了权力机关，集体行使国家权力。代表的这一性质，决定代表必须始终受人民的监督，服从人民的意志，倾听人民的呼声，反映人民的要求，维护人民的利益。

二、人大代表的地位

地位是指人或团体在社会关系中所处的位置。人大代表的地位是指人大代表在国家政治生活中所处的政治地位和法律地位，即人大代表是国家权力机关的组成人员。全国人大和地方各级人大都是人民行使国家权力的机关，都是由人民选举产生的人大代表所组成。代表法第二条第二款规定："全国人民代表大会代表是最高国家权力机关组成人员，地方各级人民代表大会代表是地方各级国家权力机关组成人员。"

国家权力机关的重要责任是把人民群众的意志变为国家的

意志，把党的主张变为国家的主张；而人大代表作为反映人民群众利益和意志的载体，有责任通过执行代表职务，把人民群众的意志变为国家的意志，把党的主张变为国家的主张。也就是说，国家权力机关行使权力是要通过人大代表执行代表职务来实现的。

人大代表是国家权力机关组成人员这一地位表明，人大代表是整个国家工作人员的组成部分，而不只是一种荣誉性职务。人大代表是人民选举产生的，是受人民委托代表人民行使国家权力，当然享有很高的荣誉，但同时也肩负着重大的责任。人大代表不是为某个团体、集体或个人服务的，而是为全体人民或者本行政区域全体公民服务的。人大代表执行职务是执行公务，妨碍人大代表依法执行职务，就是妨碍公务，要受到法律追究。

三、人大代表的职责

人大代表的职责，概括地说，就是代表人民的利益和意志，依法参加行使国家权力。代表法第二条第三款规定："全国人民代表大会和地方各级人民代表大会代表，代表人民的利益和意志，依照宪法和法律赋予本级人民代表大会的各项职权，参加行使国家权力。"这一规定要求，各级人大代表在履行职责时，不能局限于选区或者选举单位的局部利益，特别是在进行投票表决时，应当从全局的、长远的利益出发，以国家的和本地区的整体利益作为参加投票表决的依据。其核心是要处理好局部利益和整体利益、眼前利益和长远利益、个人利益和集体利益的关系问题。同时，代表是受选区或者选举单位委派参加国家权力机关工作的，必须积极、充分地反映选区或者选举单位的利益和要求，这样才能使各方面的意见在国家权力机关内得到充分表达，以便进行比较、平衡，作出正确的决策。

第四节　人大代表的权利

根据代表法规定，人大代表享有下列权利：出席本级人民代表大会会议，参加审议各项议案、报告和其他议题，发表意见；依法联名提出议案、质询案、罢免案等；提出对各方面工作的建议、批评和意见；参加本级人民代表大会的各项选举；参加本级人民代表大会的各项表决；获得依法执行代表职务所需的信息和各项保障；法律规定的其他权利。

一、出席会议并行使审议权

出席会议是人大代表履职的前提条件，代表应当按时出席本级人大会议。代表因健康等特殊原因不能出席会议的，应当按照规定请假。代表在出席本级人大会议前，应当听取人民群众的意见和建议，为会议期间执行代表职务做好准备。行使审议权是人大代表参与决定国家事务的重要职责，也是行使代表权利的重要方面。人大代表可以参加大会全体会议、代表团全体会议、小组会议，审议列入会议议程的各项议案和报告。发表意见是审议的外在表现和重要环节。代表可以被推选或者受邀请列席主席团会议、专门委员会会议，发表意见。代表应当围绕会议议题发表意见，遵守议事规则。

二、依法联名提出议案、质询案、罢免案等

代表有权依照法律规定的程序向本级人大提出属于本级人大职权范围内的议案。议案应当有案由、案据和方案。代表依法提出的议案，由本级人大主席团决定是否列入会议议程，或者先交有关的专门委员会审议、提出是否列入会议议程的意见，再决定是否列入会议议程。列入会议议程的议案，在交付大会表决前，提出议案的代表要求撤回的，经主席团同意，会议对该项议案的审议即行终止。全国人大代表有权依照宪法规定的程序向全国人大提出修改宪法的议案。

代表在审议议案和报告时，可以向本级有关国家机关提出询问。有关国家机关应当派负责人或者负责人员回答询问。

全国人大会议期间，一个代表团或者三十名以上的代表联名，有权书面提出对国务院和国务院各部、各委员会，国家监察委员会，最高人民法院，最高人民检察院的质询案。县级以上的地方各级人大代表有权依照法律规定的程序提出对本级人民政府及其所属各部门，监察委员会，人民法院，人民检察院的质询案。乡、民族乡、镇的人大代表有权依照法律规定的程序提出对本级人民政府的质询案。质询案应当写明质询对象、质询的问题和内容。质询案按照主席团的决定由受质询机关答复。提出质询案的代表半数以上对答复不满意的，可以要求受质询机关再作答复。

全国人大代表有权依照法律规定的程序提出对全国人大常委会组成人员，中华人民共和国主席、副主席，国务院组成人员，中央军事委员会组成人员，国家监察委员会主任，最高人民法院

院长，最高人民检察院检察长的罢免案。县级以上的地方各级人大代表有权依照法律规定的程序提出对本级人大常委会组成人员，人民政府组成人员，监察委员会主任，人民法院院长，人民检察院检察长的罢免案。乡、民族乡、镇的人大代表有权依照法律规定的程序提出对本级人大主席、副主席和人民政府领导人员的罢免案。罢免案应当写明罢免的理由。

三、提出对各方面工作的建议、批评和意见

代表提出建议、批评和意见，是执行代表职务，代表人民参加管理国家事务、管理经济和文化事业、管理社会事务的一项重要工作。代表通过提出建议、批评和意见，反映民意，集中民智，督促、支持有关机关、组织做好工作或者改进工作。认真研究处理代表建议、批评和意见并负责答复，是有关机关、组织的法定职责。有关机关、组织通过办理代表的建议、批评和意见，可使了解民意更加广泛，作出决策、开展工作更加符合人民的利益。代表提出对各方面工作的建议、批评和意见，有关机关、组织加以研究处理并予以答复，也是代表与有关机关、组织相互沟通、了解情况和促进有关机关、组织改进工作的过程。

人大代表有权向本级人大提出对各方面工作的建议、批评和意见，就是作为国家权力机关组成人员的人大代表就各方面工作提出主张、指出缺点和错误、发表看法。建议、批评和意见应当明确具体，注重反映实际情况和问题。

根据《全国人民代表大会代表建议、批评和意见处理办法》规定，人大代表在全国人大会议期间和闭会期间分别向全国人大及其常委会提出对各方面工作的建议、批评和意见，是执行代表

职务，参加管理国家事务、管理经济和文化事业、管理社会事务的一项重要工作。同时还规定，全国人大常委会和省、自治区、直辖市人大常委会应当为代表建议、批评和意见工作提供必要的条件；全国人大常委会办事机构和省、自治区、直辖市人大常委会办事机构应当为代表建议、批评和意见工作提供服务；人大代表应当主要围绕国家改革发展稳定的大局，政治、经济、文化、社会生活中的重大问题和人民群众普遍关心的问题，对全国人大及其常委会、国务院及其部门、国家监察委员会、最高人民法院、最高人民检察院和其他机关、组织的工作提出建议、批评和意见等。

四、参加本级人民代表大会的各项选举

全国人大代表有权对主席团提名的全国人大常委会组成人员的人选，中华人民共和国主席、副主席的人选，中央军事委员会主席的人选，国家监察委员会主任、最高人民法院院长和最高人民检察院检察长的人选，全国人大各专门委员会的人选，提出意见。

县级以上的地方各级人大代表有权依照法律规定的程序提出本级人大常委会的组成人员，人民政府领导人员，监察委员会主任，人民法院院长，人民检察院检察长以及上一级人大代表的人选，并有权对本级人大主席团和代表依法提出的上述人员的人选提出意见。

乡、民族乡、镇的人大代表有权依照法律规定的程序提出本级人大主席、副主席和人民政府领导人员的人选，并有权对本级人大主席团和代表依法提出的上述人员的人选提出意见。

各级人大代表有权对本级人大主席团的人选提出意见。

代表对确定的候选人，可以投赞成票，可以投反对票，可以另选他人，也可以弃权。

五、参加本级人民代表大会的各项表决

表决权的行使，直接产生法律后果，是表决结果的直接依据。全国人大代表参加决定国务院组成人员和中央军事委员会副主席、委员的人选，参加决定全国人大专门委员会组成人员的人选。县级以上的各级人大代表参加表决通过本级人大各专门委员会组成人员的人选。

代表参加本级人民代表大会表决，可以投赞成票，可以投反对票，也可以弃权。

法律和其他议案由全国人民代表大会以全体代表的过半数通过；但宪法的修改，须由全国人民代表大会以全体代表的三分之二以上的多数通过。

六、获得依法执行代表职务所需的信息和各项保障

政治或者司法保障。其一，言论免责权。人大代表在人大各种会议上的发言和表决不受法律追究。其二，人身特别保护权。为使人大代表不因执行代表职务受到打击报复，未经大会主席团或者人大常委会许可，县级以上人大代表不受逮捕或者刑事审判，也不能对其采取其他限制人身自由的措施。限制乡镇人大代表人身自由措施的，执行机关应当立即报告乡镇人大。

时间保障。人大代表参加本级人大常委会或者乡镇人大主席

团安排的代表活动，代表所在单位必须给予时间保障。

物质保障。其一，补贴及其工资和其他待遇的保障。人大代表参加本级人大常委会或者乡镇人大主席团安排的活动，享受所在单位的工资和其他待遇。无固定工资收入的代表执行代表职务，根据实际情况由本级财政给予适当补贴。其二，活动经费保障。人大代表的活动经费，列入本级财政预算予以保障，专款专用。

组织和社会保障。人大常委会应当加强与人大代表的联系，扩大代表对常委会工作的参与，为代表执行代表职务提供必要的条件；人大常委会与"一府一委两院"应当保障人大代表知情知政；人大常委会应当组织人大代表参加履职学习；人大常委会办事机构和工作机构为代表执行代表职务提供集体服务保障；有关机关、组织应当认真研究办理代表建议、批评和意见；为人大代表制发代表证，对少数民族代表给予必要的帮助和照顾；一切组织和个人都必须尊重人大代表的权利，支持代表执行代表职务，对代表执行代表职务不协助或者阻碍、进行打击报复的，追究有关责任。

七、法律规定的其他权利

人大代表在本级人大闭会期间的活动，包括代表小组、代表视察、开展专题调研、报告的转交及反馈、临时召集会议、列席本级人大常委会会议、列席原选举单位的会议、参加调查委员会、监督本级常委会的工作等。

县级以上的各级人大代表，在本级或者下级人大常委会协助下，可以按照便于组织和开展活动的原则组成代表小组，也可以参加下级人大代表的代表小组活动。

县级以上的各级人大代表根据本级人大常委会的安排，对本级或者下级国家机关和有关单位的工作进行视察。乡、民族乡、镇的人大代表根据本级人大主席团的安排，对本级人民政府和有关单位的工作进行视察。代表按上述规定进行视察，可以提出约见本级或者下级有关国家机关负责人。被约见的有关国家机关负责人或者由他委托的负责人员应当听取代表的建议、批评和意见。代表可以持代表证就地进行视察。县级以上的地方各级人大常委会或者乡、民族乡、镇的人大主席团根据代表的要求，联系安排本级或者上级的代表持代表证就地进行视察。代表视察时，可以向被视察单位提出建议、批评和意见，但不直接处理问题。

代表根据安排，围绕经济社会发展和关系人民群众切身利益、社会普遍关注的重大问题，开展专题调研。

代表参加视察、专题调研活动形成的报告，由本级人大常委会办事机构或者乡、民族乡、镇的人大主席团转交有关机关、组织。对报告中提出的意见和建议的研究处理情况应当向代表反馈。

代表有权依照法律规定的程序提议临时召集本级人大会议。

县级以上的各级人大代表可以应邀列席本级人大常委会会议、本级人大各专门委员会会议，参加本级人大常委会组织的执法检查和其他活动。乡、民族乡、镇的人大代表参加本级人大主席团组织的执法检查和其他活动。

全国人大代表，省、自治区、直辖市、自治州、设区的市的人大代表可以列席原选举单位的人大会议，并可以应邀列席原选举单位的人大常委会会议。

县级以上的各级人大代表根据本级人大或者本级人大常委

的决定，参加关于特定问题的调查委员会。

代表在本级人大闭会期间，有权向本级人大常委会或者乡、民族乡、镇的人大主席团提出对各方面工作的建议、批评和意见。建议、批评和意见应当明确具体，注重反映实际情况和问题。

乡、民族乡、镇的人大代表在本级人大闭会期间，根据统一安排，开展调研等活动；组成代表小组，分工联系选民，反映人民群众的意见和要求。

第五节　人大代表的义务

为了发挥国家权力机关的功能和作用，保证人大代表依法履行职责，代表法及其他有关法律全面系统地规定了人大代表的权利，同时也规定了人大代表应当履行的义务。人大代表享有权利是执行代表职务的基础，国家机关和全社会必须给予必要的保障和服务。同时，人大代表也必须履行宪法和法律规定的义务。权利与义务是相对的，有权利就有义务。人大代表的权利和义务是平等的，每个代表平等享受权利，履行义务，没有只享受权利的代表，也没有只尽义务的代表。法律规定的代表权利，在许多方面同时也是一种职责和义务，两者是统一的。人大代表的特殊身份，绝不是特权的象征。

代表的义务有以下几个特点：第一，代表的义务以代表的身份为前提。第二，代表必须作出一定的行为或者不得作出一定的行为，即具有作为和不作为的义务。一方面，代表负有积极作为的义务，必须依法主动地作出某种行为，如代表必须按时出席人大会议、与原选区选民或者原选举单位以及人民群众保持密切联系，听取和反映他们的意见和要求，充分发挥在发展全过程人民民主中的作用；另一方面，代表负有不作为的义务，不得作出某种行为，如不得泄露国家秘密，不得利用代表职务牟取个人利益等。第三，人大代表必须严格执行代表职务，不得放弃或者不履行自己的义务，否则要承担相应的法律责任，如原选区选民或者原选举单位可以对其予以罢免。

根据代表法第四条规定，人大代表应当履行以下义务。

一、模范地遵守宪法和法律，严格保守国家秘密

宪法是国家的根本法，规范的是国家最根本的制度和原则，包括公民的基本权利和基本义务以及国家的根本和基本政治制度、基本经济制度等，具有最高的法律地位、法律权威、法律效力。法律是由国家制定或者认可的普遍适用于一切社会成员的规范。

模范地遵守宪法和法律，是人大代表的首要义务。这是因为：第一，遵守宪法和法律是公民的义务。我国宪法规定，公民在法律面前人人平等。平等是社会主义法律的基本属性。任何组织和个人都必须尊重宪法、法律权威，都必须在宪法法律范围内活动，都必须依照宪法法律行使权力或权利、履行职责或义务，都不得有超越宪法、法律的特权。作为人大代表，在日常生活和各项工作中遵守宪法和法律，履行作为公民的义务，是最基本的要求，人大代表不能因自己特殊身份享有不应有的特权。第二，"依法治国，建设社会主义法治国家"是载入宪法的治国基本方略。党的十八大作出了全面推进依法治国的重大决策和战略部

署；党的十八届四中全会作出了《中共中央关于全面推进依法治国若干重大问题的决定》。依法治国，是坚持和发展中国特色社会主义的本质要求和重要保障，是实现国家治理体系和治理能力现代化的必然要求，事关我们党执政兴国，事关人民幸福安康，事关党和国家长治久安，法律的权威源自人民的内心拥护和真诚信仰，法律权威要靠人民维护。法治国家的建立和维护，依赖于人民对法律制度的遵守和服从。遵守法律是一个法治国家或者法治社会的基本要求。推进法治社会建设，必须增强全民的法治观念。没有对于法律的恪守，就没有法治的建立和发展。我国各级人大代表是经过人民选举产生的，接受人民的重托，代表人民的利益和意志，依法参加行使国家权力，是法治国家直接的建设者和参与者。因此，人大代表应当责无旁贷地带头宣传宪法和法律，在自己参加的生产、工作和社会活动中，协助宪法和法律的实施，成为遵守宪法和法律的模范。

国家秘密是涉及国家安全和利益，泄露后可能损害国家在政治、经济、国防、外交等领域的安全和利益的事项，主要包括：国家事务重大决策中的秘密事项；国防建设和武装力量活动中的秘密事项；外交和外事活动中的秘密事项以及对外承担保密义务的秘密事项；国民经济和社会发展中的秘密事项；科学技术中的秘密事项；维护国家安全活动和追查刑事犯罪中的秘密事项；经国家保密行政管理部门确定的其他秘密事项。由于国家秘密直接关系到国家的安全和利益，因而法律规定，一切国家机关、武装力量、政党、社会团体、企业事业单位和公民都有保守国家秘密的义务。人大代表来自社会各个方面，相当多的人分别接触上述各种国家秘密，代表在参与国家事务的决策中，也会了解和掌握某些国家秘密。作为国家权力机关的组成人员，人大代表应当严格地保守国家秘密，模范地遵守保密制度，如不在私人交往和通信中泄露国家秘密，不得未经批准携带属于国家秘密的文件、资料和其他物品外出，不在公共场所谈论国家秘密等。

二、参加本级人民代表大会会议，做好审议及会议期间的其他各项工作

出席本级人民代表大会会议，参与审议各项议案和报告是代表的基本权利，也是代表的基本义务。代表出席本级人民代表大会会议，包括出席大会全体会议、代表团全体会议、代表团小组会议。出席会议的内容是审议各项报告、议案和其他议题，对列入大会议程的各项报告、议案和其他议题进行讨论，表明赞成、反对或者提出修改完善的建议、意见。因此，代表不能无故缺席。代表法第四十九条规定，未经批准两次不出席本级人民代表大会会议的，其代表资格终止。代表在审议各项议案时，要本着对人民负责的精神，深入研究各项报告、议案和议题，积极发言讨论，实事求是地肯定成绩、指出问题、提出修改意见，为人大决策提供基础。代表如果对人大审议的议案漠不关心，在选举和表决议案时不投票，也是失职行为。

三、参加闭会期间统一组织的活动

代表在闭会期间的活动，与代表在大会会议期间的工作是密切相关的，二者在本质上都是在执行代表职务即代表人民群众参加国家事务、社会事务管理。代表在闭会期间的活动，既是执行代表职务，也是知情知政，掌握第一手材料，为出席大会会议审

议各项议案和报告做准备，酝酿、起草、提出议案或者建议、批评和意见的过程，是会议期间工作的延伸和基础。闭会期间，代表开展的活动主要有：开展集中或者持证视察、开展专题调研、参加执法检查、列席本级人大常委会会议等。代表在闭会期间的活动以集体活动为主，以代表小组活动为基本形式。代表在会议期间的工作和闭会期间的活动是一个有机整体，缺少哪一部分，代表都不能充分发挥其作用。将代表在闭会期间的活动看作是一种可有可无的事情，认为"代表代表，会完就了"是不正确的。

四、履职学习和调查研究

根据宪法和有关法律的规定，全国人民代表大会和地方各级人民代表大会是国家的权力机关，担负重大事项决定、监督、人事任免等职责，全国人大及省级人大、设区的市人大、自治州人大还担负着制定法律和地方性法规的职责。为胜任代表工作，完成好人民代表大会的职责，人大代表必须了解我国经济社会发展的情况，熟悉人民代表大会制度，掌握执行代表职务所需要的法律知识和其他专业知识。我国的人大代表一般都是兼职的，除执行代表职务外，还有繁重的本职工作，这就更需要代表加强履职学习和调查研究，不仅通过本职工作了解情况，反映民意，还要通过履职学习和调查研究，了解其他领域的情况，为做好代表工作打下基础。深入联系人民群众，充分进行调研，是了解法律、政策实施情况、了解人民群众呼声的最直接、最有效的途径，也是代表提出高质量的议案和有分量的建议，做好会议审议工作的基础；是增强代表参与人大及其常委会活动实效的关键所在。因此，人大代表应当深入群众，加强调查研究。

五、密切联系群众，听取和反映人民群众的意见和要求

人大代表是党和国家联系广大人民群众的重要桥梁。人大代表是由原选区选民或者原选举单位产生的。因此，与人民群众保持密切联系，听取和反映他们的意见和要求，努力为人民服务，是人大代表最为基本的职责之一，也是代表履行其他职责的基础。人大代表一旦脱离人民群众，就会成为无源之水，无本之木。作为人大代表，必须高度重视联系群众的工作，把它作为代表活动的重中之重。为此，代表不仅要听取和反映所在生产、工作单位群众的意见和要求，还要广泛听取原选区选民或者原选举单位选举的意见和要求；不仅要积极参加闭会期间统一组织的代表活动，还要采取多种形式听取和反映人民群众的意见和要求。

为进一步完善代表联系人民群众制度，密切代表同人民群众的联系，全国人大常委会办公厅于 2016 年 9 月印发《关于完善人大代表联系人民群众制度的实施意见》，明确了完善代表联系人民群众制度的指导思想和基本要求以及代表联系人民群众的工作内容、方式方法与保障和指导，强调建立健全代表联系人民群众的工作平台和网络平台以及代表反映人民群众意见和要求的处理反馈机制。近年来，在全国人大常委会指导下，各级人大把密切人大代表与人民群众的联系作为做好新时代人大代表工作的重要抓手，不断推进人大代表联系人民群众工作常态化、机制化开展，推动代表之家、代表联络站、代表工作室等履职平台建设，基本实现乡镇、街道"全覆盖"，人大代表的"根"深深扎在人民群众之中、扎在基层土壤之中，同人民群众走得更近、联系更紧。

六、自觉遵守社会公德，廉洁自律，公道正派，勤勉尽责

自觉遵守社会公德。这是对人大代表在品德方面的要求，社会公德是要求一般人共同遵守的公共道德准则，包括遵守纪律、讲究礼貌、助人为乐、诚实守信、爱护公物、保护环境等。遵守社会公德是维护社会公共生活正常秩序的必要条件，是对社会生活中每个人的道德要求。在一个社会中，任何社会成员无论身份如何，无论从事何种职业，都应当遵守社会公德。人大代表作为社会的一分子和国家权力机关的组成人员，不仅要自觉遵守社会公德，更应当率先垂范，这对于树立和维护国家权力机关以及人大代表的威信，赢得人民群众的信任，行使好法定职责，具有重要意义。

廉洁自律，公道正派。这是对人大代表在廉洁方面的要求。所谓廉洁自律，公道正派，是指在执行职务的过程中，公正无私，维护国家和人民群众的利益，不谋私利。人大代表虽然不行使行政管理或对具体案件的调查处理权，但代表是国家权力机关组成人员，也是国家工作人员的组成部分。因此，代表在履行职责的过程中，必须廉洁自律，做到公私分明，不得利用代表身份牟取个人利益。

勤勉尽责。这是对人大代表在"勤"的方面的要求。宪法和有关法律对人大代表的职责和义务作了规定，人大代表应当恪尽职守，兢兢业业，完成好自己的职责，不辜负人民群众的嘱托。

此外，人大代表还应该履行法律规定的其他有关义务。

第六节　人大代表的作用

人大代表作为国家权力机关的组成人员，在我国的经济、政治与其他方面的社会生活中，发挥着重要作用。全国和地方各级人大代表，代表人民的利益和意志，依照宪法和法律赋予本级人大的各项职权，参加行使国家权力。人大代表特殊的法律地位，决定了代表的重要作用。依照宪法和法律规定，具体来说，人大代表的作用主要体现在以下几个方面。

一、参加决策作用

宪法和法律赋予各级国家权力机关相当广泛而重要的权力，无论是法律、地方性法规的制定，对"一府一委两院"监督或组成人员的任免，还是对重大问题的决定，都要通过同级人民代表大会及其常委会来实现。而这些决策性权力的实现，都是通过人大代表积极地、集体地参加投票表决来完成的。代表对人大会议上各项议案、报告的审议、表决，直接关系到这些议案、报告的通过与否，关系到决策的结果。代表在全国人大和地方人大进行各项决策性活动中的工作，反映了其参与决策的作用。人大决策的民主化、科学化水平，反映着人大代表参加决策的能力和水平。

二、监督协助作用

人大通过的法律、法规或者决议、决定，能否得到有效的实施，与人大的监督是分不开的。对"一府一委两院"的监督权力属于同级人民代表大会及其常委会，从法律规定和理论上讲，人大代表个人并没有这种监督权力。但是，人民代表大会及其常委会作为一个整体所享有的监督权力，正是通过每位人大代表在大会期间履职或闭会期间的活动来完成的，因而与人大代表的共同努力分不开。如人大代表通过对政府工作报告的审议和表决，对政府预决算的审查、修改，对"一府一委两院"组成人员的选举、任免表决，实现了人民代表大会及其常委会对"一府一委两院"的监督权力，反映了代表的监督作用。另外，人大代表在自己参加的生产、工作和社会活动中，协助宪法和法律实施，协助本级人民政府推行工作，体现了我国人民代表大会制度中权力机关和执行机关总目标的一致性，体现了监督和协助密不可分。"一府一委两院"依法行政、公正司法的状况，反映着人大代表监督推动的力度和效果。

三、桥梁纽带作用

我国人大代表的广泛性、代表性和兼职性，决定了人大代表来自人民、服务于人民，生活在人民群众之中，扎根于人民群众之中，与人民群众有着天然的、紧密的联系。按照代表法的要求，人大代表应当模范地遵守宪法和法律，努力做好本职工作，密切联系人民群众，随时听取人民群众的建议、批评和意见，体察民情、反映民意，并及时反映到有关部门，做到下情上达、上情下达，起到党和国家联系人民群众的桥梁纽带作用，使党和国家权力机关的决策符合人民群众的根本利益。人大代表同时也是人民群众与国家权力机关联系的中介。人大代表在人民代表大会会议期间提出的议案及建议、批评和意见，以及对各项议案、报告的审议意见，都是来源于人民群众，反映人民群众意志、利益、思想和情绪。通过人民代表大会拥有的职权，按照民主集中制的原则，作出正确决策，体现了人民对国家事务、社会事务的管理。

四、模范带头作用

各级人大代表都是本地区、本行业的积极分子或业务骨干，具有先进性。人大代表不仅要在本职工作中作出表率，在执行代表职务过程中努力为人民服务，而且在自己的日常工作和社会活动中，要模范地遵守宪法和法律，自觉接受原选区选民或者原选举单位的监督，树立人大代表的良好形象，才能执行好代表职务，得到人民群众的信任和拥护，从而更好地发挥代表作用。

第二章

人大代表在人大会议期间的工作

各级人大代表依法执行职务，包括两大部分：一是参加人大会议期间的各种工作，二是在人大闭会期间的活动。其中，举行人大会议，是国家权力机关行使管理国家事务权力的基本工作形式，也是代表行使代表职务的核心和重点工作。宪法和法律赋予人民代表大会的各项权力，都要通过召开人民代表大会会议的方式来行使。国家和地方的重大决策、国家机构主要负责人的选举和任免等，都要经过参加会议的人大代表认真审议，并经过人民代表大会会议以法定的票数进行表决通过。人大代表在会议期间的审议、发言、投票表决等，都是受人民委托，参与行使国家权力的职务行为。

第一节　人大代表工作概述

参加本级人民代表大会会议，是人大代表行权履职的主要和重要的形式，也是人大代表行使各项权利的前提和基础，同时还是代表的一项不可推卸的义务。代表法明确规定，代表应当按时出席本级人大会议，代表因健康等特殊原因不能出席会议的，应当按照规定请假。代表无故不参加本级人大会议，是一种有负于人民重托和信任的失职行为。人大代表要以饱满的政治热情和高度的政治责任感参加本级人大会议，努力使在会议期间的工作体现党的领导、人民当家作主、依法治国的有机统一。

一、人民代表大会的筹备与召集

由各级人大代表组成的各级国家权力机关主要是通过举行人民代表大会会议行使国家权力。根据全国人大组织法的规定，全国人大会议每年举行一次，由全国人大常委会召集；全国人大常委会认为必要，或者有五分之一以上的全国人大代表提议，可以临时召集全国人大会议。根据地方组织法第十四条规定，地方各级人民代表大会会议每年至少举行一次。乡、民族乡、镇的人民代表大会会议一般每年举行两次。会议召开的日期由本级人民代表大会常务委员会或者乡、民族乡、镇的人民代表大会主席团决定，并予以公布。遇有特殊情况，县级以上的地方各级人民代表大会常务委员会或者乡、民族乡、镇的人民代表大会主席团可以决定适当提前或者推迟召开会议。提前或者推迟召开会议的日期未能在当次会议上决定的，常务委员会或者其授权的主任会议，乡、民族乡、镇的人民代表大会主席团可以另行决定，并予以公布。县级以上的地方各级人民代表大会常务委员会或者乡、民族乡、镇的人民代表大会主席团认为必要，或者经过五分之一以上代表提议，可以临时召集本级人民代表大会会议。地方各级人民代表大会会议有三分之二以上的代表出席，始得举行。另据地方组织法第十六条规定，地方各级人民代表大会举行会议，应当合理安排会期和会议日程，提高议事质量和效率。

根据目前的实践，在每次人民代表大会会议召开前的两三个月，本级人大常委会及其有关工作机构即开始筹备召开人民代表大会会议的有关工作，比如研究大会召开的日期、会议议程草案、代表驻地、交通以及其他会务工作等。在大会召开前的一个月，本级人大常委会对开会的时间、建议会议讨论的主要事项、大会主席团和秘书长名单草案、列席大会的人员名单等有关事项作出决定，并将开会的时间、建议会议讨论的主要事项和参加会议的其他具体事宜提前通知本级人大代表，以便代表做好参加会议的有关准备工作。乡镇人大的代表人数虽然不多，代表的工作和居住地域也比较集中，但是乡镇人大主席团和乡镇人大主席、副主席在筹备召集人大会议时的工作程序和各项筹备工作，与县级以上各级人大的工作大体相同。

代表按照通知的要求报到后，在大会召开前，由本级人大常委会主持召开预备会议，选举大会主席团和秘书长，通过本次会议的议程和其他准备事项的决定。预备会议选出大会主席团和秘书长以后，人大常委会即完成了人民代表大会会议的筹备和召集工作。人民代表大会会议即在主席团的主持下，按照会议议程，召开大会、审议议案、决定问题。乡镇人大因为没有常设机关，代表大会是由上次大会主席团召集，预备会议选出新的主席团后，由新的主席团来主持本次人民代表大会会议，并召集本届人民代表大会此后的会议。

二、各代表团、代表团各小组的组成

人民代表大会各代表团，是各级人大代表参加本级人大会议时，按照行政区域或者选举单位组成的临时性组织。全国人大组织法第十条规定，全国人大代表按照选举单位组成代表团，即按照省、自治区、直辖市、特别行政区及解放军和武警部队为单位组成各代表团。县级以上各级人大举行会议时，代表按照行政区域或者选举单位组成代表团。代表团会议，是各级人大审议议案和报告的主要形式，一般分为全体会议和小组会议；人数少的代表团可不分小组，只举行全体会议。

代表团的主要任务有四项：第一，在人民代表大会会议举行前，集中进行各种准备性活动，推选代表团团长、副团长，审议主席团和秘书长名单草案，会议议程草案以及有关会议的其他准备事项，提出意见。第二，在人民代表大会会议期间，审议本级政府工作报告、人大常委会工作报告、关于国民经济和社会发展计划及计划执行情况的报告、关于预算及预算执行情况的报告、人民法院工作报告、人民检察院工作报告，审议法律案和列入大会议程的其他各项议案。第三，对主席团提出的人大常委会组成人员和人民政府、监察委员会、人民法院、人民检察院等国家机构的领导人员候选人选进行酝酿、讨论，提出意见。第四，经代表团全体代表过半数同意，可以以代表团名义在人民代表大会会议期间向大会提出议案、质询案、罢免案，可以提议组织特定问题调查委员会等。

全国人大各代表团团长、副团长，是依照全国人大议事规则的规定，由各代表团全体会议推选产生的。代表团团长、副团长必须是全国人大代表。团长的职责是召集并主持代表团全体会议，副团长协助团长工作。通常情况下，代表团团长也是大会主席团成员，出席主席团会议，负责向本代表团传达主席团会议的决定和意见。在主席团会议或者人民代表大会全体会议上，可以代表本代表团对会议的议案和报告发表意见。地方各级人大举行会议时，代表按照行政区域或者选举单位组成代表团。

全国人大议事规则规定，代表团可以分设若干代表小组，代表小组会议推选小组召集人，以便于代表对各项议案充分发表意见。选举法规定，省、自治区、直辖市应选全国人大代表名额，由根据人口数计算确定的名额数、相同的地区基本名额数和其他应选名额数构成。因此，一些人口大省的全国人大代表名额较多，达到了一百五十名以上；而一些人口少的省，分配到的名额较少，不超过三十人。对于代表名额多的代表团，如果不分设若干小组，则无法在有限的会期内充分审议各项议案和报告，而代表名额少的代表团因为议事方便，则不必分设小组。小组一般由十人至三十人组成。小组会议是代表团审议各项议案的一种会议形式，由小组召集人轮流主持。地方各级人大举行会议的时候，参照全国人大的做法，各代表团也分设若干代表小组，并推选小组召集人召集和主持代表小组会议。

三、代表参会前的准备工作

代表法明确规定，代表在出席本级人大会议前，应当听取人民群众的意见和建议，为会议期间执行代表职务做好准备。全国人大组织法和全国人大议事规则规定，全国人大常委会在全国人大会议举行的一个月前，将开会日期和建议会议讨论的主要事项通知代表。地方各级人大常委会和人大有关机构也应在本级人大会议召开前，将会期和建议讨论的事项通知本级人大代表。

人大代表接到通知后，应当做好的准备工作主要包括以下内容。

第一，代表应当根据会议召开的时间，把自己在单位的工作、个人活动和家庭事项作出科学安排，预留出席人民代表大会会议的时间。

第二，代表应当围绕有关国民经济和社会发展的重大问题以及社会热点问题，抽出一定时间、以各种方式联系原选区选民或者原选举单位和人民群众，进行调查研究，听取和了解群众的意见。

第三，代表应当认真列席人大常委会会议或者乡镇人大主席团组织的有关情况通报会等活动，了解"一府一委两院"有关工作情况。

第四，代表应当围绕会议讨论的议题，准备有关材料，认真阅读提前发放的会议文件，为会议期间执行代表职务，参与审议和决定国家的或者本行政区域内的重大事项做好准备。

第五，代表应当根据平时生产或者工作中了解到的情况，在汇集群众意见的基础上，通过深入思考研究，形成会议期间的审议发言材料，准备属于本级人大职权范围内的议案和对各方面工作的建议、批评和意见初稿。

第六，代表应当按照会议通知中提出的要求，及时向本级人大及其常委会或者原选举单位的代表工作机构或者乡镇人大主席团反馈与会的意见，如果代表因身体有病、行动不便或者其他特殊原因需要照顾，可以提出书面申请；如果代表因病或者其他特殊原因不能出席大会，要向会议秘书处书面请假。

四、代表出席人大会议

人大代表做好参加会议的各项准备工作后，要在规定时间报到，并正式出席会议。具体来说，需要做好以下工作。

（一）按时到达指定地点报到

代表报到，是保证大会顺利召开的一项重要会务工作。这里所说的指定地点，不一定是人民代表大会会议召开的会场地点，它可能是指人大代表集体出发的集合地点。一般来讲，人大代表居住地不一定在人大会议会场的所在地。层级越高，代表居住地与人大会场距离越远。这就要求出席会议的人大代表，一定要遵守时间，到指定地点集合。如果有特殊情况，一定要向所在的代表团有关工作人员说明情况，不要因为没有及时赶到而耽误其他代表集合出发。当然，对乡镇人大来说，报到地点也可能是人大会议召开的会场地点。同样，代表应提前与有关工作人员取得联系，详细询问会议会场的地点、开会的时间、基本要求等，提前到达会场，不要迟到。

由于全国人大会议最近几届都是固定在3月5日开幕，所以规定全国人大代表报到的日期为3月1日、2日。在各省、自治区、直辖市的全国人大代表，由省级人大常委会办事机构组织报到；中央在各省、自治区、直辖市的全国人大代表，台湾省全国人大代表，由全国人大常委会办事机构组织报到；港澳特别行政区全国人大代表，分别由中央人民政府驻港驻澳联络办组织报到；解放军选出的全国人大代表则由中央军委政治工作部组织报到。党的十八大以来，为贯彻中央八项规定精神，机场、车站和代表团驻地都不能搞迎送仪式，不能张贴悬挂标语横幅，也不能铺设迎宾地毯和献花。

（二）领取会议文件材料和其他用品

代表到会务组报到后，应领取下列证件和物品。

1. 代表证。代表证是证明代表身份的重要证件。代表领取代表证后，应当认真核对姓名、照片、代表团名称等是否相符。如果有不一致的，应及时向工作人员反映，并要求及时更换。代表在进入会议场所和住地时，代表证应佩戴在胸前，以便于会议保卫人员及有关工作人员辨认。

2. 代表名册。代表名册是为了便于代表与大会主席团、代表之间、代表与大会秘书处各组及新闻记者的相互联系沟通。代表名册包括代表姓名、代表单位及职务、房间号、小组召集人、秘书、联络员，一般还包括会议室地点、联系电话、乘车号、代表团工作人员、随员名单及房间号等。领取代表名册时，要仔细检查其中涉及自己的内容有无错误和遗漏的地方，如发现错误，应及时与会务组工作人员联系，进行更正。

3. 车辆通行证、就餐卡、房卡等其他证件。自己驾驶车辆的，应当领取车辆通行证。车辆通行证只能用于开会使用，不得用于他途，更不能借与他人。领取车辆通行证也应核对与自己的车辆相关信息是否吻合。就餐卡、房卡等证件应保存好，一旦遗失应及时报告。对于住房，原则上需服从安排，确有特殊原因需要调换的，应提出申请，并说明原因。

4. 会议须知及会场座席图等材料。拿到会议须知及会场座席图后，要认真阅读，了解熟悉代表持证进入会场和住地的要求；各种证件的使用和保管要求；会议的保密要求；会议文件的清退要求；大会的保卫工作要求；代表的会客、外出要求；代表因病就医的有关规定等。通过会场座席图明确开会时自己的具体位置，必要时可提前到会场查看自己的位置。

（三）按时出席有关会议

代表应严格按照会议日程出席有关会议。代表在出席有关会议和参加有关活动时，应在会场入口处的代表签到处签名。如今，这一做法也在与时俱进。随着电子技术发展，代表证上嵌入了代表有关信息的芯片，只要代表进入会场，会场识读器会自动辨识并记录代表报到。比如全国人大会议期间，全国人大代表只要进入会场，就会根据其佩戴的证件自动识别并在会场电子显示屏上显示。

人大代表在人大会议期间的主要工作包括：（1）按时出席本级人大会议，包括大会全体会议、代表团全体会议和代表团小组会议；（2）听取和审议人大常委会、人民政府、人民法院、人民检察院的工作报告，乡镇人大代表听取和审议本级人民政府的工作报告；（3）审查国民经济和社会发展计划及计划执行情况的报告，审查预算和预算执行情况的报告；（4）审议列入大会议程的法律案和其他议案；（5）依法提出代表议案；（6）依法对各方面工作提出建议、批评和意见；（7）审议人事任免案，参加大会的各项选举和决定任命；（8）参加大会的各项表决；等等。

第二节　人大代表的审议工作

审议是人民代表大会会议期间法律赋予人大代表的一项重要权利和重要义务。代表法第三条规定了人大代表享有七个方面的权利，其中第一项权利就是"参加审议各项议案、报告和其他议题"。代表法第四条规定了人大代表应当履行七个方面的义务，其中第二项明确规定，人大代表必须"认真审议各项议案、报告和其他议题"。人大代表参加审议，是人民代表大会制度的一项重要内容，是人民代表大会发挥职能的基础条件，其对于人大代表执行职务和发挥代表作用具有非常重要的意义。

一、代表审议的概念与基本要素

审议，顾名思义，就是审查评议。审查是为了获知情况，评议则是向别人表明自己的意见，并将自己的意见公之于众。法律意义上的人大代表审议，是指人大代表在出席本级人民代表大会会议期间，对列入大会议程的各项议案、报告和其他议题，进行详细周密的讨论、研究，表明意愿和立场，给予肯定、否定的评价，或者提出修改意见、建议。人大代表作为审议的主体，主要通过出席会议、发言讨论等进行审议。

在人民代表大会制度下，代表审议的基本要素主要有以下五个方面。

一是代表审议有特定的行使时间和场合，即审议是人大代表在出席本级人民代表大会会议期间行使的一项专门的法定权利。

二是代表审议有特定的行使对象和内容，即代表审议只是针对列入会议议程的各项议案、报告和其他议题而进行，没有列入会议议程的不在此列。

三是代表审议有特定的行使形式和要求，主要有讨论、研究，包括商量、询问等形式，这种讨论、研究，要坚持实事求是的原则、尽职尽责的态度、民主的精神、高效的作风和文明的风貌。

四是代表审议有明确的行使目的，即人大代表通过审议，须表明自己的意愿和立场，并给予肯定、否定，包括赞成、反对、保留的判断和评价，或者就审议的内容提出修改意见、建议，以发挥人大代表的作用。

五是代表审议是法定权利，即是由法律赋予人大代表的一项基本权利，具有规范性、程序性要求，是人大代表的职务行为。

二、代表审议的性质与方式

议事是决事的基础，是保证所决之事的质量和效率的一个重要方式。审议是代表反映人民群众意见、发表自己政见和参与管理、决定国家事务的重要形式，是代表参与对人大常委会、"一府两院"监督的重要手段，是人大行使监督权等各项权力的重要基础和前提，是必须遵守的程序性、制度性安排。所有要由代表大会行使职权作出决议、决定的问题和事项，都要在最终作出之前经过代表的审议。如对人大的工作不满意，或对于一个问题、一种方案、一项工作有不同意见或建议，代表可以在审议时提出自己的建议、批评和意见。

人大代表审议发言的质量关系到人民代表大会审议的质量，进而关系着人民代表大会通过的决议、决定是否更加符合实际、更能反映人民的利益和意志。人大代表对审议权行使的程度，是人民参与和决定国家的政治、经济、文化、社会、生态等各方面生活及国家的民主决策程度的一个鲜明标志和衡量尺度。

人大代表行使审议权，一般有以下方式。

一是出席人民代表大会全体会议进行审议。即人大代表出席在人民代表大会会议期间召开的全体会议，主要任务是听取和审议本级人大常委会、人民政府、人民法院、人民检察院的工作报告；审查本行政区国民经济和社会发展计划、预算及其执行情况的报告；提请大会审议的议案的说明以及需要由大会进行表决的各项议案草案；听取和审议国家机关领导人员、组成人员、上一级人民代表大会代表候选人名单；审议其他重大事项；等等。以大会全体会议的形式进行审议和组织大会发言，可以使代表的意见得到直接的交流，便于对问题进行比较深入的讨论。但由于代表大会的代表人数多，以全体会议的形式审议议案和报告时，发言的代表人数和发言时间均受到很大限制。因此，实践中更多的是采用代表团全体会议或者代表小组会议的形式来审议，这样能够缩小会议的规模，使代表能够充分广泛地发表意见。

二是参加人民代表大会代表团全体会议进行审议。人民代表大会代表团全体会议是人大代表按照选举单位组成的参加人民代表大会的最基本的组织形式。在会议期间，凡是审议、讨论、研究的事项，一般都是采取代表团全体会议的形式进行。代表在代表团会议上，对重要议题、议案进行集中审议，并对主席团会议有关重大事项的决定意见等进行酝酿、讨论，交流各小组审议的情况和意见。根据审议的内容，结合实际研究拟向大会提出有关议案。这是人大代表在人大会议期间行使权利时，使用频率最高的工作方式之一。

三是参加人民代表大会小组会议进行审议。在人民代表大会会议期间，为了便于代表进行审议，使出席会议的人大代表具有较多的参加审议、讨论发言的机会，充分发挥人大代表参与管理国家事务的作用，在代表人数较多的代表团，按照地区或专业划分若干代表小组，并以代表小组的形式审议列入人民代表大会会议议程的各项报告和议案以及决议草案。主要任务是代表个人对审议议题充分发表意见，反映群众的意见和要求。

四是参加专题会议进行审议。在实践中，一些地方人民代表大会创新了专题会议进行审议这种方式。即由有某些方面专业知识的人大代表，参加就某方面的工作进行的专题审议，如关于环境与资源保护专题审议会议、教育专题审议会议、民生问题专题审议会议等，以提高人民代表大会会议的质量和审议水平。

三、代表审议时的发言

各级人大代表行使权利的主要形式是开会。人大代表在人民代表大会的各种会议上进行发言，展开讨论，在集思广益、充分发言和讨论的基础上，集体作出决策。所以，发言制度也是人民代表大会制度的重要内容，是关系各级人大代表能否切实行使权利的重要制度。

全国人大议事规则规定了全国人民代表大会全体会议和主席团会议上人大代表发言的次数和时间。主席团可以召开大会全体会议，让代表进行大会发言，就议案和有关报告发表意见。在全国人民代表大会全体会议上，代表每人可以发言两次，第一次不超过十分钟，第二次不超过五分钟。代表要求在大会全体会议上发言的，应当在会前向秘书处报名，由大会执行主席安排发言顺序；在大会全体会议上临时要求发言的，经大会执行主席许可，始得发言。在主席团会议上，主席团成员、代表团团长或者代表团推选的代表发言，每人可以就同一议题发言两次，第一次不超过十五分钟，第二次不超过十分钟；经会议主持人许可，发言时间可以适当延长。

全国人大组织法还规定，在会议期间，对全国人民代表大会的各项议案进行审议，可以由代表团团长或者由代表团推派的代表，在主席团会议或者大会全体会议上，代表代表团对审议的议案发表意见。但全国人大议事规则没有规定在代表团全体会议、代表团分组会议上发言者发言的次数和时间，也没有规定全国人民代表大会代表团团长会议、全国人大有关的专门委员会会议参加人员发言的次数和时间。这可以理解为，人大代表在这些会议上，可以自由发言。

地方组织法没有对人大代表在地方各级人民代表大会会议上发言制度的内容作出规定。因为，作为实体法的地方组织法，只能对地方国家机关行使权力的基本程序作出规定，不能要求其对发言制度和有关程序规定得太细。这应该由其他程序性法律来规定。因此，就目前情况看，地方各级人民代表大会会议的发言制度，都是由地方人大比照全国人大议事规则的有关规定，在自己的地方性法规或规范性文件中规定的，其发言制度的内容同全国人民代表大会会议的发言制度基本一样。

人大代表在审议发言时，有以下几个问题需要注意：一是代表不要随意打断别人发言。二是事先要做充分准备，不能就一些具体问题即兴发挥。三是代表发言时不能各说各的，否则，将使得会议的审议质量不高，无法为大会会议最后通过报告和决定、决议提供具有实质性和建设性的建议、批评和意见等。

四、代表审议的主要内容

人大代表应认真审议各项议案、报告和其他议题，表达立场，发表意见，给予评价，提出建议。人大代表审议的议案包括国家机关和代表联名提出的议案，如法律法规案，决议、决定案，选举任免、罢免案等；人大代表审议的报告包括人大常委会和"一府两院"的工作报告，国民经济和社会发展计划、财政预算和预算执行情况的报告等；有时，人大代表还需要对列入大会议程的重大工作部署、执法检查、特定问题调查等情况进行审议。

（一）审议政府工作报告

政府工作报告是我国政府的一种公文形式，一般在各级政府主要领导人的主持下，由政府职能部门提供材料，由办公机构草拟送审稿和征求意见稿，在向各方面广泛征求意见的基础上，形成修改稿报同级党委讨论后，由各级政府分别提交人大。政府工作报告大体上可以分为两种类型：一种类型是每届人民代表大会第一次会议上的政府工作报告，通常是报告前一届政府任期五年的工作总结和对今后工作的建议，其中还包括上一年的执行情况。另一种类型是每届人民代表大会第二、三、四、五次会议上的政府工作报告，主要内容是上一年的工作和当年工作的部署两部分。

我国宪法明确规定，国务院对全国人大负责并报告工作；在全国人大闭会期间，对全国人大常委会负责并报告工作。地方各级人民政府对本级人大负责并报告工作。县级以上的地方各级人民政府在本级人大闭会期间，对本级人大常委会负责并报告工作。这些规定说明，各级人民政府向本级人大报告工作，是一项重要的法定职责。人大听取和审议政府工作报告，是行使国家权力、决定重大事项和履行监督职能的基本形式。政府工作报告经过本级人大会议审议通过后才具有法律效力。因此，各级人民代表大会每年举行一次会议，在议程中都把听取和审议政府工作报告作为主要任务。

人大代表在审议政府工作报告时需要把握以下几个要领。

第一，对照上一年度本级人民政府工作报告中对下一年度工作的安排和上一次人民代表大会会议对其作出的决议内容，结合自己视察、专题调研、联系选民所了解到的情况，审查本级人民政府上年度的工作任务完成得如何，报告中讲成绩是否实事求是，查找问题是否全面准确。

第二，根据当前党和国家的政策、工作指导方针，联系本地区实际，衡量政府工作报告对今后特别是下一年的工作规划、任务计划是否全面、正确、可行。国家列为重点的领域、工作，本地群众关注的热点、难点问题，本地应重点突破的事业、项目等，是否被摆上了重要位置，是否有足够的保证措施。

第三，按照宪法以及有关法律、法规和本级人民代表大会的有关决议、决定，审议政府工作报告所提出的工作思路、措施是否合法、是否有力度，是否有利于推进依法治国、加快建设社会主义法治国家这一重大战略的实施。

第四，在通读政府工作报告全文、从整体上进行审议的基础上，对自己比较了解的部分和涉及自己本职领域的内容进行重点研读、分析，看其任务目标定得是否切合实际，措施是否得力，应当强调的重点是否突出或有遗漏，有些提法是否准确，与全国大环境是否协调，等等。

第五，要坚持实事求是、客观准确地看问题。做好政府工作，需要方方面面的支持，需要主观条件和客观因素相一致。既有人为的因素，也有客观条件的影响。人大代表在审议政府工作报告时，应坚持全面、辩证、客观地看待问题，紧紧把握全局，把握主流，客观公正、实事求是地评价政府工作，既不美化也不丑化。防止以偏概全，力戒主观性、片面性。

第六，审议政府工作报告是人民代表大会对政府实施监督的重要形式。人大代表在审议过程中，不能仅仅停留在肯定成绩的阶段，而是应该对报告的各项具体内容都要问个"为什么""怎么样""还有什么""最好怎么样"，这有利于发现问题和有针对性地提出建议，帮助政府更好地开展工作。

(二) 审查国民经济和社会发展计划

国民经济和社会发展计划，是国家经济社会全面发展的总方针和总政策，是国家治理的重要制度和重要手段。审查批准国民经济和社会发展计划，是宪法和法律赋予人大代表的职责，也是人民当家作主、行使国家权力的重要体现。按照时段划分，国民经济和社会发展计划可以分为中长期规划和年度计划。中长期规划在计划体系中居于主导地位，其中中期规划的期限一般为五年，长期规划的期限一般为十年或十年以上。按照范围划分，国民经济和社会发展计划可以分为综合计划和专项计划。综合计划是关于经济和社会整体发展的计划。专项计划是以国民经济和社会发展的特定领域为对象编制的规划。按层次划分，国民经济和社会发展计划可以分为全国计划和地方计划。地方计划以全国计划为指导，在总体战略和政策取向上与全国计划是一致的。

在全国人民代表大会会议期间，通过代表对国民经济和社会发展计划的认真审查，可以广泛吸纳民意，听取代表真知灼见，提高计划效率，减少计划失误，因而既是民主决策的过程，也是科学决策的过程。人大代表在听取和阅读国民经济和社会发展计划报告的基础上，要查阅一些参考资料，尽可能多地了解情况。如阅读大会为人大代表提供的资料、向计划部门索要的有关材料、询问问题得到的回复等。

人大代表在审查国民经济和社会发展计划时应把握的主要内容包括：

第一，以国家的大政方针、具体政策和本地实际为依据来进行审议。对本地中、长期计划的审查，要看与国家的中、长期计划是否同步，是否符合国家对本地区的计划要求，所确定的发展方向、步骤、目标、措施、重点事业和项目是否科学、可行、持续发展；远景规划是否做到了既鼓舞人心，又留有余地，既有理论依据，又有实际基础。对本地年度计划的审查，可对照五年计划看年度计划的增长比例是否适当；可参照上年度计划的实际情况，看本年度计划是否可靠；可查看上年度计划指标，审查各项任务的完成情况。

第二，按照推动经济高质量发展的要求来审议。以是否有利于保持经济持续健康发展为标准，看制定的计划是否全面贯彻党的基本理论、基本路线、基本方略，是否符合社会主义市场经济规律，是否能够推进供给侧结构性改革，是否能够推动经济运行总体平稳、经济结构持续优化等。

第三，本着"因地制宜"和"服从全局"的原则来审议。从全局着眼，从本地区的整体利益出发来审查国民经济和社会发展经济计划，防止为自己所在选区和部门争项目、争投资。

（三）审查财政

财政是国家为了实现其职能的需要，对一部分社会产品进行分配和再分配的活动，是国家配置资源的重要方式和调控社会经济运行的重要手段，是确保国家赖以存在的基本条件，有财才有政。国家的财政分配活动不能盲目进行，国家要从社会产品中收取多少，通过什么方式收取，收来的钱用在什么地方，怎么使用，达到什么效果，都必须事先作出估算，并经过法定程序予以确认。

审查本级政府财政预算与支出情况，是宪法和法律赋予各级人大的重要职权。人大对预算的审查批准，实际就是对国家政策的批准。国家预算经过人大审查批准后，表明政府提交的预算草案得到了人民的同意和认可，表明了人民对政府提出的政策的批准，政府提出的政策变成了人民的意志和要求。人大代表只有行使好这一权利，才能代表全体人民看紧政府的"钱袋子"，把该花的钱花好，不该花的坚决不花，确保财政资金用在"刀刃"上。

当然，人大代表不可能都是精通预算的专家。不过，每一位人大代表都应该在开会期间，挤出更多时间学习预算知识，了解财政资金将投向哪里，其投入理由又是什么，力求在学习中审议、在审议中学习，继而逐步掌握预算审议的基本方法和要点。对于人大代表，这是一个最基本的要求，因为人大代表既然担任了亿万民众的民意代表，就该有这样的义务和担当。

人大代表审查财政的主要内容包括：

1. 审查编制财政预算的指导思想是否正确。预算的编制主旨必须符合中央精神和国家经济政策，必须同本地区长中短期国民经济和社会发展计划相一致、相衔接。否则，就是偏离方向和实际，运作起来也容易产生偏差和矛盾。

2. 审查预算报告所列措施是否得力、有效、合法。应重点分析提高经济效益方面的措施、加强税收征管和扩大财源方面的措施、加快资金周转和增强资金使用效果方面的措施、压缩财政支出方面的措施等，以及是否存在违法问题，能否达到预期效果，力度是否得当。此外，根据国家金融形势和地方财力情况，看其所列新上项目、改建项目，以及整个基建规模是否符合实际，有无一味贪大求快而实践证明欲速不达、事倍功半的问题。

3. 审查预算的财政收入是否实事求是。财政收入主要体现在税收和国有企业上缴的利润上。因此，应审查生产和税收的增长是否与财政收入的增长相协调；应研究本财政年度经济形势，并与上年度作比较。应充分估计有利条件和不利因素，看财政收入的预算制定得是否既积极又稳妥。

4. 审查财政收入在国民收入中所占比重是否适当。如果这个比例过大，势必影响劳动者个人收入水平；如果这个比例过小，又会影响国家建设发展。所以，预算收入的编制，应当建立在对预算收入来源及其增减变动情况的科学、合理预测的基础之上，从而既使国家各项事业的发展得到保障，又让个人收入水平相应得到提高。

5. 审查财政支出是否贯彻了厉行节约、勤俭建国的方针和量入为出的原则，支出应有收入作保障。地方各级预算不得列赤字。另外，要改变陈旧观念，注意多方式、多渠道筹集城市建设资金。

6. 审查政府有无越权行事、冲击预算的行为。预算调整必须依法提请本级人大常委会批准，不得擅自变更预算，不得随意乱开减收增支的口子，不得在预算之外，调用下级政府预算资金，不得将不应当在预算内支出的款项转为预算内支出，从而维护预算的严肃性，使预算真正成为刚性指标。

随着 2018 年《关于人大预算审查监督重点向支出预算和政策拓展的指导意见》的实施，人大预算审查监督的重点逐步实现由赤字规模和预算收支平衡状况向更加关注支出预算和支出政策安排、财政资金使用绩效和政策实施效果拓展，政策对编制支出预算的指导和约束作用得到进一步发挥，人大预算审查监督的针对性和有效性进一步提高，保障了党中央重大方针政策和决策部署的贯彻落实。

（四）审议人大常委会工作报告

人大常委会工作报告是各级人大常委会在人民代表大会会议上，向人民代表大会汇报在一定时期以来（通常是一年）的工作情况，接受人大代表的审查、评议的公文。全国人大常委会是全国人大的常设机关，由全国人大选举产生，对全国人大负责并报告工作。县级以上地方各级人大常委会是本级人大的常设机关，由本级人大选举产生，对本级人大负责并报告工作。听取和审议本级人大常委会的工作报告，是各级人大会议的一项重要议程。向本级人大报告工作，是各级人大常委会的法定职责。作为人大代表，有监督本级人大常委会工作的权利和义务。

人大常委会工作报告的内容，一般包括上年度对本行政区域内的一些重大事项作出决议、决定及其监督执行情况；实施法律监督和工作监督情况；与人大代表及下级人大常委会联系情况；监督办理人大代表提出的建议、批评和意见情况；人大常委会自身建设情况等。人大常委会在新一届第一次人民代表大会会议上的报告，还要包括整个届内的工作情况；省级人大常委会和设区的市的人大常委会还要报告地方性立法情况。

人大代表在听取和审议人大常委会工作报告方面，应突出以下重点。

1. 审议具有立法权的本级人大常委会制定通过了多少地方性法规，是否有与宪法和上位法律、法规相抵触的问题。审议没有立法权的本级人大常委会决定，通过了多少保障保证法律、法规贯彻执行的实施细则、办法和制度等，是否有与宪法和相应法律法规不符的地方。

2. 审议本级人大常委会在对"一府一委两院"的监督方面做了哪些工作，是否有效地保证了宪法和法律法规在本地区的贯彻执行。具体讲，人大常委会会议听取和审议了多少法律法规贯彻执行情况的报告；组织了多少执法检查活动；对本级人民政府和下级人大及其常委会的同宪法和法律法规相抵触的决定、行为是否及时给予了撤销、纠正等。

3. 审议本级人大常委会在对"一府一委两院"的工作监督方面做了哪些工作，是否及时对本区域内关系国计民生和涉及全局的重大问题作出了决议、决定，并很好地做到了监督执行。对"一府一委两院"在重大事项上自行决定而不提交人大及其常委会讨论决定和审议通过的行为是否给予了有效监督和纠正。人大常委会会议听取和审议了多少专项工作报告，提出了多少建议、批评和意见，监督落实得如何等。

4. 审议本级人大常委会在联系人大代表和下级人大及其常委会方面做了哪些工作。组织本级或与下级人大常委会共同组织了多少次视察、检查、调查、评议活动，效果如何；召开了多少次座谈会、工作会、交流会等，解决了哪些实际问题；在培训人大代表和接待人大代表来访方面做了哪些工作，人大代表们是否满意；人大代表列席人大常委会会议的制度坚持得如何，提供了哪些服务；等等。

5. 审议本级人大常委会在任免干部的程序上是否合法，是否严格依法把关。在对人大及其常委会选举、任命的干部进行述职评议方面做了哪些工作，效果如何。

6. 审议本级人大常委会在自身建设上取得哪些成绩，还存在哪些不足，是否有损害形象、贻误工作的问题。

7. 审议本级人大常委会对下一年度的工作安排是否全面、具体、重点突出，其措施是否有力度，是否有可操作性。

（五）审议"两院"工作报告

"两院"是人民法院和人民检察院的合称。我国宪法规定，人民法院是国家的审判机关，人民检察院是国家的法律监督机关。同时，宪法还明确规定，人民法院、人民检察院由各级人大产生，对人大及其常委会负责并受它监督。

"两院"工作报告是指人民法院、人民检察院按照法律规定，向本级人大报告工作，接受人大审议的规范性公文。审议"两院"工作报告是人大代表行使监督权的基本形式。人大代表审议"两院"工作报告的基本方法包括：1. 审议"两院"工作报告所确定的任务和措施，是否围绕党和国家的工作大局开展工作，在推动经济社会发展、维护社会公平正义方面，是否发挥了应有作用，是否提高了质量和效率。2. 审议下一年度各项工作任务的措施是否切实可行；完成任务的条件是否具备；针对经济社会发展中存在的突出问题和工作中存在的主要缺点，采取的对策措施、提出的解决方案是否合理可行等。3. 审议工作报告具体表述的准确性和规范性。

人大代表审议人民法院工作报告的重点包括：1. 审议其执法工作情况，重点是刑事、民事、经济、行政、告诉、申诉等审判工作情况。2. 审议人民法院接受人大及其常委会法律监督情况。3. 审议人民法院依法办事，为经济建设"保驾护航"情况。4. 审议人民法院加强法制教育情况。5. 审议审判机关自身建设情况，评议其队伍建设情况，提出建议、批评和意见。人大代表审议人民法院工作报告时，应当客观评价人民法院的工作，其目的是要督促人民法院采取措施防止和纠正司法工作中的不公和错误，不因个别、局部情况而影响对人民法院工作的总体评价。

人大代表审议人民检察院工作报告的重点包括：1. 审议人民检察院监督执法工作情况，重点是实施刑事检察、民事检察、行政检察、公益诉讼检察等法律监督活动情况。2. 审议人民检察院接受人大及其常委会监督情况。3. 审议检察机关自身建设情况，评议其队伍建设情况，提出建议、批评和意见。

人大代表在审议"两院"工作报告时，要充分利用议程和规则。一是认真审阅和听取"两院"负责人在大会上所作的工作报告，做好发言准备。二是在代表团会议、小组会议或分组会议上，如实表达自己的观点和看法，提出自己的批评、意见和建议。三是对自己不熟悉或者有疑问的，及时与"两院"派来的人员沟通。根据惯例，在举行代表团会议、小组会议或分组会议时，"两院"都会派遣人员参与旁听，并回答代表的询问。即使现场的人员不能当场回答，他们也会把问题带回去，请有关部门或领导决定。因此，作为人大代表应当充分利用好这些条件。四是按规定送交代表个人收到的人民群众的涉案申诉、控告和检举等信件。具体做法是，对人大代表收到的人民群众涉案申诉、控告和检举等信件，在大会期间交由本代表团的工作人员，再由他们交给大会秘书处转"两院"研究处理并答复；在闭会期间，可交由人大常委会办事机构转"两院"研究处理并答复。

（六）审议重大事项决定、决议案以及法律和法规草案

重大事项决定权，是全国人民代表大会和地方各级人民代表大会的一项重要职权。审议重大事项决定、决议案的主体是各级人民代表大会的代表。审议重大事项决定、决议案的程序是：依法提出重大事项决定、决议案；提交重大事项决定、决议案；审议重大事项决定、决议案；通过、公布和执行重大事项决定、决议。审议重大事项决定、决议案时，人大代表必须坚持全部与局部相统一的原则、实事求是的原则、因地制宜的原则和依法办事的原则，重点审议事项的合法性、事项确立的合理性、事项的必要性以及事项的可行性。

法律和法规草案是指依法享有提案权的机关或人员向立法机关提出关于制定、修改、废止某项法律或法规的议案。法律或法规草案的形成过程，一般包括以下几个环节：立项，作出立法决策；设立起草班子，开展起草工作；进行调查研究；形成草案框架和对主要问题的意见；起草条文；征求各方面意见；形成送审稿并对送审稿进行审查；由提案机关讨论决定，形成正式的法律案。人大代表在审议法律或法规草案时，要认真听取有关说明和审议结果的报告、修改情况的汇报等，同时尽可能多地研究相关

资料；要从立法的必要性、合法性、可行性，文本的规范性入手进行分析研究，做好审议工作；要注意掌握的政策界限是否准确，法律、法规条文对社会关系的归纳、概括是否得当，法律、法规草案文本是否规范等方面进行研究分析，并结合实际从多方面进行审议。

五、代表审议时应当注意的问题

代表审议权的行使必然产生一定的法律后果，直接影响到人民代表大会对立法、工作报告和决议决定进行表决的结果和质量。代表审议权具有参加行使国家权力的权威性，必须十分重视。

人大代表在审议时，应当注意以下几个问题。

（一）提高对审议工作的认识

首先，要提高对宪法法律、对党的路线方针政策和形势、对人民代表大会制度和人大代表权利义务等的认识，提高履职素质、能力和水平，力争做到政治上明白、法律上了解、业务上熟悉。其次，要明确审议工作的性质，即审议是人大代表参加管理国家事务的重要方式，特别是审议"一府两院"的工作报告等，是对"一府两院"进行监督的重要手段，不能把审议工作变为"学习文件""领会精神"或者讲"坚决拥护"。最后，要明确审议是人大代表发表自己政见的重要方式，又是权力机关作出决定和决议的前提，在人民代表大会工作中，没有审议也就没有决定和决议，任何不经过审议的决定和决议都是非法的。

（二）认真参加各种审议的会议

审议的会议包括大会全体会议、代表团全体会议、小组会议或联组会议、专题会议，以及主席团会议和专门委员会会议。人大代表应当按时出席本级人大会议，这是人大代表的一项重要的义务约束，也是代表审议权实现的前置条件。无论是哪种会议，都应该对有关议案和报告进行认真审议，并提出相关的意见和建议。同时，人大代表出席会议参加审议，是严肃的政治使命和法律职责，不能随意任性。人大代表在行使审议权时，时间、内容、程序和秩序等，都必须符合本级人大制定的议事规则的要求。此外，人大代表出席人大会议，不是一般意义上的开会，而是代表的工作，是代表履行职务。人大代表出席会议与其他工作发生冲突时，要分清轻重先后，适当调整，妥善安排，优先出席会议，履行代表职责。

（三）对审议的议案和工作报告要事先熟悉

人大代表在代表大会召开前就会被告知会议的主要议题和议程，代表应该就此进行必要的了解、调研和准备，特别是对所涉报告和议案的背景情况、实际内容等要有所掌握，做到心中有数，知情知政，这样审议才可以有的放矢，发表的意见才能中肯贴切，提出的建议才能具有针对性和可操作性。人大代表需要事先熟悉的情况主要有：通过参加代表小组活动、视察、专题调研，以及列席有关会议、参加执法检查、询问、履职学习和联系人民群众等闭会期间的代表活动所了解的情况；原选区选民、原选举单位和人民群众反映的诉求、意愿和建议，以及社会关注的热点、难点和倾向性问题；代表个人在学习、工作和生活中遇到和掌握的情况；等等。

（四）围绕审议的议题发表意见

在实际工作中，有的代表脱离会议议题，只是汇报工作，或者向有关领导和方面提出要项目、要资金、要政策的要求，占用了宝贵的审议时间，影响了本小组或者本代表团的审议质量。代表的审议发言是在履行代表职责，内容要集中在列入人民代表大会会议议程的各类报告和议案等议题范围内，可以就议题作全面发言，也可以针对某个方面作专题性发言；当几位代表发言的内容、意见一致时，也可以联名并推选一人发言。

（五）在实事求是的基础上做深入研究和思考

人大代表审议议案和工作报告时，要切实维护国家和人民群众的利益，从大局出发，把握根本。不仅要进行讨论和研究，还要在深入调查研究、倾听基层和群众意见的基础上，做好比较充分的审议准备。对于不清楚的问题，要向有关部门提出询问，以便搞清情况。对不符合实际的情况和不符合人民群众根本利益的问题，要敢于提出建议、批评和意见，真正做到"为民代言"。

第三节　人大代表的提议案工作

议案[1]是指法定主体依法向国家权力机关提出，并要求对有关事项和问题予以审议作出决定的议事原案，也可以说，议案是人大代表讨论、解决某一问题的办法、措施、意见和方案。依

---

〔1〕　人大代表依法提出的议案，最初称为提案，而且把人大代表依法提出的建议也统称为提案。由于政协委员提出的建议案称为提案，且议案和建议的性质不同，处理机关不同、处理方式不同，因此既容易引起误解，又不利于议案、建议的处理。因此，1982年五届全国人大五次会议修订通过全国人大组织法，明确规定了全国人大代表依法可以提出议案或建议、批评和意见，将议案与建议分开，也不再采用大会提案的形式。

法提出议案是代表的一项重要工作，是代表的一项重要权利，也是人大代表执行职务的基本方式之一。代表法第九条规定，代表有权依照法律规定的程序向本级人民代表大会提出属于本级人民代表大会职权范围内的议案。代表享有提议案权，是由代表本身应具有的职能所要求和决定的。在我国，人民是国家权力的主人，人民通过自己选出的代表组成的各级人大行使国家权力。代表向本级人大提出议案，可以畅通国家权力机关与广大人民群众的联系渠道，使国家权力机关在行使权力对有关问题和事项作出决定时，能够体现绝大多数人民群众的意见和要求，符合绝大多数人民群众的意志和利益。

一、形成议案的条件

人大代表提出议案既是发表自己政见的过程，也是衡量一个代表的履职水平高低，参与管理国家事务能力大小的重要标尺。一般来说，形成一件议案要具备三个条件。

第一，从提出议案的主体来说，要具备提议案的法定资格或符合法定的代表联名人数。除了法律规定的特定国家机关组织和人大代表有权提出议案之外，任何政党、社会团体、公民个人均不享有提出议案的权力。在全国人大会议上，具有提议案资格的机关或部门是，大会主席团，全国人大常委会，全国人大各专门委员会，国务院，中央军事委员会，国家监察委员会，最高人民法院，最高人民检察院。这些机构或部门可以向全国人大提出属于全国人大职权范围内的议案。在地方人大上，大会主席团、人大常委会、各专门委员会、本级人民政府可以向本级人大提出属于本级人大职权范围内的议案。关于人大代表提议案，法律规定了议案的联名人数最低限。一个代表团或者三十名以上的代表联名，可以向全国人大提出属于全国人大职权范围内的议案；县以上各级人大代表十人以上联名、乡镇人大代表五人以上联名，也可以向本级人大提出属于本级人大职权范围内的议案。议案有不同的法定联名人数的要求，是由议案本身的性质所决定的，既能表现出较高程度的代表性和权威性，同时，也符合国家的民主政治生活稳定有序地进行的客观要求。

第二，从议案的内容来说，所提议案的内容必须属于本级人大职权范围内的有关问题和事项。如果代表所提出的议案不属于本级人大的职权范围，如属于上级人大职权范围的事项，或属于是由其他国家机构行使职权范围的事项，则不能成为议案。实践中，由于"属于人民代表大会职权范围内"的内容不易把握，因而每年召开的各级人大会议上，都有数量相当多的议案实际上是属于对各方面工作的建议、批评和意见。

第三，从议案提出的时间来看，所提议案必须符合法定时间要求。虽然全国人大议事规则第二十三条规定，议案可以在大会举行前提出，但实践中绝大多数是在大会期间并在大会主席团规定的议案截止时间前提出的。之所以要规定一个议案截止时间，这是因为：一是我国各级人民代表大会会期比较短，而且一般每年只开一次。二是我国的各级人大的人大代表人数多，议案总数多，要在大会期间处理完毕所有的议案，时间是十分紧促的，因此必须有一个提议案的截止时间的规定，以便在大会期间能把议案处理完毕。

以上三个条件，是对议案的最基本要求，工作中习惯称为"硬件"。为了方便大会对议案的处理和审议工作，方便与联名代表之间的联系，代表提出议案应当有领衔人。领衔人一般是议案发起人和起草人。实践中，还要求代表议案应当书面提出，一事一案，使用大会秘书处统一印制的代表议案专用纸。[1] 参加联名的代表应当按照代表议案专用纸上所列项目和要求填写，写明案由、案据和方案，不能光列一个题目，提一个要求。如果是提法律案，还应当附有法律草案文本。最后，参加联名的代表还要亲笔签名。

二、议案的内容范围

议案的内容范围是指人大代表可以以议案的形式向本级人大提出的问题及事项的范围。各级人大之间的区域级属不同，其人大代表提议案的职权也互有不同。具体地说，代表可以提出以下类型的议案。

（一）立法案

立法案是指人大代表提出的，旨在请求修改宪法，制定、修改或者废止有关法律法规的议案。在全国人大，要求修改宪法的议案须由全国人大常委会或者五分之一以上的全国人大代表提议。其他立法案须由三十名以上代表联名或一个代表团方可提出。在省、自治区、直辖市和设区的市，以及自治州、自治县的地方人大代表有权提出制定、修改或者废止地方性法规、自治条例或单行条例的议案。这类议案的法定联名人数为十人以上。

（二）决定、决议案

决定、决议案是指人大代表向人大提交的请求人大就某个重大事项进行审议和作出决定、决议的议案。此类议案的内容涉及

---

[1] 现在一般还要求提供电子版。

政治、经济、教育、科学、文化、卫生、生态环境保护、自然资源、城乡建设、民政、社会保障、民族等工作的重大事项。但议案所要求作出的决定或决议的实质性内容不能带有涉及修改宪法条款的性质，或带有对现任国家机构组成人员人事变动的性质，或属于组织特定问题调查委员会动议的性质。如果议案的内容带有上述性质，则应按议案的类型所应达到的法定人数来联名提出议案。

（三）选举案

选举案是指人大代表向人民代表大会提交的关于选举事项的议案。根据相关法律规定，县级以上的地方各级人大常委会的组成人员，乡、民族乡、镇的人民代表大会主席、副主席，省长、副省长，自治区主席、副主席，市长、副市长，州长、副州长，县长、副县长，区长、副区长，乡长、副乡长，镇长、副镇长，监察委员会主任，人民法院院长，人民检察院检察长的人选，由本级人大主席团或者代表依照地方组织法规定联合提名。省、自治区、直辖市的人大代表三十人以上书面联名，设区的市和自治州的人大代表二十人以上书面联名，县级的人大代表十人以上书面联名，可以提出本级人大常委会组成人员、人民政府领导人员、监察委员会主任、人民法院院长、人民检察院检察长的候选人。乡、民族乡、镇的人民代表大会代表十人以上书面联名，可以提出本级人大主席、副主席，人民政府领导人员的候选人。不同选区或者选举单位选出的代表可以酝酿、联合提出候选人。

（四）质询案

质询案是指人大代表对国家行政机关、监察机关、审判机关、检察机关提出质问并要求答复的议案。全国人大会议期间，一个代表团或者三十名以上的代表联名，有权书面提出对国务院和国务院各部委、国家监察委员会、最高人民法院、最高人民检察院的质询案。地方各级人大举行会议的时候，代表十人以上联名可以书面提出对本级人民政府和它所属各工作部门以及监察委员会、人民法院、人民检察院的质询案。

（五）特定问题调查案

特定问题调查案是指人大代表向本级人大提交的请求本级人大对特定的问题组织有关人员进行调查的议案。我国宪法和有关组织法除了规定代表有权以质询的方式来了解情况以外，还规定代表有权提出组织对某项特定问题的调查委员会案。地方组织法第三十六条规定，县级以上的地方各级人大可以组织关于特定问题的调查委员会。主席团或者十分之一以上代表书面联名，可以向本级人大提议组织关于特定问题的调查委员会，由主席团提请全体会议决定。调查委员会由主任委员、副主任委员和委员组成，由主席团在代表中提名，提请全体会议通过。调查委员会应当向本级人民代表大会提出调查报告。人民代表大会根据调查委员会的报告，可以作出相应的决议。人民代表大会可以授权它的常务委员会听取调查委员会的调查报告，常务委员会可以作出相应的决议，报人民代表大会下次会议备案。

（六）罢免案

罢免案是指人大代表向本级人大提交的请求罢免由本级人大选举产生的或决定任命的本级国家机构领导人员职务的议案。按照全国人大组织法第二十条规定，全国人大主席团、三个以上的代表团或者十分之一以上的代表，可以提出对全国人大常委会的组成人员，国家主席、副主席，国务院和中央军事委员会的组成人员，国家监察委员会主任，最高人民法院院长和最高人民检察院检察长的罢免案，由主席团提请大会审议。地方组织法第三十一条规定，县级以上的地方各级人大举行会议的时候，主席团、常委会或者十分之一以上代表联名，可以提出对本级人大常委会组成人员、人民政府组成人员、监察委员会主任、人民法院院长、人民检察院检察长的罢免案，由主席团提请大会审议。乡、民族乡、镇的人大举行会议的时候，主席团或者五分之一以上代表联名，可以提出对人大主席、副主席，乡长、副乡长，镇长、副镇长的罢免案，由主席团提请大会审议。

三、议案的处理程序和方式

代表的议案一经提出并登记在案后，即进入审议处理程序，一般情况下不得中止对议案的审议处理。这是保障代表的提议案权的一个重要方面。

对于代表所提的议案，一般由大会秘书处的议案组负责接收。收到议案后，要对议案的领衔人及其他联名附议的代表人数、姓名予以核对。对于未达到法定联名人数的议案，告知代表所需的联名人数。

接收、登记议案后，按议案的类型分类、编号，然后由大会秘书处将议案报送大会主席团。按照有关法律的规定，代表所提的议案，由大会主席团决定是否列入本次大会议程予以审议；或者决定交有关的专门委员会审议，由有关的专门委员会提出是否列入大会议程的意见，然后由大会主席团决定是否列入大会议程。大会主席团或有关的专门委员会在审议代表提出的议案时，有权对议案按法定条件予以审核。符合法定条件的，或者列入本次大会议程，交付大会审议，或者决定不列入本次大会议程，而交由有关的专门委员会审议研究。对于既不列入本次大会议程，也不交由有关专门委员会审议的议案，主席团应通知提案人，并可说明理由；主席团还可以向提案人建议转作代表的建议、批评和意见交有关部门处理。

对于代表所提出的罢免案、组织特定问题调查委员会案，其处理程序与上述一般议案有所不同。按照有关法律的规定，罢免案、组织特定问题调查委员会案提出后，如果议案符合法定条件，即由大会主席团决定列入大会议程，直接交由大会讨论并付诸表决或作出决定。

依据宪法规定，全国人大代表提出一般法律案，须有全国人大全体代表过半数赞同方可通过。全国人大代表如提出宪法修正案草案，则有更严格的程序规定，须有全国人大全体代表三分之二以上的多数赞同才能通过。

提案人有权提出议案，也有权撤回议案。由于代表在大会中提出议案的情况各异，有些议案要求解决的问题已办理，有些则因为条件限制而无法承办，因此，法律作出关于代表要求撤回议案的规定，是很有必要的，同时也为减少议案工作的盲目性提供了条件。但对撤回议案是有约束的。根据有关法律的规定，提案人撤回议案要受到两个约束：一是必须在议案交付表决前撤回，一旦议案交付表决之后，会议已经对议案作出了决定，提案人就无权改变会议的决定。二是提案人要求撤回议案后，必须经主席团同意，会议对该议案的审议也即行终止。

四、代表提议案应当注意的问题

一份议案凝聚着人大代表的智慧和汗水，承载着人民群众的信赖与期盼。鉴于以往的情况，人大代表在提议案时，通常应注意以下问题。

（一）在调查研究的基础上提出议案

人民代表大会所议之事以广大人民群众所关心的问题和事项为基础和内容，所决之事应能够体现绝大多数人民群众的意见和要求。代表提出议案往往是重大决策和重要立法的开始，意义十分重大。所以，代表应当深入实际，深入基层，深入群众，倾听群众意见，了解和掌握有关情况。代表可以将提出代表议案与闭会期间的代表活动相结合，把参加代表视察和专题调研等活动的过程，作为酝酿、起草议案的过程。在此基础上，经过研究和论证，依法提出有针对性、可行性的议案，而不能简单地把他人起草的材料，直接作为议案提出。要避免空洞和不着边际的议论，尽量具体化。代表提出议案应当本着对党、对国家、对人民负责的精神，站在全局的高度，正确处理局部与全局、近期与长远的利益关系，不能只从本地区的利益出发，向国家要项目、要投资。

（二）根据本级人大的职权范围提出议案

只有符合本级人大职权范围的议案，才有可能列入会议议程。从实践看，代表向本级人大提出的议案，有许多都不属于本级人大职权范围的事项。如有的是属于政府、监察委员会、法院、检察院职权的事项，有的是属于上级国家机关或者下级国家机关职权的事项，有的是一般工作问题等。

（三）对议案的性质和作用要有明确的认识

从以往的情况看，有的人大代表对代表议案的性质和作用不甚了解，认为不管什么事，用议案形式提出的事情容易受到重视，用建议、批评和意见形式提出的事情相对难以受到重视。其实这是一种误解，议案由人大来处理，当然会受到重视，建议、批评和意见由政府部门和其他组织和部门去处理，同样也会受到重视。很多组织和部门承办代表建议不仅领导亲自过问，有专门班子，还建立了承办制度。而更主要的是，国家权力机关与行政机关在处理议案与建议、批评和意见工作中，有着明确的分工，谁的工作，应当由谁去处理，不能越俎代庖。因此，对不同内容的问题，就应当用相应的形式去提出。

（四）提出议案应当共同负责

代表联名提出议案，不是简单的共同签名，而应当体现所有联名代表的共同意志。代表团提出议案，应当经代表团全体会议充分讨论，过半数通过。代表联名提出议案，领衔代表应当采取适当方式，使参加联名的代表了解议案内容，以表达其真实意愿。如领衔代表可以向参加联名附议的代表分别提供议案文本，经附议人认真审阅同意后，再签名附议；有条件集体讨论的，应经集体讨论，取得一致意见后，再签名提出。应当杜绝或者避免提出议案过程中代表转圈签名、参加联名的代表不了解议案具体内容等现象，真正体现代表对提出的议案内容共同负责。

（五）要注意切实提高议案质量

有的代表提出议案时存在重数量、轻质量的问题，有的议案只有案由、案据，没有明确具体的方案；有的代表提出立法议案时，没有按照法律规定提交法律草案或者法规草案文本及其说明等。这样的议案既不可能列入会议议程，也难以进行研究处理。提高议案质量，需要方方面面的配合，更需要人大代表本身的重视和努力。为提高议案质量，提案人应当对所提议案有调查、有研究、有自己的见解，甚至还要有解决问题的方案。当然，这一方面需要提高代表的素质，另一方面人大机关要为代表提好议案创造必要条件，提供必要资料和其他帮助，并加强与提出议案代表的联系和沟通。

第四节　人大代表的选举工作

本节所说的选举是人大代表按照自己的意志，对依法推荐出来的国家机构有关组成人员、领导人员和上一级人大代表候选人进行投票选择的方式。选举是人大代表的又一项重要权利，通过选举产生本级国家机关的领导人，特别是权力机关、行政机关、监察机关、审判机关和检察机关的领导人。选举什么样的人当本级国家机关的领导，对于能否发展本地区经济、保持社会长治久安极为重要。因此，能否行使好选举权，是人大代表代表人民掌好权、用好权的重要体现，代表应当以高度的责任感，极为慎重地行使选举权，投出神圣的一票。

一、代表选举的范围

宪法和有关法律对各级人大代表选举的国家机关组成人员或者领导人员的范围作了规定。在我国，不同层级的人大代表选举产生的公职人员范围有所不同。根据宪法和全国人大组织法的规定，全国人大依法选举国家主席、副主席，全国人大常委会委员长、副委员长、秘书长和委员，中央军事委员会主席，国家监察委员会主任，最高人民法院院长，最高人民检察院检察长。

根据宪法和有关法律规定，国务院总理、国务院其他组成人员、除军委主席外的其他中央军委组成人员、全国人大各专门委员会组成人员，由特定提名人提出后，全国人大会议依法表决通过。具体情况是：根据国家主席的提名，决定国务院总理的人选；根据国务院总理的提名，决定国务院其他组成人员（包括副总理若干人、国务委员若干人，各部部长、各委员会主任、审计长、秘书长）；根据中央军委主席的提名，决定中央军委其他组成人员（包括军委副主席若干人、委员若干人）。

上述人选的提名方式，贯彻了首长负责制的原则，实行的是由国家主席、国务院总理、军委主席提名，全国人大依法决定的办法。全国人大和县级以上地方人大专委会组成人员的人选由本级人大主席团提名，全体人大代表表决通过。各级人大的大会主席团人选，由本级人大常委会（乡镇通常由上次人大会议主席团）将本次大会主席团名单草案提交各代表团或代表小组审议，然后提交大会的预备会议表决通过。

根据宪法和地方组织法规定，县级以上的地方各级人大选举范围如下：选举本级人大常委会组成人员（即人大常委会主任、副主任、秘书长和委员，县级人大不设秘书长一职）；选举本级人民政府正副职领导人，即省长、副省长，自治区主席、副主席，市长、副市长，州长、副州长，县长、副县长，区长、副区长；监察委员会主任，人民法院院长，人民检察院检察长。选举乡、民族乡、镇的人大主席、副主席，乡长、副乡长、镇长、副镇长。

二、代表选举的基本程序

人大代表行使选举权，有严格的程序要求，必须遵守宪法和有关法律的规定。大致来说，人大代表选举的基本程序包括提名推荐候选人、讨论确定正式候选人、投票选举等几个步骤。

（一）提名推荐候选人

根据宪法和有关法律的规定，全国人大进行选举时，由大会主席团提名推荐候选人，代表不进行联名推荐候选人。但是，主席团提名后，需经各代表团酝酿协商，再由主席团根据多数代表的意见确定正式候选人名单。实践中，主席团都是根据中共中央的建议提出候选人名单。这是因为，中国共产党是执政党，是国家最高的政治领导力量。坚持党的领导的一个重要方面，就是必须坚持党管干部，即党要培养、选拔并向国家机关推荐重要干部，从而保证党的路线、方针、政策能够通过这些干部得到贯彻实施。

根据地方组织法的规定，地方人大进行选举时，候选人的提名有两种方式。一是大会主席团提名。大会主席团提出候选人，一般先由中共同级党组织提出建议名单，经主席团会议通过后提交全体代表酝酿讨论。二是代表联合提名。这样规定既可以保证代表能够依法提出候选人，又可以使代表提出的候选人具有一定的基础，避免过多、过于分散。

地方各级人大代表联合提名，应按照德才兼备、以德为先的原则，根据关于领导班子配备的原则、结构比例的要求，提出所推荐职务的候选人；认真填写代表联合提名候选人登记表，并在规定的截止时间内提出；代表联合提名候选人前，既可以征求被提名人的意见，也可以不征求被提名人的意见；代表联合提名候选人后，因为发现自己提名的人选作为正式候选人不够合适，或者被提名人不接受提名的，代表可以要求撤回提名。

主席团提名和代表联合提名，都是法定的候选人提名方式。主席团和代表联名提出的候选人，具有同等法律地位，都必须依法列入候选人名单，交代表酝酿、讨论，不能只将代表联名提出的候选人交代表酝酿、讨论，更不能随意删减代表联名提出的候选人。

（二）酝酿、讨论候选人

主席团和代表联名提出的候选人，法律地位相同，都应由主席团汇总后印发全体代表进行讨论、酝酿，根据讨论、酝酿情况确定正式候选人。

不论是主席团提名的候选人，还是代表联合提名的候选人，都是初步候选人，不能直接成为正式候选人。为了使代表对候选人有较充分的了解，避免投票的盲目性，保证选举的民主性，初步候选人名单必须提交全体代表进行讨论、酝酿。代表讨论、酝酿通常采取代表小组会议或者代表团全体会议的形式，大会主席团应做好候选人的介绍工作。根据地方组织法的规定，县级以上地方各级人大换届选举本级国家机关领导人员时，至少应有两天时间提名、酝酿候选人。这一规定并不是说大会必须把整个两天都用于提名、酝酿，而是指从大会宣布各政党、各人民团体和代表联名提出代表候选人开始到投票选举这段时间不得少于两天。因此，在提名、酝酿期间可以穿插安排其他议程。

（三）确定正式候选人名单

根据地方组织法的规定，地方人大进行选举时，初步候选人名单经过代表讨论、酝酿后，确定正式候选人名单有两种办法：一是如果主席团和代表联合提名推荐的候选人人数符合法定的差额数，由主席团将所有候选人全部列入正式候选人名单。二是如果主席团和代表联合提名推荐的候选人人数超过法定的差额数，由主席团提交代表酝酿、讨论后，进行预选，根据在预选中得票多少的顺序，按照选举办法规定的差额数，确定正式候选人名单。全国人大进行选举时，初步候选人名单都是主席团根据中共中央的推荐提出的，因此，经代表讨论、酝酿后，由主席团将全部候选人直接列入正式候选人名单。

（四）投票选举

正式候选人名单确定后，由主席团提交代表大会投票选举。投票选举采取召开全体会议的形式进行。

1. 推选监票人

在进行投票选举前，需推选产生总监票人、监票人和计票人。总监票人、监票人由主席团提名，交各代表团讨论、酝酿。各代表团没有表示异议的，即由主席团在大会全体会议上予以宣布。总监票人、监票人通常由不是候选人或被决定任命的人选的代表中推选。计票人通常由大会工作人员担任。

2. 投票方式

全国人大的选举投票包括无记名投票、举手表决或者其他方式。具体采用何种方式，由主席团决定。在实践中，每届全国人大一次会议通过的选举和决定任命的办法往往会对表决办法作出规定。地方各级人大选举本级国家机关领导人员，一律采用无记名投票方式。所谓无记名投票，是指投票人通过选票表明对候选人的态度，但不在选票上注明投票人姓名的一种选举方式。

3. 代表投票

代表投票选举时，对正式候选人名单上的候选人，可以投赞成票，可以投反对票或者弃权票。投反对票的，还可以另选他人；投弃权票的，不能另选他人。

4. 确定选举是否有效

在选举和决定任命时，收回的选举票或者表决票等于或者少于发出的选举票或者表决票，选举或者表决有效；多于发出的选举票或者表决票，选举或者表决无效，应重新进行选举或者表决。对于每张选举票来说，如果所选的人数等于或者少于应选名额的，则为有效票；如果多于应选名额的，则为无效票。

5. 确定候选人是否当选

根据法律规定，各级人大选举，均需获得全体代表过半数选票始得当选。这里的"全体代表"，不是指法定的代表名额，而是指实有代表名额，既包括因请假、依法被暂停履行代表职务等原因未参加会议的代表数量，也包括参加会议但未参加投票的代表。如果投票结果出现获得过半数的候选人数超过应选名额，则以得票多的候选人当选。如遇票数相等不能确定当选人时，应当就票数相等的候选人再次投票，此时不要求获得过半数选票才能当选，只要获得相对多数就可以当选，即以获得赞成票多的当选。如获得全体代表过半数赞成票的当选人数少于应选名额时，不足的名额应另行选举。另行选举仍必须以获得过半数选票始得当选，不能以简单多数当选。

大会的选举结果，由大会主席团以代表大会公告的形式向社会公布。

三、差额选举及其意义

根据代表候选人数是否多于应选人数，可以把选举分为等额选举和差额选举两种。凡代表候选人数与应选人数相等的选举，称之为等额选举；凡代表候选人数必须多于应选人数的选举，称之为差额选举。选举的目的在于通过选举人对候选人的挑选、选择，然后把候选人推选出来，担任代表或领导人。如果候选人的名额同当选人的名额相等，那选举人就没有了挑选和选择的余地。因此，差额选举是民主选举的重要原则。

地方组织法规定，人民代表大会常务委员会主任、秘书长，乡、民族乡、镇的人民代表大会主席，人民政府正职领导人员，监察委员会主任，人民法院院长，人民检察院检察长的候选人数可以多一人，进行差额选举；如果提名的候选人只有一人，也可以进行等额选举。人民代表大会常务委员会副主任，乡、民族乡、镇的人民代表大会副主席，人民政府副职领导人员的候选人数应比应选人数多一人至三人，人民代表大会常务委员会委员的候选人数应比应选人数多十分之一至五分之一，由本级人民代表大会根据应选人数在选举办法中规定具体差额数，进行差额选举。如果提名的候选人数超过选举办法规定的差额数，由主席团提交代表酝酿、讨论后，进行预选，根据在预选中得票多少的顺序，按照选举办法规定的差额数，确定正式候选人名单，进行选举。

实行差额选举具有重要意义。

第一，实行差额选举，为代表提供了认真挑选候选人的机会和余地，让代表可以对候选人进行比较，并按照自己的意愿选择自己信赖的人当人大代表或本级国家机关的领导人员，有利于增强选举人的主人翁责任感。

第二，实行差额选举，拓宽了候选人提出的渠道，扩大了候选人的选择面，有利于优秀人才脱颖而出，有利于把那些坚决执行党的路线、有专业知识、有组织领导能力的人选进各级领导班子。

第三，实行差额选举，在选举中引入竞争机制，意味着对候选人提出了更高的要求，有利于候选人更好地发扬长处，克服不足。

第四，实行差额选举，促使候选人更好地接受人民的监督，把对上级负责和对人民负责结合起来，不断改进工作，努力为人民服务，克服官僚主义。

第五，实行差额选举有利于改进干部管理体制，使干部管理部门对干部的考察更加认真，选拔干部更注重民意，从而有利于加强党风建设。

四、代表选举时应当注意的问题

人大代表在选举时，一般应注意以下几点。

（一）依法联名推荐候选人

代表要依法认真提出候选人，不能认为候选人主要靠人大会议主席团提出，而代表联名提出的候选人是"摆设"，可有可无。代表联名推荐候选人时必须符合法律规定人数；必须以书面形式提出；必须在大会主席团规定的时间内提出；必须提供被提名人的有关材料。

（二）严肃认真酝酿讨论候选人

人大代表应当对所有的候选人进行充分的酝酿、讨论。这既是代表了解熟悉候选人的过程，也是对候选人进行公开的集中鉴定与考评的过程，是保证选举成功的前提。在酝酿讨论中要坚持党的领导原则，要把坚持党管干部原则与充分发扬民主、严格依法办事有机结合起来；要坚持任人唯贤的原则，客观公正地对待每一位候选人；要坚持民主集中制原则，把充分发挥代表作用与人大集体行使职权有机结合起来；要敢于根据人民群众的意见对候选人发表意见。人大代表应客观、公正、全面、准确地介绍自己推荐的人选。如通过书面或者口头形式介绍候选人的工作简历、业务专长、政治素质、提名理由等，也可以介绍自己所熟悉的其他候选人情况，并提出自己的看法和评价。

（三）依法投票，规范填写选票

代表应当积极参加投票，不能认为自己的一票无所谓。根据法律规定，只有参选的代表超过全体代表的半数，才能选举；只有赞成票超过全体代表半数才可能当选。因此，有时就可能因为差一票而使较好的干部不能当选。不能认为反正主席团推荐的总不会有什么不妥，就简单地投"信任票"，也不能随声附和或随波逐流，应当有对人民高度负责的精神。

与此同时，代表要按照要求规范地填写选票，否则容易造成废票。首先，代表领到选票后，应认真检查选票有无错误，是否清楚。如果选票有问题应及时跟工作人员联系。其次，代表要按照要求规范、正确地填写。代表可以在自己座位填写，也可以在大会所设的秘密写票处填写。再次，代表填写选票完毕后要认真检查，确认是否有填写错误或者不清楚之处；所填写的赞成票是否少于或者等于应选人数。最后，代表应及时投票。一般情况下，总监票人、监票人先投票，然后其他代表依次投票。人大代表应当自己将选票投入投票箱，不能委托他人代为投票。

第五节　人大代表的询问与质询工作

询问与质询是人大代表依法享有的个人行使的法定权利，是人大监督"一府一委两院"的形式之一。在 1954 年 3 月 23 日宪法起草委员会第一次会议上，大家对"质问"和"询问"的规定有不同意见。经过讨论，宪法草案（修改稿）删去了"询

问"，保留了"质问"。在 1978 年修改宪法时把"质问"修改为
"质询"。1982 年全国人大组织法则规定，在全国人大审议议案
时，代表可以向有关国家机关提出"询问"，由有关机关派人进
行说明。至此，在我国的法律中，"质询"与"询问"并存。

一、询问、质询及其特点

（一）询问

人大代表对列入大会议程的政府工作报告、国民经济和社会
发展计划报告、财政预算报告以及人大常委会工作报告、人民法
院工作报告和人民检察院工作报告等进行审议时，如果有不清楚
的问题，需要了解的情况，可以向有关部门提出询问，要求他们
作进一步说明，回答所询问的问题。当然，审议代表联名提出的
议案时，有不清楚的地方也可以提出询问，但代表的询问主要是
指对前一种情况的询问。询问是人大代表的一项权利，目的是更
好地知情知政，更好地进行审议和表决。为了使有关部门重视人
大代表的询问，代表法特别规定，被询问部门必须派负责人或负
责人员到代表小组或代表团会议回答代表的询问。

（二）质询

人大代表对行政机关、监察机关、审判机关、检察机关等国
家机关工作严重不满，或发现这些机关有失职行为，给国家和社
会造成重大损失的，在人大会议上，人大代表可以依法对有关部
门提出质询。质询是人大代表的一项重要权利，可以发挥重要的
监督工作，程度上要比询问严厉得多。人大代表对有关部门的回
答不满意，可以再次依法提出质询。如果对质询多次回答不满
意，甚至还有可能导致罢免案的提出。质询为人民通过自己的代

表组成的国家权力机关对其他国家机关及其领导人员实施监督提供了一种有力的形式。人大代表既要严肃、认真地行使好这一权利，加强对行政、监察、审判、检察机关的监督，也要注意不宜把工作中的一般失误，或工作上的一般问题以质询案形式提出；更不能因为对情况不甚清楚，就以质询案形式要求有关部门来说明情况、回答问题。

二、询问与质询的区别

询问与质询有一定的相似之处，但二者也有很明显的区别。

（一）性质不同

询问的主要目的是了解有关报告或议案的情况，以便于审议和表决。询问本身只具有介绍、说明的性质，不具有监督的性质。而质询是各级人大代表针对国家行政、监察、审判、检察机关工作中比较重大的问题或对同级机关工作中不理解、有疑问的问题，提出质疑，要求答复。质询有获取情况的功能，但更主要的是批评，是一种质问。它是人大对本级国家行政机关和监察机关、审判机关、检察机关实施监督的一种形式。提出质询案的目的是要纠正"一府一委两院"的违宪违法行为和工作中的重大失误。

（二）人数要求不同

根据法律规定，在全国人民代表大会会议期间，一个代表团或三十名以上代表联名；在地方各级人民代表大会举行会议的时候，代表十人以上联名，才可以提出对"一府一委两院"的质询案。换句话讲，如果人数不足，则不能提出质询案。对代表人数提出一定要求，是考虑到质询案是对"一府一委两院"的质问，是很严肃的法定监督行为。提出询问则没有人数方面的规定。代表可以个人单独提出，也可以几个人联名提出。这主要考虑到询问只是为了了解情况，而对议案有关基本情况的了解和掌握，是人大代表进行审议和表决的前提。

（三）方式不同

质询案必须以书面的形式提出，写明质询的对象、问题和内容。根据地方组织法的规定，质询的对象为本级人民政府及其所属各工作部门以及监察委员会、人民法院、人民检察院。质询还要重点写明质询什么事情和为什么质询。而询问的提出则无上述规定。询问可以口头提出，也可以书面提出。

（四）范围不同

询问的范围是与正在审议的议案或报告有关的国家机关和有关问题，不属于正在审议的议案不能提出询问。质询的范畴更广一些，凡属于被质询机关的职权范围，都可以提出质询。

（五）处理不同

质询案的处理程序比较复杂。第一，它要由主席团决定是由受质询机关书面答复还是口头答复。第二，如果口头答复，要由主席团决定是在主席团会议、大会全体会议或者有关专门会议上进行答复。第三，在主席团或者专门委员会上答复的，提质询案的代表有权列席会议，发表意见。第四，主席团如果认为有必要可以将答复质询案情况报告印发会议。第五，口头答复的，受质询机关的负责人应到会答复；书面答复的，受质询机关负责人应签署，并印发会议，也可印发提质询案的代表。而询问不需要主席团决定，当次会议就可以由受询问机关答复。

（六）答复主体不同

询问可以由被询问机关的负责人答复，也可以由被询问机关下属机构的有关负责人答复；而质询必须由受质询机关的负责人答复。提出质询案的代表半数以上对答复不满意的，可以要求受质询机关再作答复。而询问提出后，被询问的机关派人在提出询问的代表小组、联组会议上作出说明即可。如果对答复不满意，可以当场跟进提出询问，只有不能当场口头答复的，经说明原因后，才另定时间答复或者书面答复。

三、询问的提出及其答复

地方组织法、代表法等法律对人大代表的询问作了规定。

（一）提出询问的主体

在人大会议上，提出询问的主体是本级人大代表。人大代表可以个人，也可以几个人联合提出询问。代表应提高对行使询问权的意义和作用的认识，消除不敢、不愿、不会询问的各种顾虑，掌握开展询问的基本方法，积极行使代表询问权。

（二）提出询问的时间

代表提出询问的时间有比较严格的要求。即应在各级人民代表大会会议期间审议议案和有关报告的时候。因为询问必须要有有关机构的人员在场，如果没有有关机构的人员在场，代表提出的询问便没有人来回答。因此，在闭会期间，无法提出询问，只能采取提出建议、批评和意见的形式。

（三）提出询问的对象

提出询问的对象，应当是正在审议的议案和报告所涉及的工作的相关机关，比如审议义务教育问题专项工作报告时，可以向义务教育主管部门提出询问，但也不仅限于义务教育主管部门，也可以向与义务教育直接相关的其他部门（如财政部门、教材出版主管部门等）提出询问。

（四）询问的内容

代表提出询问的内容应当是正在审议的议案和报告，或者是与议案和报告相关的问题。如果代表可以对任何问题提出询问，那么就需要所有机构都得派人到场，否则就可能无人负责回答。所以不管是法律规定，还是实践操作，都是要求与所审议议案和报告有关的单位人员到场，准备接受代表询问，就议案和报告内容及有关情况的询问作出说明、解释。

（五）对询问的答复

报告单位应主动到会听取意见，回答询问。如询问涉及的问题比较复杂，由受询问机关提出要求，经大会秘书处或者提出询问的人大代表同意，可以在人民代表大会会议闭幕后作出答复。为了使有关部门重视人大代表的询问，代表法特别规定，被询问部门必须派负责人或负责人员回答代表的询问。

在询问中，专题询问值得特别注意。2010年3月，十一届全国人大三次会议通过的全国人大常委会工作报告中首次提出，要选择代表普遍关心的问题听取国务院有关部门专题汇报，请国务院有关部门主要负责同志到会听取意见、回答询问、答复问题。全国人大常委会首次开展专题询问后，不少省级人大常委会陆续针对专门议题开展了多次专题询问。一些省级人大常委会在制定监督法实施办法中，还对专题询问这一监督方式作出了具体规定。专题询问进一步完善了人大监督工作的方式方法，增强了人大监督工作的力度和实效，成为人大监督工作的一大特点和亮点。与以往开展的询问相比，专题询问准备充分、重点突出、组织严密，询问和回答更具针对性和实效性。常委会组成人员与有关部门负责同志，通过一问一答、再问再答的交流方式，面对面深入讨论问题，研究解决办法，统一思想认识，形成良性互动局面，使审议更加深入、更具实效，切实推动"一府一委两院"加强改进工作。

四、质询的提出及其答复

质询是人民代表大会行使监督权的方式之一，必须按照法律规定依法进行。

（一）质询主体

考虑到各级人大代表的人数不同，相关法律对各级人大代表提出质询案规定了不同的联名人数。之所以规定代表要"联名"提出质询案，主要是因为人大会议会期短，议程多，如果质询案过于分散，不利于解决主要问题。根据代表法第十四条的规定，全国人大代表提出质询案，须一个代表团或者三十名以上的代表联名。之所以规定一个代表团联名提出质询案，主要是考虑到：一是全国人大会议除了大会的全体会议之外，都是以代表团为基本单位开展各项工作，尤其是审议工作的；二是有的省（自治区、直辖市）代表团的代表人数不足三十名，如果只规定三十名以上的代表联名才能提出质询案，会对一些代表的质询权构成限制。根据地方组织法第二十四条的规定，地方各级人民代表大会举行会议的时候，代表十人以上联名，可以提出质询案。之所以地方各级人大代表提出质询案的法定人数，比全国人大代表提出质询案的法定人数要少，是因为地方各级人大代表的数额比全国人大代表的数额要少，如果规定其联名提出质询案的人数与全国人大代表相同，就会相对增加地方各级人大代表提出质询案的难度，不利于保障其行使质询权的权利。

（二）质询对象

根据代表法第十四条第一款、第二款以及监察法第五十三条的规定，全国人大代表提出质询案的对象，包括受全国人大监督的"一府一委两院"。县级以上地方各级人大代表依法可以质询的对象，是受本级人大监督的"一府一委两院"。根据代表法第十四条第三款的规定，乡镇人大代表依法可以质询的对象，只包括本级的人民政府，即乡镇政府。这主要是因为乡镇一级不设监察委员会、人民法院和人民检察院。

（三）质询案的内容和形式

质询案应当写明质询对象、质询的问题和内容，并以书面的形式提出。人大代表向人民政府及其部门、监察委员会、人民法院、人民检察院提出质询案，是一件严肃的事情，一经提出，就会产生相应的法律后果。相关的文件要经过报送和转递，并在质询程序终结后存入档案，因此，要求以书面形式提出是完全必要的。至于质询的内容，主要包括质询对象的哪些行为不当，理由是什么，要求受质询对象答复什么，等等。关于提出质询案的具体范围，法律未作明确规定。原则上，质询案的内容应当同人大的法定职责和任务相一致。根据我国宪法及相关法律的规定，全国人大和地方人大的主要任务，是审议和决定国家或者本行政区域内的根本的、长远的和重大的问题。所以，人大的法律监督和工作监督，应当避免对监察委员会、人民法院和人民检察院职权范围内工作的不恰当的干涉，也不应纠缠于具体的、细枝末节的问题。

（四）对质询的答复

质询作为一种监督形式，其目的是督促问题的解决。对于质询的处理往往是要求受质询机关答复。对质询的答复有以下几个问题需要注意。

一是关于质询的答复场合。对代表依法提出的质询案，主席团应当决定由受质询的机关予以答复，但是，对答复的具体形式和场合，是书面答复还是口头答复，是在主席团会议上答复还是在有关的专门委员会会议或者代表团会议上答复，主席团可以根据质询的内容和会议的具体情况作出决定。

二是关于质询的答复形式。质询案以口头答复的，应当由受质询机关的负责人到会答复；质询案以书面答复的，应当由受质询机关的负责人签署，由主席团印发会议或者印发提质询案的代表。从实践看，采取书面答复要比口头答复效果好。因为口头答复具有一定的随意性，又显得不够严肃，也使事后落实答复无依据。

三是关于再作答复。如因提出质询的问题比较复杂，确实无法在本次会议期间作出答复的，主席团经征求提出质询案的代表同意，也可以决定由被质询机关在人大闭会期间提出书面答复或者在有关的专门委员会会议上答复。提出质询案的代表半数以上对答复不满意的，可以要求受质询机关再作答复。

值得注意的是，实践中，有两种认识需要予以纠正。有的认为，只要代表对某件事有意见，就可以提出质询案，要求答复，甚至认为不必规定质询案必须由代表联名提出。有的则认为，一提出质询案，问题就严重得不得了，或者认为会影响人大和"一府一委两院"的关系，在运用质询权上顾虑重重。上述两方面的认识，都有一定的片面性。质询作为人大代表的一项权利，是受法律保障的。行使质询权，要采取严肃负责的态度，既不宜把质询看得过于严重，顾虑重重，不敢使用，也不宜把质询看得过于随便，事无巨细，动不动就提出质询案。

第六节　人大代表的罢免工作

人大代表的罢免权，是指人大代表有依法提出罢免案和罢免国家机关组成人员职务的权利，它是促进国家机关克服官僚主义和腐败现象的重要途径。宪法和有关法律对人大代表可以依法进行罢免工作作了明确而严格的规定。

一、提出罢免案的主体

提出罢免案的主体必须享有罢免权并且有提出罢免案资格的人，必须是权力机关的组成人员，即人大代表。根据代表法第十五条的规定，各级人大代表均有提出罢免案的权利。提出罢免案必须符合法律规定的人数，个人单独不能提出。根据全国人大议事规则和地方组织法的相关规定，全国人大代表须全国人大主席团、三个以上的代表团或者十分之一以上的代表联名，县级以上人大代表须十分之一以上的代表联名，乡镇人大代表须五分之一以上的代表联名，方可提出罢免案。

之所以对县级以上人大代表和乡镇人大代表提出罢免案的联名人数作了不同比例的规定，主要是考虑到乡镇人大代表名额相对要少，将联名人数的比例规定得高一些，才能使提出罢免案的代表人数达到一定要求，从而体现罢免的严肃性。

由于罢免是重大事项，对于罢免的提出主体的法定要求，显然较议案和质询案的提出而言，更为严格。以全国人大代表行使罢免权为例，根据相关法律的规定，一个代表团或者三十名以上的代表联名就可以提出议案或者质询案，但是只有三个以上的代表团或者十分之一以上的代表联名，才可以提出罢免案。

二、罢免的对象

各级人大代表提出罢免案的对象，是由本级人大选举和任命的国家机关领导人员。全国人大代表有权依照法律规定的程序，提出对全国人大常委会组成人员，国家主席、副主席，国务院和中央军事委员会组成人员，国家监察委员会主任，最高人民法院院长，最高人民检察院检察长的罢免案。

县级以上的地方各级人大代表有权依照法律规定的程序，提出对本级人大常委会组成人员、人民政府组成人员、监察委员会主任、人民法院院长、人民检察院检察长的罢免案。乡、民族乡、镇的人大代表有权依照法律规定的程序，提出对本级人大主席、副主席、乡长、副乡长、镇长、副镇长的罢免案。

三、罢免的理由

根据代表法第十五条第四款的规定，人大代表提出罢免案时，必须写明要求罢免有关人员的理由。根据全国人大议事规则第四十四条的规定，全国人大代表提出的罢免案，除写明罢免理由外，还要提供有关的材料。

关于罢免的理由有哪些，法律没有作出明确规定，主要是为了充分保障代表根据人民群众的意愿行使罢免权，对国家机关实行有效的监督。只要代表认为国家机关的领导人员不宜继续担任其职务，均可以依照法律规定的程序提出罢免案。一般来说，国家机关的领导人员存在违宪、违法或者失职行为，工作不称职的，都可以作为代表提出罢免案的理由。具体来说，包括以下理由：严重违宪违法的，或被逮捕判刑的，拖延或拒不执行本级人大及其常委会决议、决定的；干扰或者拒绝接受本级人大及其常委会监督的；滥用职权以权谋私、蜕化变质的；严重失职或渎职造成重大损失的；重大案件处理严重失当的；工作不能胜任的；作出其他不符合人民意志和利益行为的；等等。

四、罢免案的处理

根据全国人大组织法和地方组织法的有关规定，人民代表大会关于对罢免案的处理有着极为严格的程序。

（一）被提出罢免的人员申辩

主席团在将罢免案交大会审议的同时，应当将罢免案送被提出罢免的人员，并告知其可以提出申辩意见。申辩有两种方式：一种是在主席团会议或者全体会议上进行口头申辩，另一种是书面申辩。在主席团会议上提出的申辩或者书面提出的申辩，主席团应当将申辩意见印发会议。给予被提出罢免案的人以申辩的权利，是为了保证罢免的严肃性和客观性，体现公正和公平。

（二）大会代表团审议

人民代表大会以各代表团为单位，要对罢免案、被提出罢免人员的申辩和主席团的提议进行认真的审议。审议的内容包括：第一，罢免理由是否充分；第二，有否必要再进行调查；第三，被提出罢免人员的申辩是否成立。各代表团可以根据审议结果，提出罢免案是否需要再补充说明理由，是否成立特定问题调查委员会或者是否同意罢免案直接提交大会表决的意见。

（三）罢免案的表决或者组织调查委员会

县级以上地方各级人民代表大会对罢免案进行审议后，主席团可以有两种处理方法：第一种是将罢免案直接交付人大全体会议表决，以全体代表的过半数同意为通过。第二种是提议组织调查委员会，经全体代表表决同意后，该罢免案就不付表决，由下次会议根据调查委员会的报告审议决定是否予以罢免。如果组织调查委员会的提议没有获得全体代表的过半数同意，主席团即应将罢免案交付表决。同时，对县级以上地方各级人大常委会有权决定任免的人员（即政府副职领导人和秘书长、政府各部门正职领导人）提出的罢免案，人民代表大会还可以授权人大常委会进行调查决定是否予以撤职，向下次人大会议报告处理情况；或者授权人大常委会根据大会组织的调查委员会的调查报告审议决定是否予以撤职，向下次人大会议报告处理情况。

（四）发布罢免结果公告

罢免案通过后，被罢免人员即失去职务。罢免结果由本级人民代表大会主席团公告。

以上规定说明，罢免是人民代表大会监督手段中最严厉的一种，所以，为了维护经多数人同意当选的国家机关领导人员的相对稳定，在实践中，罢免使用得十分慎重。

第七节　人大代表的表决工作

表决是民主议事制度的最重要表现形式，它与专制相对立，意味着问题和事项的决定，以多数人的意志为转移，取决于多数人的意愿，而不是取决于少数人或某个人。具体来说，人大代表的表决是对人大列入大会议程的议案和报告进行审议以后，代表由全体会议通过不记名方式，表示最后的态度，决定赞成、反对，还是弃权的活动。在人民代表大会制度下，所有需要人民代表大会通过的议案和报告，人大代表都有参加表决的权利。

一、表决的含义与内容

人大代表行使表决权是人大代表代表人民群众的利益和意志，参与国家权力行使的一种最集中的体现。表决权集中反映出人大代表对一个问题、一件事情、一种情况、一个办法、一次任免和一件议案或法律草案的态度，具有最鲜明、最确定的特点。同时，表决权的行使，是具有决定性的行动，是权力机关能否形成决定和决议的最后步骤，将直接产生法律意义上的效力，因此不容许模棱两可。

表决是人大代表直接参与管理国家事务的重要方式，人大代表在大会表决时投的每一张票，对大会决议、决定的通过都有直接的影响。认真负责地投好每一张表决票，是人大代表的神圣责任。人大代表要以认真的态度和对人民高度负责的责任感参加大会的表决。在了解、熟悉大会有关议案和报告的内容，认真参加审议的基础上，代表行使表决权，应该既能充分反映本选区选民或者原选举单位的意见和要求，又能胸怀大局，从全体人民的利益出发考虑问题；应该既按照大会的有关规定参加表决，又敢于表明自己的立场和态度，实事求是。总之，人大代表必须按照自己的意志进行投票表明态度，不能随声附和，更不能看少数人眼色行事。

根据代表法第十七条规定，各级人大代表作为本级人大的组成人员，有权参加本级人大的各项表决，以参与本级人大的各项权力的行使。因此，各级人大代表的表决权和各级人大的职责是紧密联系的。

（一）表决立法案。全国人大代表有权参加宪法修正案和法律案、法律修正案的表决，地方各级人大代表有权参加制定和修改地方性法规的表决。

（二）表决人事任免案。全国人大代表根据国家主席的提名，表决决定国务院总理的人选；根据国务院总理的提名，表决决定国务院副总理、国务委员、各部部长、各委员会主任、审计长、秘书长的人选；根据中央军事委员会主席的提名，表决决定中央军事委员会其他组成人员的人选。地方各级人大代表可以参与表决选举和罢免本级国家机关的领导人员，包括常委会主任、副主任、秘书长、委员，镇人大主席、副主席，省长、副省长，自治区主席、副主席，市长、副市长，州长、副州长，县长、副县长，区长、副区长，乡长、副乡长，镇长、副镇长，监察委员会主任，人民法院院长，人民检察院检察长。

（三）表决本级国家机关的报告。全国和地方各级人大代表有权参加表决本级人大常委会、政府及其有关部门的报告、人民法院的工作报告、人民检察院的工作报告。

（四）表决重大问题的决定案。各级人大代表均有权决定本行政区域内的重大问题。

二、表决的主要程序

具体来说，表决程序包括以下几个环节。

（一）确定表决方式。大会主席团在表决前应当依法选择和决定表决方式，可供选择的法定表决方式包括投票、举手、按电子表决器等方式。

（二）确定法定的无记名秘密投票方式的范围。对于法律规定或者主席团决定以投票方式表决的，应当采取秘密无记名投票的表决方式，如表决任命案、罢免案等。表决票的内容，应当至少具有区分明确的赞成、反对、弃权三种选择。

（三）组织投票。进行无记名投票表决时，应由从代表中推选出的监票人员、计票人员组织投票。

（四）对选票的计票、投票完毕后，由监票人员、计票人员将投票人数与总共投出的票数加以核对，作出记录，并由监票人签字。计算和确定表决结果时，发出的票数等于或多于所收回的票数时，表决有效；少于时，表决无效。每一选票所选的人数，少于规定应选人数的，为有效票；多于规定应选人数的，为无效票。

（五）公布表决结果。表决结果当场宣布，即明确公布每一表决事项的赞成票数、反对票数和弃权票数。

关于法律案的表决程序，2014 年，党的十八届四中全会通过的《中共中央关于全面推进依法治国若干重大问题的决定》提出，完善法律草案表决程序，对重要条款可以单独表决。根据中央的这一精神，2015 年修改立法法时，对法律草案的表决程序作了相应修改，规定了单独表决制度，即对法律草案中个别意见分歧较大的重要条款先行单独表决，根据单独表决的情况，再就整个草案交付表决，或者暂不交付表决，交法律委员会和有关的专门委员会进一步审议。同时，此次修改立法法还对法律草案的分别表决制度作了规定，即对多部法律中涉及同类事项的个别条款进行修改，提案人一并提出法律案的，经委员长会议决定，根据法律草案的内容和审议的情况，可以合并表决，也可以分别表决。重要条款单独表决制度和法律草案分别表决制度的设置，对于完善立法表决程序，提高立法质量和立法效率，推进科学立法、民主立法都具有重要意义。

三、投票的方式和类型

根据相关法律的规定，全国人民代表大会会议进行选举和通过议案，由主席团决定采用无记名投票方式或者举手表决方式或者其他方式；宪法的修改采用无记名投票方式进行表决；常务委员会表决议案采用无记名按表决器方式，如表决器系统在使用中发生故障，或者部分常务委员会组成人员通过网络视频方式出席会议时采用举手方式。根据提名决定各项人选的表决，采用无记名投票的方式。

关于地方各级人大代表在会议期间的表决方式，由地方各级人大决定。但是，选举的表决方式是固定的，应当采用无记名投票的方式；罢免的表决方式，可以采用无记名投票或者电子表决器表决。人大代表对其表决的各项议案和报告，可以投赞成票，可以投反对票，也可以投弃权票，按大会通过的表决办法规定的符号表示上述选择。

需要注意的是，即使代表投的是弃权票，也会产生相应的法律后果。因为在确定某项表决结果时，是以全体代表数来计算表决通过所需的票数。弃权的票数越多，达到通过该表决事项所需法定票数就越难，从而妨碍表决的通过。如九届全国人大常委会第九次会议表决公路法（修正案草案）时，当时由于出席人数不够多，表决时以一票之差，未能通过，遭到了否决。也就是说，虽然代表在投票时有三种选择，包括赞成、反对或者弃权，但是表决结果只有通过和否定两种。

四、通过表决的法定票数

在人民代表大会的表决制度中，全体代表的过半数通过原则是各级人民代表大会行使职权、决定问题的一个根本性原则。我国的宪法和相关法律规定了这一原则。

根据我国宪法第六十四条第二款的规定，法律和其他议案由全国人大以全体代表的过半数通过。根据全国人大议事规则第四十条和第五十九条的规定，全国人大进行选举或者决定任命以及通过议案，由全体代表的过半数通过。在全国人大，只有两种情况不适用过半数通过的原则。一是根据我国宪法第六十四条第一款的规定，宪法的修改，由全国人民代表大会常务委员会或者五分之一以上的全国人大代表提议，并由全国人大以全体代表的三分之二以上的多数通过。二是根据宪法第六十条的规定，全国人大的任期届满时，如果遇到不能进行选举的非常情况，由全国人大常委会以全体组成人员的三分之二以上的多数通过，可以推迟选举，延长本届全国人大的任期。根据地方组织法第二十五条的规定，地方各级人大进行选举和通过决议，一律实行全体代表的过半数通过原则。

五、表决时需要注意的问题

代表行使表决权时，需要注意以下问题。

一是参加表决的人数是否符合法定人数。到场参加表决的代表人数达到全体代表的过半数以上时，表决才具有法律效力。否则，代表有权向大会就举行表决本身提出异议。

二是表决方式是否符合法律要求。对于法律明确规定应以无记名投票方式表决的事项（如任免案等），如果采用其他表决方式时，代表有权向大会提出异议。

三是仔细检查所持之票内容是否有误，如字迹符号是否清楚，如有误差，应立即向大会工作人员提出。

四是在采用无记名投票表决方式时，代表有权提出设立秘密写票处。

五是填写表决票时，字迹符号应清楚明显，无涂改痕迹，按会议表决的要求认真填写所选择的标记：赞成、反对或弃权。

六是在表决结果公布后，代表如有异议的，有权向大会提出，并应当当场提出。

七是代表参加表决时，无论是投赞成票、反对票还是弃权票，均不受法律追究。

八是如果代表行使表决权的行为不符合原选举单位或选民的意愿，并未真正代表其选举单位和选民的利益要求，其选举单位和选民有权按法定程序将其撤换或罢免。

从人大行使职权的程序来看，表决是对问题和事项的最后决定程序。因此，人大在程序上不得未经审议就交付表决，也不应未经表决即行使其职权，只有经过表决并按表决结果行使其职权，其行为才具有合法性，才能产生相应的法律效力。此外，任何列入本次大会议程的事项，如经过审议后，还不能交付表决，须提请下次人民代表大会会议继续审议，或者须由本级人大常委会继续审议的，应当经过全体代表表决决定。

第八节　人大代表提议组织关于特定问题调查委员会

调查权是代议机关行使其职权的重要前提，也是代议机关更好地履行其职责的重要保障。特定问题调查委员会，是人大及其常委会为查证某个重大问题而依照法定程序成立的临时性调查机构。它是国家权力机关实施监督的一种重要形式，也是国家权力机关法定的调查方式，其设立目的是通过调查强化监督。因此，作为国家权力机关组成人员的人大代表，有权依法提议组织关于特定问题的调查委员会。

一、特定问题调查委员会的历史

我国的宪法和相关法律很早就确立了人大就特定问题组成调查委员会的权力。1954 年制定的宪法第三十五条规定，全国人民代表大会认为必要的时候，在全国人大闭会期间全国人大常委会认为必要的时候，可以组织对于特定问题的调查委员会。调查委员会进行调查的时候，一切有关的国家机关、人民团体和公民都有义务向它提供必要的材料。同年制定的全国人大组织法在第三十条中也规定，全国人大及其常委会可以组织对于特定问题的调查委员会。调查委员会的组织和工作，由全国人大或者全国人大常委会临时决定。

1982 年制定的宪法删除了全国人大常委会在全国人大闭会期

间才能够组织特定问题调查委员会的规定，规定全国人大及其常委会认为必要的时候，即可组织关于特定问题的调查委员会，并增加了全国人大及其常委会根据调查委员会的报告作出相应决议的规定。其后于 1987 年制定的全国人大常委会议事规则第二十一条也作出规定，常委会认为必要的时候，可以组织关于特定问题的调查委员会，并根据调查委员会的报告，作出相应的决议。1989 年制定的全国人大议事规则对全国人大组织关于特定问题的调查委员会作了专章规定。

1986 年第二次修改地方组织法时，增加规定"县级以上的地方各级人民代表大会及其常务委员会可以组织对于特定问题的调查委员会"，从而赋予了县级以上的地方各级人大及其常委会组建特定问题调查委员会的权力。1995 年第三次修改地方组织法时，又对地方各级人大组织的特定问题调查委员会的提议、组成人员及程序等方面作了进一步完善。在 2010 年修改代表法的过程中，有的意见提出关于代表提议组织特定问题调查委员会的规定过于原则，缺乏操作性，建议从程序和内容两个方面予以细化。但考虑到全国人大议事规则和地方组织法已有较为详尽的规定，因此没有在代表法中再作重复性的规定。

二、特定问题调查委员会的组建

代表法第十六条规定，县级以上地方各级人大代表有权依法提议组织特定问题的调查委员会。在人大会议期间，县级以上地方各级人大代表，可以针对大会难以及时作出决定的特定问题，提出组织关于该问题的调查委员会，通过调查研究，了解情况，向大会提供有关的报告，目的在于为大会就该问题作出决定服务。

全国人大议事规则第五十二条规定，全国人大代表提议组织特定问题调查委员会，须有三个以上的代表团或者十分之一以上代表联名，由主席团提请大会全体会议决定。地方组织法第三十六条规定，县级以上的地方各级人民代表大会可以组织关于特定问题的调查委员会。主席团或者十分之一以上代表书面联名，可以向本级人民代表大会提议组织关于特定问题的调查委员会，由主席团提请全体会议决定。

组织关于特定问题的调查委员会的议案一经全体会议表决通过，特定问题调查委员会这一临时性机构即告成立。需要注意的是，根据全国人大议事规则和地方组织法的相关规定，人大会议期间成立的特定问题调查委员会，如果在大会会议期间调查工作尚未结束，需要在闭会期间继续进行，人民代表大会可以授权其常委会在大会闭会期间，听取调查委员会的调查报告，并可以作出相应的决议，报下一次人民代表大会会议备案。

三、特定问题调查委员会的组成人员及职责

根据全国人大议事规则和地方组织法的相关规定，调查委员会由主任委员、副主任委员若干人和委员若干人组成。调查委员会组成人员的人选由主席团在代表中提名，提请大会全体会议通过。调查委员会还可以聘请专家参加调查工作。

根据全国人大议事规则和地方组织法的相关规定，调查委员会在进行相关的调查研究后，应当就调研情况向本级人大提出调查报告。提出调查报告是为了便于本级人大作出相应的决议。同级人大根据调查委员会报告说明的具体情况，应当就调查的相关问题作出决议，也可以授权它的常委会听取调查委员会的调查报

告，常委会可以作出相应的决议，报人大下次会议备案。调查报告必须是书面形式的。调查报告的内容必须真实、可靠、公正、合法，不仅要有对相关情况的客观介绍，而且要分析出现问题的原因和问题的危害性，同时要提出相应的措施、建议和意见。

根据宪法第七十一条第二款和全国人大议事规则第五十三条的规定，调查委员会进行调查的时候，一切有关的国家机关、社会团体和公民都有义务向它如实提供必要的材料。因此，在调查工作中，调查委员会有权向一切与调查的问题有关的国家机关、社会团体和公民个人进行调查，被调查者要承担如实提供必要材料的义务，不得拒绝，不得伪造、篡改、毁灭应提供的证据材料，并对提供的材料负相应的责任。提供材料的公民如要求调查委员会对材料来源保密，调查委员会应当予以保密，以保证被调查者能够大胆提供真实情况。调查委员会在调查过程中，可以不公布调查的情况和材料。

需要注意的是，特定问题调查委员会作为一种监督手段，要做到既不失职，又不越权，即不能包办甚至取代政府、监察委员会、人民法院、人民检察院等其他国家机关的职权。代表提出组成关于特定问题调查委员会的议案的，应在议案中明确调查问题的对象、事项以及调查的必要性、法律依据等。

四、特定问题调查委员会的特点

特定问题调查委员会作为人大及其常委会为行使其调查权而专门设置的临时机构，具有以下特点。

（一）特定性。"特定问题"不同于一般问题，它通常是指某项特殊或者重大的问题，即某些严重违宪违法事件，地方国家机关工作人员的严重渎职行为和本地人民群众反映强烈的重大问题。

（二）临时性。特定问题调查委员会不是人大常设的组织，而是为了调查某个特定重大问题的临时机构，其组成人员是临时调配的，该委员会在完成其调查任务后即予以解散，具有时间上的临时性、任务上的单一性、职权上的专门性等特征。

（三）监督性。特定问题调查委员会虽然是临时机构，但是同询问、质询、罢免等监督方式一样，也是人大行使监督职权的一种方式，因此被调查的对象应当依法无条件地接受调查并提供所需资料。

（四）延续性。成立特定问题调查委员会是人大立法权、决定权、任免权、监督权的补充和延伸。关于特定问题进行的调查，是为大会决定相关问题服务，目的在于查明特定问题相关的情况、问题以及建议，便于人大就该问题作出科学合理的决议。

第九节　人大代表提建议、批评和意见的工作

人大代表的建议、批评和意见，是人大代表向本级人大或者人大常委会提出的对各方面工作的看法、建议、主张、批评和意见等的总称，通常被简称为"代表建议"。[1] 人大代表依法向本

---

〔1〕 建议、批评和意见这三个概念虽然连在一起使用，但内容并不是完全一致的。建议指的是就某个问题和某些问题，向人大及其常委会提出自己的主张，一般具有建设性；批评是对某个问题或某些问题存在的缺点和错误提出意见，一般具有批评性；意见是对事情的一定看法或想法，一般具有指导性。

级人大及其常委会对各方面工作提出建议、批评和意见，是代表执行代表职务，反映人民群众意见和要求的重要形式，是代表参加管理国家事务、管理经济和文化事业、管理社会事务的一项重要工作。认真研究处理代表建议、批评和意见并认真答复，是有关机关、组织的法定职责。

一、建议、批评和意见的沿革

人大代表建议、批评和意见的产生和发展大体经历了两个阶段。第一阶段为建议、批评和意见的提出。最早提出建议、批评和意见的法律为 1982 年 12 月 10 日五届全国人大五次会议通过的全国人大组织法。其中第二十一条明确规定，全国人大代表向全国人大或者全国人大常委会提出的对各方面工作的建议、批评和意见，由全国人大常委会的办事机构交由有关机关、组织研究处理并负责答复。这是首次在法律中明确赋予全国人大代表有提出建议、批评和意见的权利。在此之后，1986 年全国人大常委会修改地方组织法时，又对县级以上地方各级人大代表可以向本级人大及其常委会提出建议、批评和意见作了明确规定。

第二阶段是建议、批评和意见的完善。2005 年《若干意见》提出，要建立健全人大代表依法履行职责的各项具体制度，并将完善代表建议工作制度，提高建议提出和处理的质量作为要求之一。在此文件的推动下，2010 年修订的代表法明确规定"代表有权向本级人民代表大会提出对各方面工作的建议、批评和意见"。2015 年《若干意见》明确了乡镇人大主席团或者乡镇人大主席、副主席在闭会期间的职能，其中就包括在闭会期间"听取和反映代表、群众的意见建议"。为落实该文件精神，2015 年 8

月修改代表法时，明确乡镇人大代表在本级人大闭会期间有权提出建议、批评和意见。

二、建议、批评和意见的提出

代表的建议、批评和意见通常是由一名或者数名代表在人民代表大会会议期间，或者在人民代表大会闭会期间向本级人民代表大会或者常委会以书面形式提出的。也就是说，各级人大代表无论是在人大会议期间，还是在闭会期间，都可以提出对各方面工作的建议、批评和意见。本节内容指的是代表在人大会议期间提出建议、批评和意见。

根据代表法第十八条的规定，各级人大代表在大会会议期间提出建议、批评和意见，应当向本级人大提出。之所以要向本级人大提出，是因为代表是本级人大的组成人员，其提出建议、批评和意见的权利，与本级人大对本级"一府一委两院"的监督关系是紧密联系的。根据我国宪法的规定，各级人大的监督对象是本级的"一府一委两院"，因此，人大代表提出建议、批评和意见，应当向本级人大提出，再由其转交有关机关、组织办理。

代表的建议、批评和意见可以由代表一人提出，也可以由代表联名提出。联名提出的，领衔代表应当采取适当方式，使参加联名的代表了解建议、批评和意见的内容。参加联名的代表应当确认建议、批评和意见的内容能够真实表达自己的意愿。

值得注意的是，人大代表对监察委员会、人民检察院、人民法院正在调查、办理和审理的案件如有意见，可以向本级人大或者人大常委会办事机构的信访部门反映，不宜作为代表建议提出。这是因为：第一，大多数案件的情况比较复杂，涉及各方面的因素，要全面了解情况，还要做大量的调查取证工作，并且还涉及法律适用等问题，需要专门的国家机关依照法定程序办理，认真研究，代表个人很难完全做到。第二，对于各类案件的办理、审理，都是根据经法律程序后认定的事实和国家法律依法作出判断，即以事实为依据，以法律为准绳。当然，如果监察委员会、人民检察院、人民法院在办理、审理案件时，确实存在徇私枉法，不能依法公正办案的情况，人大代表可以对其工作提出建议、批评和意见，问题特别严重的，还可以在召开人大会议时依法对其工作提出质询。

另外，还要注意代表与一般公民提出的建议、批评和意见的区别。根据宪法的规定，我国公民对于任何国家机关和国家工作人员，也具有提出建议、批评和意见的权利。但是，人大代表行使建议、批评和意见权，从性质上说是基于人大代表这一特殊身份而产生的，在根本上是代表人民参与国家管理权，在内容上属于反映人民群众的意见和要求，具有国家公务性质，有的甚至是涉及全局性的重大问题。因此，对人大代表提出的建议、批评和意见，有关机关和组织必须认真研究、处理，并负责答复人大代表本人。由此可见，人大代表的建议、批评和意见，比一般公民的建议或者群众来信来访等，更具有权威性，可以产生更为直接和有效的作用。

三、建议、批评和意见的范围

关于代表提出的建议、批评和意见的具体范围，法律没有明确规定。从实践中看，代表的建议、批评和意见的范围十分广泛，包括国家机关各个方面的工作，涉及国家政治、经济、教育、科学、文化、卫生、生态环境保护、自然资源、城乡建设、民政、社会保障、民族等各个方面，以及党、政、军、民、工、农、商、学各行各业。既可以是重大问题，也可以是具体事项。人大代表提出的建议、批评和意见，要体现人民群众的切身利益，坚持反映群众普遍关心、反映强烈的问题，所提建议、批评和意见应尽量具体、明确。

代表提出的建议、批评和意见大致包括以下几个方面：一是法律规定属于人民代表大会职权范围内的问题，包括立法问题，如建议尽快制定或者修改某项法律或者地方性法规；监督问题，如对"一府一委两院"的执法情况提出批评和意见；重大事项决定问题，如对全国或者本行政区域内带有根本性、长远性和重大性的问题的决策提出建议、批评和意见；二是有关人民代表大会会议中的其他工作问题，包括在审议议案和报告中发现的问题以及有关人大常委会的各项工作问题、有关坚持和完善人民代表大会制度的重大问题等；三是有关法律规定属于国务院和地方各级人民政府职权范围内的工作中的各种问题，如制定行政法规、规章问题；编制和执行国家预算问题；领导和管理经济工作问题；有关代表建议、批评和意见承办工作中出现的问题等。四是有关法律规定属于本级监察委员会、人民法院和人民检察院职权范围内的工作中的各种问题；五是人民群众关心和反映强烈的其他"热点"问题，如食品安全、产品质量、养老保险、社会保障、拐卖人口等问题；六是代表在视察等活动中发现的问题；七是代表所关心的其他方面的问题；等等。

当然，不是所有的问题都可以作为代表的建议、批评和意见提出。不能作为代表建议、批评和意见提出的也有很多：一是属于哪一级范围解决的，应向哪一级人民代表大会提出，如属于地方人大职权范围内应当解决的问题，就应向地方人大或其常委会提出，而不应向全国人大提出；二是涉及解决代表本人及其亲属个人问题的，如有关民事、刑事的申诉案，可以依法向有关司法机关提出申诉，而不要作为建议、批评和意见提出；三是人民群众委托代表转交的各类申诉或者请代表转交各级人大或其常委会的各类建议、批评和意见，可以在大会会议期间交大会秘书处信访组处理，在大会闭会期间交常委会办事机构处理，不要作为建议、批评和意见提出；四是没有实际内容的，空泛、笼统的建议，提出来没有必要，处理起来也会造成不必要的浪费；五是同一内容的问题，作为议案提出后，不宜再以代表建议的形式同时提出，以避免不必要的重复处理。另外，还有其他一些不宜作为代表建议、批评和意见提出的问题，如有向全社会提倡性内容的、属于学术探讨、产品推介的问题；等等。

四、建议、批评和意见与议案的联系与区别

代表议案与代表建议、批评和意见是有联系的。1954 年全国人大组织法规定了代表提出议案的制度，从一届全国人大一次会议至五次会议，代表提出的议案都是由会议临时设立的提案审查委员会在会议期间进行审查，提出审查意见并向会议报告，最终由会议审议、表决审查意见。由于这些议案的内容主要是对各方面工作提出的建议、批评和意见，涉及的问题很多都不属于全国人大职权范围，会议不宜通过实质性的决议，只能转交有关方面研究处理。因此，1982 年全国人大组织法规定，代表对各方面工作的建议、批评和意见，都由全国人大常委会的办事机构交由有关机关和组织研究办理并负责答复。这样既简化了工作程序，又

可以使代表提出的建议、批评和意见能够得到适当的处理和答复。从 1983 年六届全国人大一次会议开始，代表既可以根据全国人大的职权范围提出议案，也可以就各方面工作提出建议、批评和意见。

由此可见，代表提出建议、批评和意见这一制度的产生与代表提出议案这一制度密切相关，两者都是代表执行代表职务的方式。但是二者又是存在区别的。

（一）作用不同。审议和表决议案是人大进行立法或者作出重大决策的开始，议案是对人大及其常委会运作权力的请求。代表对本级行政区域内政治、经济、文化、社会生活各方面工作提出建议、批评和意见，有关机关、组织研究办理并答复，是代表与有关机关、组织相互沟通和改进自身工作的过程，也是人大和人大代表监督"一府一委两院"工作的一部分。

（二）主体不同。代表提出建议、批评和意见没有人数要求，可以一人提出，也可以联名提出；而代表提出议案必须达到法定人数，不能个人单独提出。

（三）时间不同。代表建议、批评和意见没有时间限制，可以大会会议期间提出，也可以在大会闭会期间提出；而议案一般是在人大会议期间并在规定的截止时间内提出，对个别符合议案基本条件、准备成熟的代表议案，也可以在大会闭会期间提出。

（四）内容不同。代表提出建议、批评和意见，其内容十分广泛，可以涉及人大及其常委会、人民政府、监察委员会、人民法院、人民检察院的工作，以及经济和社会各领域的问题；而代表提出议案，其内容应当属于本级人大职权范围。

（五）文本格式不同。代表议案的文本，法律规定应当有案由、案据和方案；而代表建议的文本，则没有严格要求，只要写清楚问题和解决问题的办法即可。

（六）处理方式不同。建议、批评和意见提出后，由人大常委会办事机构交由有关机关、组织研究处理并负责答复；而议案提出后，由大会会议主席团决定是否列入会议议程，或者先交有关的专门委员会审议，提出是否列入会议议程的意见，再决定是否列入会议议程。

代表要注意建议、批评和意见与议案的区别，不要把属于建议、批评和意见的内容作为议案提出。

五、建议、批评和意见的办理

根据《全国人民代表大会代表建议、批评和意见处理办法》第九条的规定，全国人大代表在大会会议期间提出的建议、批评和意见，由大会秘书处受理。根据地方组织法第四十二条的规定，县级以上的地方各级人大代表向本级人大及其常委会提出的建议、批评和意见，由本级人大常委会的办事机构交有关机关和组织研究处理并负责答复；乡、民族乡、镇的人大代表向本级人大提出的对各方面工作的建议、批评和意见，由本级人大主席团交有关机关和组织研究办理并负责答复；地方各级人大代表的建议、批评和意见的办理情况，由县级以上的地方各级人大常委会办事机构或者乡、民族乡、镇的人大主席团向本级人大常委会或者乡、民族乡、镇的人大报告，并予以公开。2015 年《若干意见》提出，提高人大代表议案建议办理质量，把认真办理代表议案建议作为支持代表依法履职、充分发挥代表作用的关键环节；县乡人大应当向社会公开代表议案和建议的提出和办理情况。

根据代表法第四十二条的规定，有关机关、组织应当认真研究办理代表建议、批评和意见，并自交办之日起三个月内答复。涉及面广、处理难度大的建议、批评和意见，应当自交办之日起六个月内答复。根据《全国人民代表大会代表建议、批评和意见处理办法》第二十二条的规定，全国人大代表对答复不满意的，可以将具体意见及时告知全国人大常委会办事机构，由全国人大常委会办事机构交由有关机关、组织再作研究，承办单位应当在三个月内再次答复代表。

负责答复建议、批评和意见的"有关机关和组织"是指代表提出的建议、批评和意见涉及的机关和组织。有关机关、组织应建立健全处理代表建议、批评和意见的制度，实行主管领导和具体承办人员分级负责制，严格处理程序，提高处理工作的效率和水平。

承办单位收到人大代表建议、批评和意见后，应首先认真查看代表建议的内容，认为不属于本单位职权范围的，不得积压和自行转给其他单位，应尽快向交办部门说明情况，并退给交办部门，由交办部门重新确定承办单位。

承办单位对代表建议、批评和意见应进行分析，拟定处理工作方案；对代表建议、批评和意见中提出的主要问题或者同类问题，应统一研究处理措施。对全国人大常委会办事机构交办的需重点处理的代表建议、批评和意见，以及综合性强、涉及面广、处理难度大或者问题反映比较集中的代表建议、批评和意见，由主要负责人亲自负责研究处理。承办单位研究处理代表建议、批评和意见过程中，对重点建议、批评和意见，应当邀请相关代表参与研究。代表建议、批评和意见涉及国家秘密的，承办单位应当做好保密工作。

由两个以上单位共同承办的代表建议、批评和意见，主办单位应当主动与协办单位协商，协商单位应当积极配合。协办单位应当在收到代表建议、批评和意见之日起一个月内将处理意见告知主办单位，由主办单位统一答复代表。主办单位答复代表时，应当向代表说明相关协办单位的处理意见。需要两个以上单位分别处理的，各有关承办单位应当依照各自的职责处理，并分别答复代表。国务院有关部门因意见不一致，需要上级进行综合协调的，国务院办公厅应当进行协调。

承办单位应当区别不同情况，将处理代表建议、批评和意见的结果答复代表：能够解决的问题，应当尽快解决并明确答复代表；应该解决但因客观条件限制一时不能解决的，要积极创造条件逐步解决；确实在短期内解决不了的，应当先向代表如实说明情况，明确办理时限，在妥善解决后再行答复。

代表提出的建议、批评和意见如果与有关政策、法律法规规定以及实际情况有不相符合的地方，承办单位要将党的政策、法律法规的规定和实际情况如实向代表说明，耐心细致地向代表做好解释工作，求得代表的理解和支持。切忌以生硬的态度，对代表的建议、批评和意见进行驳斥。

承办单位对代表建议、批评和意见的答复，应当按照统一格式行文，由承办单位负责人签发，并加盖本单位公章。代表联名提出的建议、批评和意见，应当分别答复每位代表，或者经领衔代表同意后请领衔代表转复其他代表。承办单位对代表建议、批评和意见的答复，应当同时抄送全国人大常委会办公厅。承办单位在代表建议、批评和意见全部办结后，应当及时向全国人大常委会办公厅综合报告办理情况。

代表建议、批评和意见的处理工作是否取得实效，一个重要标志就是代表对承办单位的承办情况和结果是否满意。因此，承办单位要在办理建议、批评和意见过程中，注意加强与代表的沟通、联系，把"文来文往"与"人来人往"相结合，在答复代表建议、批评和意见之前，通过电话联系、走访、开座谈会、电子邮件等方式与有关代表沟通，充分了解情况，交换意见，力求在办理的基础上详尽、具体地答复代表提出的问题，包括区别情况将处理代表建议、批评和意见的结果答复代表，努力使代表满意。代表建议、批评和意见的处理工作要体现承办单位对代表权利和所提出建议、批评和意见的重视，要体现承办单位求真务实的工作作风。

代表建议、批评和意见的处理工作是否取得成效的另一个重要标志，就是承办单位是否能够认真吸纳代表的建议、批评和意见，切实改进工作。承办单位应当将代表建议、批评和意见作为一种重要资源加以利用，积极采纳代表的意见，更新理念、转变作风，提高工作效率和质量，改进自身的有关工作；应当研究解决以往这项工作中存在的一些"重答复、轻办理"的现象，努力克服"最满意的答复和最不满意的落实"共存的现象，加大办理落实工作的力度，通过代表建议、批评和意见的办理，切实解决一批对改革发展稳定和人民群众切身利益有较大影响的现实问题。

总之，各国家机关和组织应高度重视代表建议、批评和意见办理工作，把办理代表建议、批评和意见与转变作风、改进工作有机结合起来，充分发挥代表建议、批评和意见在推进科学决策、民主决策、依法决策中的重要作用。

／ 第三章 ／

人大代表在人大闭会期间的活动

人大代表参加行使国家权力，最基本最重要的形式就是在本级人大会议上依法行使职权。但是，根据我国法律规定及我国人大工作实践，全国人大和县级以上地方各级人大基本上每年只开一次会议，且会期一般都较短。只有特殊情形下才召开临时会议，这在实践中也非常少。乡镇一级人大每年虽可多开几次会议，但开会时间也比较短。因此，大量时间是处于闭会期间。由于人大代表负有重大责任，要决定本辖区重大事项，因此，人大代表仅仅在会议期间履行职责是远远不够的，还应在大会闭会期间积极开展代表活动。

第一节　人大代表活动概述

人大代表在大会闭会期间积极开展代表活动，这是代表行使权利、履行义务、执行代表职务不可缺少的组成部分。代表在闭会期间的活动，与代表在大会会议期间的工作密切相关，既是代表在人大会议期间工作的延续，也是为开好下一次会议做准备。可以说，代表的素质、履行职责的能力和水平，虽然集中体现在会议，但素质、能力、水平的提高，功夫则在会外。

一、代表在闭会期间活动的意义

人大代表在闭会期间开展活动有一个逐步发展和丰富完善的过程。在 20 世纪 50 年代，全国人大代表在闭会期间的活动，主要是全国人大常委会每年组织的两次视察活动。省级的人大代表也有一定的代表视察活动，但不够规范，各地开展也不平衡。而市（包括设区的市）、县、乡的代表活动则几乎没有开展。这主要是因为：（一）代表活动除了视察之外，还有些什么内容，大家没有实践经验；（二）除了全国人大设有常委会外，省、市、县等地方人大都不设常委会，乡级人大也没设主席、副主席，因此客观上没有机构组织和研究地方人大代表在闭会期间的活动；（三）在当时情况下，整个人民代表大会制度还处于初创阶段，代表制度和代表活动还没有引起应有的重视。

党的十一届三中全会后，制定了地方人民代表大会和地方人民政府组织法，县级以上各级地方人大都设立了常委会，乡级人大设立了主席、副主席。随着人大组织机构的完善，人大代表闭会期间的活动开始受到广泛重视，代表闭会期间的活动也逐步丰富和完善起来。由于全国人大常委会和地方各级人大常委会，以及各级人大代表的共同努力，在这方面形成了许多比较成熟和固定的做法。比如代表组成代表小组，开展代表小组活动；代表列席常委会有关会议；代表进行视察；参加常委会组织的专题调研、执法检查等活动；以及通过各种方式与选民或者选举单位及人民群众保持密切联系等。这些成熟的经验和做法，已经上升为法律条文写入代表法和其他法律。

代表参加大会闭会期间的活动，是依法履行职责的重要组成部分，对发挥代表作用具有重要意义。

一方面，这是人大代表履行法定权利与义务的需要。宪法、代表法和其他相关法律明确规定了代表的权利和义务，其中多项权利的行使，是需要以闭会期间的活动为基础的，如参加审议各项议案、报告和其他议题，提出议案、质询案、罢免案，提出对各方面工作的建议、批评和意见等；还有多项义务，从性质上说，是需要在代表大会闭会期间完成的，比如积极参加闭会期间统一组织的视察、专题调研、执法检查等履职活动，与原选区选民或者原选举单位保持密切联系，了解和反映他们的意见和要求，努力为人民服务，充分发挥在全过程人民民主中的作用等。所以，代表只有积极开展闭会期间的活动，才能完成宪法和法律赋予人大代表的各项职责。

另一方面，闭会期间的活动是代表在会议期间工作的基础与延续。代表在闭会期间经常深入实际听取、了解群众的意见和要求，参加本级人大常委会统一安排的代表视察、专题调研和执法检查工作，就近就地开展一些持证视察和调研活动，就能了解到许多实际情况，不仅为开好大会、提出议案、审议各种议案和报告做好准备，也可以了解法律、法规的执行情况，了解代表大会通过的各项决议、决定的贯彻落实情况，了解人民政府及其工作部门、监察委员会、人民法院、人民检察院的工作情况，了解人民群众的意见和要求，从而为下一次代表大会审议各项议案和报告做好准备。代表在闭会期间开展活动，有利于代表协助本级人大及其常委会履行监督职能，有利于科学执政、民主执政，有利于提高人大的威信。因此，代表从代表大会期间的工作到闭会期间的活动，是一个不可分割的整体，两方面都不可或缺。

二、代表在闭会期间活动的组织

人大代表在闭会期间的活动，从组织形式上分，主要有两大类：集体活动与个人活动。从实际情况和活动效果看，在闭会期间的活动，虽然代表个人可以分散地进行活动，但更多的是需要各级人大常委会或者乡镇人大主席、副主席组织、安排，才能收到良好的效果。为此，代表法第十九条明确规定，县级以上的各级人大常委会组织本级人大代表开展闭会期间的活动。县级以上的地方各级人大常委会受上一级人大常委会的委托，组织本级人大选举产生的上一级人大代表开展闭会期间的活动。乡、民族乡、镇的人大主席、副主席根据主席团的安排，组织本级人大代表开展闭会期间的活动。

之所以这么规定，是因为人大常委会是各级人大的常设机关，在大会闭会期间，有义务同本级人大代表保持联系，为代表执行职务提供必要的条件，包括组织开展有关活动。此外，考虑到人大代表比较分散，尤其是全国人大代表、省人大代表以及部分由较为偏远的县（市）产生的设区的市、自治州的人大代表，完全由本级人大常委会组织他们开展闭会期间活动有一定的困难。因此为了保证活动的开展，本级人大常委会可以将一部分组织本级代表活动的工作，委托给下一级人大常委会去做。

1995 年修改地方组织法时，对乡镇人大主席和副主席的职责作了明确规定，乡、民族乡、镇的人大主席、副主席在本级人大闭会期间负责联系本级人大代表，组织代表开展活动，并反映代表和群众对本级人民政府工作的建议、批评和意见。代表法实施过程中，有些地方提出，乡镇人大没有常设机关，乡镇代表在闭会期间进行活动缺少组织主体，建议根据地方组织法的有关规定，在代表法中作出相应规定。因此，2010 年修改代表法时在第十九条第三款规定，乡镇人大主席、副主席负责组织本级人大代表开展闭会期间的活动。

2015 年修改地方组织法、代表法，明确了乡镇人大主席团的一些职责。地方组织法第十四条第三款规定，乡、民族乡、镇的人大主席、副主席在本级人大闭会期间负责联系本级人大代表，根据主席团的安排组织代表开展活动，反映代表和群众对本级人民政府工作的建议、批评和意见，并负责处理主席团的日常工作。代表法第十九条第三款根据地方组织法也作了相应修改。修改后的地方组织法第十五条第二款还进一步规定了乡镇人大主席团在闭会期间的一些工作内容，与代表工作有关的是：每年选择若干关系本地区群众切身利益和社会普遍关注的问题，有计划地安排代表听取和讨论本级人民政府的专项工作报告，对法律、法规实施情况进行检查，开展视察、调研等活动；听取和反映代表和群众对本级人民政府工作的建议、批评和意见。[1] 主席团对这些活动作出安排，具体由乡镇人大主席、副主席负责组织实施。这样既能够保证代表活动的计划性和有效性，也能保证代表活动的有序性和规范性。

需要注意的是，乡镇人大主席、副主席是办理乡镇人大日常工作的人员，乡镇人大主席团也不是乡镇人大的常设机关，主席、副主席、主席团没有实体性权力，不能代替乡镇人大行使国家权力。

代表闭会期间的活动需要常委会或者乡镇人大主席、副主席

---

〔1〕 2022 年修改后的地方组织法将第十四条第三款改为第十八条第三款，第十五条第二款改为第十九条第二款，内容没有变化。

组织、安排，主要有以下几个原因。

第一，有些代表活动代表个人做客观上有一定难度。闭会期间活动也是代表履行职务的行为，可能涉及不同单位，需要多方面协调，并做必要的准备。如果均由代表分散着自己去做，就很不方便，不仅需要代表个人花费大量时间和精力提前同有关单位联系，还有诸如交通、食宿等方面的事情需要代表个人去解决，这势必会分散代表精力，导致做不好、做不到位。

第二，有些代表活动本身的形式就决定了必须有组织地进行。有的闭会期间活动，是有组织的行为，代表个人无法自行组织进行。例如，代表列席本级人大常委会会议，参加人大常委会组织的执法检查、专题调研等，这些活动就必须有组织进行，不能哪个代表想列席就列席，想参加就参加，而是要根据人大常委会会议议题和决定有组织地进行，受邀请列席或决定参加的，有关代表才能列席和参加。

第三，有组织地进行代表活动，便于有关单位接待。人大代表数量众多，如果一个视察单位接待一批有组织的代表，介绍和汇报工作情况就比较容易，如果无组织地由代表分散进行活动，则可能使有关单位的接待工作复杂化，有时甚至还会使其疲于应付，严重影响其正常工作的开展，使代表活动与原本的出发点背道而驰。这就需要人大常委会进行必要的协同和统筹安排，以尽量减少对有关部门工作的影响，同时督促其做好相应的准备工作。

第四，有利于代表活动顺利进行和深入开展，增强代表活动实效。由于我国人大代表人数较多，且分布在全国各地，如何组织好众多的代表在闭会期间的活动，提高活动的效率，及时汇集、反映代表开展活动中提出的建议、批评和意见，总结好代表活动的经验等，这些虽然代表个人分散进行也是可以的，但从多年的实践和效果来看，有人大常委会的组织和没有人大常委会的组织大不一样。有人大常委会的组织，可以使代表活动经常化、科学化、程序化、规范化，增强代表活动的目的性、针对性和实效性，深化活动的内容，减少阻力，有利于总结代表活动的经验和及时反映代表的建议、批评和意见。

三、代表在闭会期间活动的形式

经过各级人大及其常委会，以及各级人大代表的不断探索和努力，创造出了许多有利于人大代表平时发挥代表作用的活动形式。从宪法、全国人大组织法、地方组织法和代表法对代表闭会期间活动的规定以及各地的实践经验来看，代表闭会期间的活动形式主要包括：以各种形式与人民群众保持密切联系，充分了解社情民意；定期开展履职学习，提升履职能力；进行代表视察活动（包括集中视察和持证视察）；开展专题调研活动；列席常委会会议和专门委员会会议；参加常委会组织的执法检查和其他活动；列席原选举单位的人民代表大会会议或者列席其常委会会议；联系原选区选民或者原选举单位；交流代表活动经验；进行人大工作座谈；约见国家机关负责人；参加关于特定问题的调查委员会等。这些活动大多是采取集体活动的方式，有组织地进行。代表闭会期间的活动形式不是一成不变的，随着经济社会和社会主义民主政治的发展，其形式也应当顺应时代发展的潮流有所创新和发展。

代表在闭会期间开展活动，是依法履行职责的重要组成部分。强调代表在闭会期间以集体活动为主，具有积极意义：一是有利于人大及其常委会或者乡镇人大主席团紧紧围绕党和国家工作大局、人大工作重点，有计划、有针对性地组织代表开展活动，活动主题相对集中，时间和方式相对固定，开展活动形成的调研报告和意见、建议等，可以由人大常委会或者乡镇人大主席团统一转交有关方面研究处理并答复代表。二是有利于充分发挥人大常委会办事机构和工作机构作为集体参谋助手和服务班子的作用以及乡镇人大主席团的作用，提供必要的人力、财力、物力保障，确保代表活动顺利开展，提高效率。三是有利于代表之间加强学习交流，集思广益，优势互补，充分研究和讨论问题，更好地反映人民群众的意见和要求，共同研究提出高质量的代表议案或者建议、批评和意见。

代表在闭会期间的活动，以集体活动为主，以代表小组活动为基本形式，但不是绝对的、全部的限于集体活动和代表小组活动，代表个人也可以依法开展活动。代表法第二十条规定，代表可以通过多种方式听取、反映原选区选民或者原选举单位的意见和要求。实践证明，走访、座谈、持代表证就地进行视察、设立代表信箱或者电子信箱等方式都是行之有效的，既能取得听取意见的实效，又符合代表兼职的特点。实践中，代表密切与原选区选民或者原选举单位和人民群众的联系，各地还有一些其他的尝试，应当进一步总结提高，不断增强代表活动的实效。代表在闭会期间无论采取什么方式活动，其目的都在于听取、反映原选区选民或者原选举单位的意见和要求，应当讲求实效、求真务实，不搞形式主义，不追求轰动效应。代表在了解到人民群众的有关意见后，应当负责向当地人大常委会或者有关部门反映，并主动出主意、提建议。对于一些不正确的意见和要求，或者不了解的问题，代表应当做好宣传解释工作。

四、会议期间工作与闭会期间活动的区别

代表法第五条规定，代表依照本法的规定在本级人大会议期间的工作和在本级人大闭会期间的活动，都是执行代表职务。因此，会议期间的工作与闭会期间的活动都是代表依法履行职责、行使管理国家事务权力的重要组成部分。但是，人大代表在会议期间的工作与闭会期间的活动也有许多不同点，主要涉及以下几个方面。

（一）执行职务的时间不同

从字面意思讲，会议期间的工作就是指在各级人大召开会议的这一段时间人大代表依法开展的履职行为。我国法律虽没有对各级人大会议会期长短作出法律规定，但从七届全国人大以来，全国人大会议会期一般是 10 至 14 天，开幕日期基本固定在每年的 3 月 5 日。省、自治区、直辖市的人民代表大会一般在 7 天左右。市、州人民代表大会一般在 5 天左右。县（市、区）人民代表大会一般在 3 天左右。乡镇人民代表大会一般 1 至 2 天时间。而闭会期间的活动通常则是指各级人大闭会以后的时间里，人大代表所参加的履行代表职务的活动。在这段时间代表所进行的本职工作不属于代表"闭会期间的活动"。从实际工作看，省、自治州、设区的市的人大代表，在本级人大闭会期间，脱产进行代表活动的时间，全年一般不少于 10 天；不设区的市、市辖区、县、自治县的人大代表，在本级人大闭会期间，脱产进行代表活动的时间，全年一般不少于 7 天；乡、民族乡、镇的人大代表在本级人大闭会期间，脱产进行代表活动的时间，全年一般不少于 4 天。当然，人大代表与人民群众的联系，则没有时间上的限制，

但一般以不过多影响代表工作、生活为宜。所以从这个角度讲，人大会议闭幕后的所有时间代表都可以进行闭会期间的活动。

（二）执行代表职务的范围不同

代表在会议期间的工作主要是在出席本级人大会议期间的全体会议和以代表团为单位的分组会议范围内开展工作。闭会期间的活动则主要在原选区或原选举单位范围内对本级或者下级国家机关和相关单位的工作开展的各项活动等。

（三）执行职务的内容不同

在人大会议期间，人大代表依法行使的职权包括：出席本级人大会议，围绕会议的议题，依法行使审议权、选举权和表决权，并有提出议案及建议、批评和意见，提出质询案、罢免案等权利。在闭会期间，代表的活动则是以开好人大会议为根本目的，主要是密切联系群众，反映人民意见和要求，进行专题调研、视察，应邀列席常委会会议，参加常委会组织的有关活动等。

五、代表在闭会期间活动要注意的问题

为了提高闭会期间活动的针对性、实效性、合法性，进行代表活动时应当注意以下问题。

（一）闭会期间活动应以集体活动为主，以代表小组活动为基本形式

代表在闭会期间的活动，虽然代表个人可以单独进行，但是更多的是由人大常委会或者乡镇人大主席、副主席组织和安排。对于地方各级人大代表而言，除了参加视察、调研和列席相关会议外，在闭会期间还可以参加更多形式的活动，如交流代表活动

经验，进行人大工作座谈，定期走访选民，建立选民接待日制度等，这些活动大都是通过代表小组活动的形式进行。而且有些代表活动必须根据人大常委会活动的有关议题和决定有组织地进行，代表只能根据邀请和有关决定参加此类活动。

（二）闭会期间活动应当深入基层，深入群众，了解实际情况

代表在闭会期间的活动，既是履行代表职责，执行代表职务，也是了解社情民意，为在大会上提出议案或者建议、批评和意见做好准备工作。因此，代表应当深入基层，倾听人民群众呼声，收集人民群众的意见，然后将它们整理成议案或者建议、批评和意见，带到人大会议上来，真正做到反映人民群众的要求，代表人民群众的利益。

（三）闭会期间的活动一般在代表原选举单位或者原选区的行政区域内进行

代表在原选举单位或者原选区的行政区域内进行闭会期间的活动，既有利于加强同原选举单位、原选区选民和人民群众的联系，也方便开展活动，节省人力、物力和经费。当然，人大代表的活动并不囿于原选举单位所在地，根据需要，也可以参加本级人大常委会组织或者安排的在本行政区域内的活动。

（四）闭会期间的活动必须严格遵守宪法和法律，保守国家秘密

代表是国家权力机关的组成人员，必须模范地遵守宪法和法律。代表闭会期间的活动也是履行代表职责的重要部分，因此，不得接受企业、社会团体、个人或者其他营利性组织的赞助。必须正确处理履行代表职务与从事个人活动的关系，不得借执行代表职务谋取个人利益。

（五）闭会期间的活动必须正确处理好几个关系

一是开展闭会期间活动与参加会议期间工作的关系。深刻认

识到闭会期间活动是开展好会议期间工作的基础和前提，要让二者互相联系、互相促进。

二是集体活动与个人行为的关系。尽管闭会期间以集体活动为主，但个人活动是整个人大代表工作不可缺少的一个方面，是人大代表集体活动的基础和准备，因此在集体活动中要充分发挥代表个人的积极性、主动性。

三是个人职业活动与执行代表职务的关系。人大代表大都是兼职代表，有自己的本职工作，并且以本职工作薪酬为自己生活主要来源。但代表作为公职，具有重要职责，这就需要代表提高认识，合理安排好本职工作与代表活动。一方面需要本单位大力支持代表开展闭会期间的活动。另一方面，也需要代表认真做好本职工作，协调好本职工作与代表活动，优先执行代表职务。

四是执行代表职务与提高自身素质的关系。代表的文化素质、能力水平、经验阅历存在着很大的个体差异。尤其有的基层代表受到自身职务、工作范围、理论素养等局限，加上知情渠道少，参与机会少，因此履职时感到很吃力，这就要求代表不断加强学习，提高履职能力。而且人大工作日益重要，所需要处理的问题日益复杂，这也需要代表不断加强学习。

五是执行代表职务与接受监督的关系。人大代表开展闭会期间活动，代表人民对有关单位、部门进行监督；同时人大代表在履行代表职务时自身也要接受人民群众监督。比如向原选举单位、原选区选民述职，听人民群众的意见和批评。

（六）闭会期间的活动应当注意军队代表的特殊性

根据我国多年来的实践经验，解放军全国人大代表在闭会期间的活动，由全国人大常委会办公厅会同解放军政治工作部共同安排。军队全国人大代表的调研视察活动，原则上由各大单位分别组织，就地就近进行。每年年中组织一次集中调研活动，主要在军内进行，重点研究加强国防和军队建设问题。每年年底组织一次集中视察活动，京外代表参加所在省、自治区、直辖市人大常委会组织的视察，由大单位政治工作部门和省军区（警备区）政治工作部门负责协调安排。京内代表由人数较多的单位自行分头组织，代表人数较少的单位由政治工作部负责协调参加以上其他单位组织的视察活动。

代表调研视察活动是一项政策性和实践性很强的工作，在组织代表调研视察时要注重调研视察活动的质量和实效。每次集中调研都要紧密联系军队建设实际，着眼于提高参政议政质量，把国防和军队建设与国家经济建设结合起来，把代表个人关注的问题与统一确定的调研主题结合起来，把集中调查研究与人大会议期间的讨论发言结合起来。至于解放军的地方各级人大代表在闭会期间的活动，也应由地方各级人大常委会会同解放军代表所在部队的政治工作部门共同安排。

2018 年，十三届全国人大一次会议上，解放军代表团变更为解放军和武警部队代表团。原来参加地方代表团活动的武警部队代表，参加解放军和武警部队代表团活动。其中的武警部队的人大代表，也将与解放军代表一同，参加军队代表闭会期间的活动。

第二节　人大代表小组活动

代表小组是人民代表大会闭会期间，根据代表各自的不同特点，组成相对稳定的代表活动小组组织，是人大代表在闭会期间开展活动、执行代表职务的重要组织载体。代表应当参加本级人大代表组成的一个代表小组并参加活动。

一、代表小组的组成

人大代表组成代表小组，最早是 1979 年通过的地方组织法所规定的。该地方组织法对代表小组的规定主要包括以下几个方面内容：一是仅规定了县、自治县、不设区的市、直辖区、乡、民族乡、镇的人大代表可以组织代表小组；二是代表小组应按居民地区或者生产单位设立；三是代表小组的任务主要是联系选民，协助本级人民政府推进工作。

1987 年 6 月 19 日，第六届全国人大常委会委员长会议原则批准的《关于全国人大常委会加强同代表联系的几点意见》，对全国人大代表提出了组织代表小组的要求，同时规定了组织代表小组的原则和内容等，对全国人大代表以及地方各级人大代表组织代表小组起到了促进作用，不少地方还建立了代表小组的活动制度。

1992 年代表法在总结以往经验、研究现实情况的基础上，对闭会期间组织代表小组问题作了专门的规定，代表小组活动有了基本的法律依据，使代表小组成为闭会期间代表活动的一种重要组织形式，极大地推动了代表小组活动的开展。在此后新修改的代表法中，均明确规定代表在闭会期间的活动以代表小组活动为基本形式。这样，代表小组便成为代表在闭会期间行使职权、履行职责的最基本的组织单位，成为代表发挥作用的一个载体和平台。

2015 年代表法第二十一条规定，县级以上的各级人大代表，在本级或者下级人大常委会协助下，可以按照便于组织和开展活动的原则组成代表小组。县级以上的各级人大代表，可以参加下级人大代表的代表小组活动。第三十条规定，乡、民族乡、镇的人大代表在本级人大闭会期间，根据统一安排，开展调研等活动；组成代表小组，分工联系选民，反映人民群众的意见和要求。

根据以上规定，代表小组的成员应当是同级人大代表。考虑到代表小组开展活动是集体进行的，而不同级别的人大代表在闭会期间开展活动的主要内容和地域范围均有所不同，因此，各级人大代表一般不能混编，否则会给代表小组活动带来许多不便。比如，如果一个代表小组中，多数成员是省级人大代表，有几名县级人大代表，一旦这个代表小组到县级代表所在的县以外的地域开展活动，那么按照法律规定，这几个县级代表就无权参加这些活动了，对于他们而言，也就丧失了参加代表小组的意义。

从我国各级人大代表分布特点看，大多数代表均有条件参加一个由本级人大代表组成的代表小组，但也有个别代表的居住地或者工作单位驻地，因同级人大代表人数太少，无法组建代表小组。为了保证这些代表能够尽量多地参加闭会期间的活动，规定县级以上的各级人大代表，可以参加下级人大代表的代表小组活动。上级代表参加下级代表小组的活动，有利于上级代表深入基层了解情况，并且能够将下一级人大及相关部门无权限解决的问题，反映给本级人大常委会和其他相关部门，能够更有效地促进有关方面工作的改进。

县级以上的各级人大常委会要把协助代表组成代表小组作为一项重要工作。实践证明，各地代表小组活动开展的成效如何，与当地人大常委会的协助组织的力度是密切相关的。代表小组组织得好，活动也就开展得好，反之亦然。

二、组成代表小组的形式

组成代表小组活动的目的，是为了使代表在闭会期间的活动更方便、更活跃、更丰富、更有效。因此，在组成代表小组时，应注意代表的行业特点和居住状况，考虑代表小组在活动内容和活动地域上便于安排，在注重代表结构、分布、履职等方面因素的基础上合理组成代表小组。从实践上看，代表小组可以有这样几种形式。

一是按选区编组。这主要是指直接选举的人大代表。如某一选区有三名同级人大代表，则该选区可以组成一个代表小组。

二是按行业编组。如根据人大代表本职工作，分为内务司法、财经、农村农业、城建环保、教科文卫等小组。实践中，北京、广东、浙江等地组建了专业代表小组，取得了较好的效果。

三是按居住地区编组。不管是直接选举的人大代表还是间接选举的人大代表，只要他们居住地比较近，同一级的人大代表就可组成代表小组。

四是按专题组成代表小组。如对某一问题需要调查、检查和视察而临时组成代表小组。

各种组合方式都有其有利的一面，也有其不利的一面。如按地域组建，则代表之间差异巨大，有可能院士和仅有初中文凭的代表在一起、董事长和一线工人在一起，在开展工作时如何协调是一个难事。但其有利条件是因居住较近，组织方便。如按行业组织，可能居住地分散，组织不方便。但都是一个行业的，则关注点会比较容易取得一致，有利于深入调查研究。所以在组成代表小组时，也可以综合考虑多方面因素。

三、代表小组活动的内容

代表小组活动的内容，要根据需要和本小组的实际情况确定，一般包括以下几个方面。

（一）进行履职学习。人大代表作为国家权力机关的组成人员，政治性、法律性、程序性、专业性要求都很高。履职学习是提升代表综合素质的重要途径，也是人大代表的法定义务。人大常委会组织集中学习是这些年组织得很好的一种形式，但集中学习毕竟时间有限，且组织比较困难。而代表小组则组织容易，形式也更加多样，针对性更强。因此应充分发挥代表小组的优势加强履职学习。如怎样在开会期间行使代表权利，怎样联系选民并向常委会反映相关情况，怎样进行视察、调研等。

（二）开展代表活动。代表小组可以就以下几个方面的内容开展代表活动，如进行视察、专题调研或者执法检查等。一是围绕贯彻落实党委的重大决策开展代表小组活动。二是围绕改革发展稳定的重大问题开展代表小组活动。三是围绕人民群众关心的热点、难点问题开展代表小组活动。四是围绕人大决议、决定及人大常委会的工作和议题开展代表小组活动。五是围绕人大代表议案、建议的落实开展代表小组活动。

（三）联系选民和人民群众。可以通过代表小组座谈会，集体接待群众来访等方式，组织代表定期向选民和原选举单位汇报履行代表职务情况，听取意见，接受监督。通过走访选民，分工联系选民，深入基层、深入实际、深入群众、体察社情民意，听取和反映人民群众的意见和要求，并据此提出代表议案、建议。

（四）协调沟通，总结交流代表活动经验。小组活动中，小组成员的人大代表也可进行情况交流、沟通，就代表履职中存在的困难如何克服、如何与有关部门协调沟通、如何撰写高质量的议案和建议等交流经验、做法。

四、代表小组活动的特点

人大代表参加闭会期间的小组活动有以下特点。

（一）代表小组活动是代表在闭会期间活动的基本形式。代表在闭会期间的活动形式主要有参加常委会组织的集体活动（如执法检查、专题调研）、代表个人活动（如代表个人持证视察）、代表小组活动等。其中，代表小组活动是基本形式。

（二）代表小组活动内容广泛。根据代表法的规定和各级人大代表小组活动的实际情况，代表小组活动的内容主要有：学习、宣传宪法、法律，人大及其常委会通过的决议、决定，以及党和国家的有关方针、政策等；了解本级或者下级人民政府及其所属部门、监察委员会、人民法院、人民检察院对法律、法规的贯彻实施情况；听取与反映原选举单位、原选区选民以及人民群众的意见和要求，回答对代表工作和代表活动的询问进行调查研究；参加学习培训，掌握履行代表职责的相关知识；提出对各方面工作的建议、批评和意见；参加闭会期间其他执行代表职务的活动和当地人大常委会或乡镇人大安排的活动。

（三）代表小组活动形式灵活。代表小组活动的方式灵活，大体有这样几种：一是单独式，根据计划安排某个代表小组独立开展活动；二是联动式，几个小组联合活动，或者区域之间横向联合行动，或者上下级联合；三是结合式，代表小组活动与人大及其常委会或者人大有关专门委员会、人大常委会有关办事机构安排的活动相结合。代表小组活动无论采取何种方式，都要贯彻小型、多样、就地、实效的原则，以集体活动为主、分散活动为辅，把灵活多样与力求实效统一起来。

五、组成代表小组应当把握好的几个问题

科学合理组成人大代表小组，是开展好闭会期间代表活动的基础，也是发挥好代表小组活动作用的前提。组成人大代表小组，应当把握好以下几个问题。

（一）遵循便于组织和开展活动的原则

遵循便于组织和开展活动为原则，具体而言就是要坚持小型、就地、方便、多样的原则。如果组织和开展活动都不方便，那么更深远的目的就无从谈起。对于全国人大代表和省级人大代表而言，由于全国和省级行政区域的范围很大，代表们居住得较为分散，在组建代表小组时，应首先考虑居住状况，兼顾专业和行业特点，以便于小组经常性地开展活动。对于设区的市、自治州和县乡人大代表来说，由于所处的范围相对较小，可以优先考虑行业特点，兼顾居住状况，以有利于代表小组针对一些专业性问题，开展各种活动。

（二）要充分尊重代表的意愿

各级人大常委会及其办事机构在协助筹建代表小组的过程中，应当征求代表意见，以便充分发挥代表小组的作用。由于代表情况不同，因各种原因不能参加代表小组活动也是允许的，各级人大常委会办事机构可以为代表提供参考意见，不应对因为某种原因不能参加代表小组及其活动的代表形成压力，不可硬性安排。但是，应当通过组织履职学习等活动，使代表认识到参加闭

会期间活动的重要意义，鼓励代表积极履职，积极参加包括代表小组活动在内的闭会期间活动。

（三）争取本级或者下级人大常委会协助

由于人大代表以小组为基本活动方式，因此每一名人大代表都应至少归入某一代表小组。否则其闭会期间的代表履职活动必然大受影响。但是，由于人大代表是按选区或者选举单位选举产生的，相互之间既没有上下级关系，也与一般单位的同事关系有区别。还有一个客观原因是人大代表一般居住分散，相互之间不一定熟悉。这些都给人大代表自行组合代表小组造成不便。这就要求人大常委会给予必要的协助。否则，就可能导致有的人大代表无法进入代表小组，或者所组成的代表小组开展活动很不方便。

（四）选好代表小组组长

代表小组组长是人大代表小组的召集人和代表小组活动的组织者，是联系代表的纽带。实践证明，代表小组活动开展得好不好，是否取得真正实效，在很大程度上依赖于组长的责任心、工作热情和组织协调，因此选好代表小组组长的作用至关重要。人大常委会要引导大家推选代表意识强，有一定法律、政策水平，有一定的组织协调能力，热心代表工作的代表担任小组组长。与此同时还要选好积极性高，工作认真负责，有较好文字基础，年纪相对较轻的同志为代表小组的联络员，以便加强与人大常委会经常性的联系，在组织上保证代表小组活动的开展。

六、提高代表小组活动质量

代表小组活动作为人大代表闭会期间的基本活动形式，得到了各级人大常委会和各级人大代表的高度重视。为了使代表小组活动收到实效，应从人大常委会和代表小组两个方面共同做好工作。

（一）人大常委会要加强对代表小组活动的指导

一是协助组成代表小组。人大代表来自各地区、各民族、各方面、各阶层。如果完全由代表自行组成代表小组，难免会出现许多问题。比如有的小组可能人太多，有的会太少；有的代表参加许多小组，有的可能一个也没有参加。另外在地域上、行业上也可能难以协调。这就需要人大常委会的协助。比如提供组成小组人数、组别、组建方式与原则等意见；对某些（或个别）代表参加某一小组的建议；如何推选小组组长或提出小组组长建议人选等。

二是加强对代表小组活动的指导。人大常委会要把指导代表小组活动作为自己的一项任务，作为尊重代表主体地位、充分发挥代表作用的重要途径，强化措施、加强指导，做到"年度有计划，平时有安排，活动有内容，年终有总结"。针对代表小组的不同情况，指导小组制定活动计划、安排活动内容；将代表小组活动同人大常委会的工作结合起来，通过代表小组进行视察、专题调研等；强化对小组长的培训，发挥好小组长作用；对部分代表小组活动重点加强指导，推进小组活动平衡发展；了解和掌握代表小组活动情况，及时总结和推广代表小组建设和活动的成功经验与做法，引导代表小组活动依法健康地开展。

三是加强对代表小组活动的组织、协调和后勤保障。人大常委会尤其是其专门的代表工作机构要努力为代表小组开展活动创造条件，搞好组织，协调好各方面的关系，特别是协调好代表小组与活动涉及部门和单位的关系、代表同所在单位的关系等，使有关部门和单位积极支持代表小组的活动。在信息上，及时寄发有关文件和学习资料，重大事项及时向代表小组通报，通过各种渠道和平台使代表知情知政等；在组织上，落实活动安排，注意与代表小组的沟通和联系，帮助解决实际困难和问题等；在物质上，将代表经费适当切出一块用于代表小组活动，为代表小组提供资料、文秘、场所、设施等方面的支持。将代表小组活动后整理出的向有关部门和单位提出的意见建议，及时转交有关部门和单位认真办理并督促落实。

（二）代表小组要扎实工作，以提高活动实效为核心

一是选择恰当的活动选题。恰当的选题是代表活动取得成功的基础。代表小组活动选题应从本地区经济和社会发展计划、人大通过的决议或者决定、代表提出的议案建议、群众普遍关注的热点和难点等问题中选择。同时，在选题时，还要考虑到代表小组的成员构成，注意在本组代表比较熟悉或者比较关心的行业选题，充分考虑代表的意见。

二是坚持数量与质量相兼顾原则。由于人大代表大都是兼职，有自己的本职工作，因此小组活动开展的次数不宜过多。但人大代表肩负着重大职责，而小组活动又是代表闭会期间的基本活动方式，因此小组活动又不能太少。这就要求各代表小组应根据实际情况在二者之间取得一个平衡。更为重要的是，代表活动应注重活动质量，要在提高活动的实效上下功夫。

三是周密做好活动准备工作。每次活动，小组长要与代表充分协商后再确定活动内容、时间、基本活动安排，与有关部门协调好有关具体事项，并提前一定时间将活动的有关事项通知代表。人大代表应根据自身实际，围绕选题和活动内容做必要的准备工作，如学习有关法律法规和政策，了解有关信息，或者做一

些必要的调查研究等。

四是掌握实情，力求解决问题。代表小组活动要通过视察、检查、调查研究和走访选民等各种方式，深入基层、深入群众，掌握真实情况，了解现实中存在的客观问题，提出有针对性、有较高水平的改进有关方面工作的意见和建议。要注意反馈意见，并跟踪督查，促进问题的解决。

五是加强"两个联系"。即要紧密地保持与本级人大常委会以及与原选区选民或者原选举单位的联系。小组开展活动前，应向同级人大常委会及其有关办事机构汇报活动方案，活动后也要反映活动情况，这不但有利于下情上达，也便于人大常委会及其有关办事机构及时做好帮助和支持工作。人大代表还要加强与原选区选民或者原选举单位的联系，汇报开展代表工作和代表活动的情况，听取人民群众的意见，回答原选区选民或者原选举单位有关代表工作和代表活动的询问，这一方面有利于活动的开展，另一方面也有利于接受监督。

六是不断地提高制度化、规范化水平。代表小组要建立健全学习制度、视察制度、调研制度、联系原选区选民或者原选举单位以及人民群众制度、请假制度、活动记录制度、重要信息和情况报送反馈制度等，并做好小组活动各项材料的收集和整理。

第三节　人大代表视察活动

代表视察，是指人大代表在人民代表大会闭会期间，对本区域内国家机关和有关工作进行视察。人大代表在人大闭会期间进行视察活动，是作为人大代表在闭会期间履行代表职责的一种重要形式，既是人大代表了解社情民意、反映群众意见和要求、提出议案和建议的基础，同时也是人大代表联系群众、反映人民群众意见和要求的重要渠道，是代表参与管理国家事务、督促和推进国家机关改进工作的一种重要途径。

一、代表视察的内容与目的

人大代表视察最早可以追溯到第一届全国人大。1954 年 10 月 16 日举行的第一届全国人大常委会第一次会议后，时任全国人大常委会委员的张治中提出一项书面意见，送给时任全国人大常委会副委员长兼秘书长彭真同志转刘少奇委员长，提出每位常委会委员都要出去视察，了解地方情况，听取群众意见。毛泽东同志看到这个建议后，很是赞赏，提出把参加范围扩大到全国人大代表，以后又提议加上全国政协委员。

1955 年 8 月 6 日，在第一届全国人大常委会第二十次会议上，通过了全国人大常委会关于全国人大代表和省、自治区、直辖市人大代表视察工作的决定。这是第一个关于代表视察工作的正式文件，明确了代表视察的基本原则、组织安排、活动方式和经费保证，标志着代表视察制度建立并实施。改革开放后，全国人大常委会办公厅先后于 1985 年 12 月、1987 年 7 月发出关于改进全国人大代表视察办法的意见和关于全国人大代表持视察证视察的意见，改进了全国人大代表视察工作。1992 年，代表法总结 30 多年来人大工作的经验，将代表视察的成熟经验以法律的形式确立下来。2015 年 8 月的地方组织法、代表法修改明确了乡镇人大代表根据本级人大主席团的安排开展视察活动。

人大代表肩负着依照宪法和法律参加行使国家权力的重任，代表视察活动的内容应与其担负的重要任务相适应。人大代表进行视察，主要围绕以下内容进行。

一是了解宪法和法律的实施情况，人大及其常委会有关决议、决定实施情况。

二是围绕本级人大会议的议题进行视察，为审议本级人大常委会、"一府两院"工作报告及国民经济和社会发展计划，财政预算报告做好充分准备。

三是围绕人大常委会会议的议题进行视察，这种视察一般都是专题视察，主要是为人大常委会会议审议、决定重大事项做准备。

四是围绕本行政区域中心工作和常委会工作部署进行视察。

五是围绕群众普遍关心的"热点""难点"问题进行视察。

人大代表还可以根据工作需要、群众要求和企事业单位的邀请，经本级人大常委会的同意，就一些特定的问题进行视察。

代表视察的目的主要在于：

一是加强与人民群众的密切联系。代表在视察活动中，深入基层，广泛联系人民群众，向人民群众宣传宪法和法律法规，宣传人大及其常委会的决议、决定，听取人民群众的意见和要求，有利于代表同人民群众保持密切的联系，从而在执行代表职务时能够从人民的根本利益出发，体现人民的利益和意志。

二是为代表参加人大会议、审议议案和报告做好准备。代表在人大会议召开之前，围绕人大会议要审议的议题进行视察，了解有关部门和单位在执行法律法规和人大决议等方面的情况，掌握第一手资料，有利于在人大会议上对有关议案和报告进行针对性地审议。

三是有利于代表了解宪法和法律、法规的实施情况以及人大及其常委会的决议、决定的贯彻执行情况，协助法律法规和决议、决定的贯彻执行。代表在视察中了解有关法律法规和决议的执行情况和工作中存在的困难和问题，一方面可以向被视察单位提出建议、批评和意见；另一方面可以向人民政府或主管部门反映被视察单位的困难和要求，从而有利于人民政府推进工作，有利于法律、法规和人大及其常委会决议、决定的贯彻实施。

四是及时将广大人民群众对一些重要问题的意见和看法反映上来，向本级人大常委会和有关国家机关、组织反馈意见，哪些工作是符合实际的，人民群众拥护的，哪些工作是有问题的，需要修改的，推动改进有关工作。

二、代表视察的程序与特点

一般而言，代表视察有以下几个程序。

（一）制订视察计划

首先，确定视察的目的、内容和时间。确定视察题目，应事先通过一定方式征询代表意见和有关专门委员会意见，再结合常委会工作安排确定。安排视察时间，要充分考虑代表兼职的特点，同时应提前一定时间通知有关代表。其次，确定视察的对象。要根据主题选择视察的重点，选好视察的对象并与被视察单位取得联系。最后是制定计划，使视察突出重点，有步骤有计划地进行。

（二）制订视察工作方案

视察工作方案，是对人大代表进行视察工作的具体安排。代表视察是人大代表执行代表职务的重要方式，具体工作比较复杂，要安排得既合理、具体，又要可行。一般来讲，视察工作方案一般应有指导思想、主要目的、实施步骤、具体要求等项目。

（三）认真组织代表视察工作

人大代表应尽可能选择专业对口、内容熟悉的视察专题，以利于了解真实情况，发现问题，提出有分量的意见。代表工作机构应当精心准备、周密安排好视察组织工作，做好充分的后勤服务与保障。对规模较大的视察，人大常委会负责人可亲自参加，并邀请"一府一委两院"的领导和有关部门的负责人参加，以便代表在视察中提出的询问能够及时得到答复，同时也能有针对性地帮助被视察单位解决一些实际问题，以增强实际效果，扩大社会影响。

人大代表开展视察活动有以下特点。

（一）具有法定性。代表法第二十二条规定，县级以上的各级人大代表根据本级人大常委会的安排，对本级或者下级国家机关和有关单位的工作进行视察。乡、民族乡、镇的人大代表根据本级人大主席团的安排，对本级人民政府和有关单位的工作进行视察。因此，视察权是法律赋予人大代表的神圣不可侵犯的职权。各级人大常委会应负责代表视察的组织联系工作，有关国家机关和单位要予以重视，认真接待。

（二）具有权威性。代表参加视察是人大代表依法履行代表职责的一个重要方式，因此代表的视察权具有相当的权威性。被视察单位必须积极配合代表视察，自觉接受监督。与此同时，代表进行视察时，被视察单位还应积极创造条件，为代表开展视察提供各种便利。

（三）具有明确的目的。代表视察不是一般参观游览，不是随心所欲想看什么就看什么，它代表的是一种履职行为，具有明确的目的性。代表视察的根本目的，就是人大代表加强同人民群众的联系，了解社情民意，反映群众意见和要求，了解有关情况，并为开好人民代表大会会议，提出议案和建议做好准备。

（四）具有一定的范围。人大代表是由各选区和选举单位选出的，每个代表都应和原选区和原选举单位保持密切联系，并接受监督。因此，代表的视察活动一般都是在原选区或原选举单位所在的区域内进行。有的人大代表不在原选区或者原选举单位所在的行政区域内居住，也可以参加居住地的视察活动，但不能超出本级人大的行政区域。这样既有利于加强同原选举单位的联系，也可以节省视察经费。

（五）不直接处理问题。由于代表是集体行使国家权力，因此代表法第二十二条明确规定，代表视察时，可以向被视察单位提出建议、批评和意见，但不直接处理问题。代表进行视察，特别是进行人大常委会、乡镇人大主席团统一安排的视察，其目的不仅仅是了解被视察单位的情况，更重要的是要管中窥豹，通过被视察单位的典型例子，进一步加强对全面情况的了解，而不在于当场解决被视察单位存在的具体问题。解决视察中发现的问题属于被视察单位或者其主管部门的职权，人大及其常委会有权监督有关机关的工作和执行宪法法律的情况，但代表个人并没有这种职权，更不能越权去直接解决问题。

（六）可以约见有关国家机关负责人。代表法第二十二条规定，代表进行视察时，"可以提出约见本级或者下级有关国家机关负责人。被约见的有关国家机关负责人或者由他委托的负责人员应当听取代表的建议、批评和意见"。这就是说，人大代表在视察中，如果发现某些紧急的、重大的问题，需要引起有关国家机关的重视，或者需要马上反映，但通过其他途径不易得到解决，为了缩短反馈时间，可以直接提出约见有关国家机关负责人的要求。有关国家机关负责人应当与提出约见要求的代表见面，听取意见，说明情况，也可以根据实际情况委托有关负责人员向提出约见要求的代表说明有关情况，回答询问，或者听取他们对有关问题提出的建议、批评和意见。代表在视察中约见有关国家机关负责人，实际上是代表协助有关国家机关改进工作的重要措施。至于代表如何约见有关国家机关负责人，法律没有规定具体的程序。从实践中看，代表如若认为确有必要约见，一般应通过本级人大常委会代表联络部门和乡镇人大主席团协助联系，或者代表本人直接与有关部门预约时间，作出安排。需要注意的是，约见是一件十分严肃的事，代表的约见次数和频率不宜过多，应给予被约见者一定的研究、处理问题的时间。此外，约见谈话时要注意方式，要摆事实、讲道理、提建议，共同研究，促进问题的解决。

三、代表集中视察

根据代表法第二十二条规定，代表进行视察的主要形式之一，是根据本级人大常委会或者乡镇人大主席团的统一安排来进行，也就是集中视察。各级人大常委会或者乡镇人大主席团在统一安排本级人大代表进行视察时，必须实事求是，充分考虑我国的国情和人大代表的情况，使视察安排得合理可行。

代表提高集中视察的质量和效果，需要注意以下几个方面的问题。

第一，视察前要有周密的计划和充分的准备，这是提高视察质量和效果的前提。每次视察前应及早安排计划，首先确定视察的目的、内容和时间；其次确定视察的对象，要根据主题，选择视察的重点，通过筛选确定有代表性的地区和单位；再次是及早和被视察单位取得联系，了解并掌握有关政策和法律、法规，为分析研究问题做好准备，做到心中有数，有的放矢；最后是制定计划，使视察始终重点突出。如果参加视察的代表人数较多，根据需要还可分成若干小组，各小组的侧重点也应列入计划。

第二，要选准视察的题目和内容，相应组织好参加视察的人员，这是提高视察质量，增强效果的关键。视察的内容应当主要围绕宪法、法律、法规和人大决议、决定的贯彻实施情况，围绕党和政府的中心工作，围绕人民群众普遍关心的热点、难点问题来进行。题目不宜太多太大，选择几个专题，作深入调查了解。参加视察的人员也应尽可能是熟悉视察内容、专业对口的代表，以利于发现问题，提出有价值的意见。对于规模较大的视察，县级以上地方各级人大常委会负责人可亲自参加，并邀请同级"一府一委两院"的负责人参加，以便代表在视察中提出的询问能够及时得到答复，也能有针对性地帮助被视察单位解决一些实际问题，增强视察实效，扩大社会影响。

第三，设计好视察步骤。虽然视察是代表了解情况的重要途径，不应拘泥于形式，但如果不讲程序，不讲步骤，会使视察事倍功半。在一般情况下，代表视察的步骤主要有：一是请被视察单位领导或者了解情况的负责人介绍该单位的情况；二是采取召开各种座谈会的形式，直接听取人民群众的意见；三是综合归纳了解到的情况，提出建议和意见，供被视察单位或者有关部门参考。

第四，视察结束形成视察报告，提交本级人大常委会或者乡镇人大主席团。视察报告一方面应对被视察单位的工作提出积极的建议、批评和意见；另一方面应帮助反映被视察单位存在的实际困难和问题。视察报告一般包括以下内容：视察的时间、地点和主要内容；被视察单位的主要情况；视察过程中发现的问题；人民群众对被视察单位提出的意见、要求和反映的主要问题；代表们对被视察单位的建议、批评和意见。

需要注意的是，根据宪法和地方组织法的规定，各级人大代表可以对本级国家机关和有关单位进行视察，县级以上的各级人大代表还可以对下级国家机关和有关单位进行视察。那么对上级国家机关在本行政区域内的直属机构或者派出机构，如在直辖市设立的中级人民法院、县级公安局在乡镇设立的派出所等，本级代表能否进行视察呢？由于这些单位位于其下级人大的行政区域中，根据地方组织法的规定，下级人大有权对其进行监督，保证本行政区域内宪法、法律、行政法规和上级人大及其常委会决议、决定的遵守和执行。因此，这些单位所在地的人大代表是可以对这些单位进行视察的。

四、代表持证视察

持证视察是指代表持证依法进行的视察活动，它是代表视察的第二种形式。这种视察形式不仅有利于加强代表同人民群众的联系，便于代表深入基层，接触实际，也有利于代表视察活动的经常化，促进代表履职能力的提升，更好地发挥代表作用。持证视察可以是代表单独进行，也可以是几名代表联合进行。

关于代表持证视察是否写入代表法，曾经过深入的讨论。有人认为，持证视察遇到的困难较多，比如有的单位拒绝代表持证视察，有的群众对代表持证视察不理解、不支持。因此，希望人大常委会做一些联系安排工作。也有人担心持证视察广泛开展后，有些被视察单位可能负担过重。但更多的意见为：持证视察有好的效果，可以使代表视察经常化，可以更好地发挥代表作用，上述担心和困难是可以克服和解决的。最终，代表法规定，代表可以持代表证就地进行视察。

代表在日常生活中，根据人民群众的反映，经本级人大常委会联系安排，可以随时持代表证就某个方面的问题进行视察，视察的内容、单位、时间由代表自行确定。最常见的是，在有关部门的支持下，参与对市场物价、食品卫生、环境保护、公共事业服务等与人民群众密切相关的工作的视察，了解相关情况，向政府有关部门反映存在的问题和人民群众的意见及要求。由于这种视察形式灵活性大，便于活动、便于接待、便于经常性开展，可以使代表更接近社会生活的现实情况，更贴近人民群众，可以使代表随时了解情况，反映群众意见和要求，因此很受群众欢迎。

代表在持证视察时，应当注意以下几点。

第一，代表进行视察时必须持代表证就地进行视察。代表视察时首先必须随身带好代表证，以证明代表身份。其次必须就地进行视察。也就是说，在距自己居住地或者工作单位所在地相对比较小的范围内进行视察。这样做既减少了食宿等方面的不便，又能使这种视察成为代表的一种经常性活动，也体现了代表为人民服务的宗旨。

第二，代表持证视察活动要符合法律规定和要求。代表在持证视察活动中，必须要做到依法履职、遵章守纪。其中的重要环节是必须及时提出视察申请。代表持证视察应提前向本级人大常委会或下级人大常委会提出申请，这是法律规定的程序之一。视察时，代表除了要遵守法律法规外，还要注意遵守被视察单位的规章制度。

第三，代表持证视察，可以要求本级或者下级的地方人大常委会，或者乡镇人大主席团联系安排视察活动。这是为了使代表持证视察能顺利进行，取得好的效果，也是为了保证代表持证视察的有序进行。人大常委会、乡镇人大主席团的联系安排并不是代表持证视察的前提条件，但根据有关法律和文件精神，为加强和规范代表在大会闭会期间的活动，增强视察实效，一般情况下持证视察由人大常委会、乡镇人大主席团联系安排比较适宜。这样做也是考虑到不给被视察单位增加负担。如果有多位代表都想去同一单位进行视察，经人大常委会、乡镇人大主席团统一协调安排，可以组织代表集体视察，避免分散视察使被视察单位反复接待，增加负担。全国人大代表，省、自治区、直辖市、设区的市、自治州的人大代表中的多数，其居住地或者工作地并不在本级人大常委会的驻地，如果只能要求本级人大常委会联系安排视察活动，会给代表、人大常委会和被视察单位三方面都带来不便。因此，根据代表法规定，代表可以向其下级的地方人大常委会或者乡镇人大主席团提出安排视察活动的要求。

总之，代表持证视察是法律赋予人大代表的一项重要职责，也是人大密切联系群众、吸取群众智慧、监督"一府一委两院"工作、发挥代表作用的重要渠道。因此，各级人大要重视代表持证视察，充分发挥代表持证视察的制度功能，加强对代表持证视察的指导，对提出的建议、批评和意见高度重视并督促研究办理。

五、视察报告的撰写与问题的处理

视察报告是人大代表依据有关规定，在了解和检查本级或下级国家机关和单位工作情况以后所形成的报告。视察报告的正文一般包括导语、主体两部分。

（一）视察报告的导语。导语部分一般写明视察的基本情况，包括集中视察的对象、时间、地点、方法、目的和视察结果等。视察报告的导语可采取提要式、交代式、说明式、概括式、强调式、问题式等。无论采取哪种形式的开头，都应该围绕集中视察的目的、内容、对象进行。同时，在本段的最后一句写上"现将视察情况报告如下"，以引领正文。

（二）视察报告的主体。这是视察报告的核心部分，是全文的中心，这一部分一般包括视察基本情况、存在的主要问题和对策措施的建议三个部分。视察内容范围比较宽泛，可以是围绕人大及其常委会或专门委员会即将审议的议题进行的调查研究，了解宪法、法律和人大及其常委会通过的决议、决定的执行情况，了解人民政府、监察委员会、人民法院、人民检察院的工作情况。

（三）视察报告的基本要求。要写好视察报告，应注意以下几点。

第一，要认真做好视察工作，了解真实情况。要深入群众、深入基层、深入一线，通过实地查看、召开座谈会、走访等各种方式了解情况。切忌走马观花、蜻蜓点水、浅尝辄止。要充分掌握第一手材料，发现存在的问题，思考解决问题的思路、方法、措施。

第二，要认真撰写视察报告。通过视察所了解、掌握大量的第一手材料进行分析、综合，经过"去粗取精、去伪存真、由此及彼、由表及里"的辩证思维过程，写明视察专题的基本情况，现存的主要问题，重点是要写出解决问题的措施、方法，为人大及其常委会作出决议、决定提供准确真实的材料。同时，视察报告可对被视察单位的工作提出建议、批评和意见，对被视察单位存在的实际困难和问题，也应如实反映，以引起有关方面重视。

有人认为，人大代表视察，也是代表行使监督权的一种方式。这种看法是不够确切的。按照宪法和法律的规定，人民代表大会是国家权力机关，国家的行政机关、监察机关、审判机关和检察机关都由人大产生，对它负责，受它监督。监督权是全体人大代表组成的人大集体行使的，大会闭会期间，是由人大的常设机关人大常委会来行使的，这就是"集体行使职权"原则的具体体现。但在实际工作中，许多国家机关十分重视代表视察，主动检查工作中的不足，认真改进工作，代表视察起到了推动有关部门工作的作用，但是这与人大行使监督权在性质上是不同的。

从以往的实践来看，一些代表由于经验不足，在视察中往往凭着一股热情，想多为人民群众办实事，结果陷入了具体的事务纠纷之中，不仅自己难以脱身，而且也给本级人大及有关行政机关造成被动。因此，代表法从我国国家权力机关的性质特点和组织原则出发，总结人大代表工作的实践，明确规定代表在视察中不直接处理问题。但代表不直接处理问题这种方式，不等于代表无权处理问题。代表在视察中发现问题，可以根据法律赋予的职权，通过一定的法律程序，向被视察单位提出建议、批评和意见，由本级人大常委会负责转交和督促办理，并由被视察单位作出答复。对于各级人大常委会来说，在代表视察结束后，应抓好对代表视察中提出的建议、批评和意见的办理，做到规范化、制度化，这是增强视察实效的重要一环。

代表法第二十四条规定，代表参加视察形成的报告，由本级人大常委会办事机构或者乡镇人大主席团转交有关机关、组织。

对报告中提出的意见和建议的处理情况应当向代表反馈。向代表反馈的主体，可以是本级人大常委会办事机构或者乡镇人大主席团，也可以是具体承办处理的单位，可以依实际情况而有所不同。反馈的方式可以灵活多样，可以是书面形式，也可以是当面座谈、沟通等。一般来说，对于能够及时处理的，各承办单位应提出处理意见并书面答复代表。其余的因各种原因不能解决或因条件不具备暂时解决不了的，各承办单位应作说明和解释。

第四节　人大代表专题调研活动

调研是人们社会生活中的一种基础性的认识和实践活动，包括调查和研究两个方面。调查，指的是通过对事物的考察了解和认识客观事物与现象的感性认识活动，是收集材料的过程，主要搞清"是什么"。研究，指的则是通过对调查得来的感性材料进行加工，以达到弄清事物本质的过程，主要探究"为什么""怎么办"。因此，调查研究对做好各项工作至关重要，是谋事之基、成事之道。人大代表是国家权力机关的组成人员，肩负着神圣的职责，搞好专题调研具有特殊的意义。

一、专题调研的意义及其与视察的区别

人大专题调研由人大常委会和乡镇人大主席团组织进行，是代表作为各级人大的组成人员，为人大及其常委会审议有关议案和报告做基础性的准备和服务。专题调研是在 2005 年《若干意

见》和 2010 年修改后的代表法中明确规定的。2015 年《若干意见》指出，完善县乡人大代表联系群众制度，拓宽联系群众的方式和渠道，通过调研等方式，畅通社情民意表达和反映渠道。2015 年和 2022 年修改后的地方组织法也都规定，主席团在本级人大闭会期间，每年选择若干关系本地区群众切身利益和社会普遍关注的问题，有计划地安排代表听取和讨论本级人民政府的专项工作报告，对法律、法规实施情况进行检查，开展视察、调研等活动。在 2015 年修改代表法时，扩大了开展专题调研的主体范围，包括乡镇人大代表在内的所有级别的人大代表，都要根据安排，围绕经济社会发展和关系人民群众切身利益、社会普遍关注的重大问题，开展专题调研。

人大代表进行的专题调研，从政治层面看，是人大认真贯彻执行党的路线、方针、政策和法律的需要，是人大进行科学决策的需要；从业务层面看，是人大代表依法履行职责的重要方式之一。

专题调研和代表视察有相同之处，二者都是代表在闭会期间知情知政的重要形式，目的都是为了让代表了解情况，为开好会议和审议好各项议题做好准备，但又存在以下区别。

一是侧重点不同。视察主要是就某一方面或者某一阶段的工作进行巡视察看，了解有关法律法规和决议、决定的实施情况，为人大会议上的审议议案和报告做准备；专题调研主要是针对特定的问题，通过深入调查、分析和研究，形成对策建议，供人大及其常委会和有关部门参考决策，或者形成高质量的代表议案或者代表建议、批评和意见。

二是选题不同。视察的选题比较宽泛，有关党和国家或者地方本行政区域工作大局和人民群众关注的问题，以及经济和社会发展的其他问题等都在可选择的范围之内；专题调研则必须根据少而精的原则，内容更加专一，突出某一方面或者某些方面，来确定一个在客观上有条件调查、主观上有能力调查的具体专题，太空泛或者缺少人才支撑的题目收不到好的效果。

三是开展时机不同。视察由于重在了解有关法律法规和决议、决定的实施情况，因此开展的时机一般安排在"事后"进行；专题调研重在提出有前瞻性、科学性和可操作性的意见和建议，为决策提供依据和参考，因此宜在"事前"进行。

四是组织方式不同。视察有统一组织视察和代表持证视察两种形式，来自各方面的代表都可以参加同一主题的视察；专题调研具有专业性的特点，在组织时，应注意调研组成员的合理性，吸收对有关领域情况比较熟悉的代表参加，以便就某个具体问题作比较深入的调查研究，提出建议。

五是活动成果不同。视察结束后，代表可以提出建议、批评和意见，但不硬性要求提交视察报告；专题调研结束后，一般应形成有质量的专题调研报告，尤其是要指出存在的问题，提出解决问题的具体方案，并由本级人大常委会办事机构或者乡镇人大主席团转交有关机关、组织研究处理。

无论是代表视察还是代表专题调研，都要深入实际和群众，了解真实情况，注意克服形式主义，注重实效。

二、专题调研的特点与作用

代表专题调研有以下特点。

（一）主体的法定性。专题调研的主体是各级人大代表。根据全国人大组织法、地方组织法等相关法律的规定，人大常委会或专委会可以组织代表参加专题调研，即人大常委会或专委会是专题调研的组织者，但不是专题调研的主体。专题调研的主体只能是各级人大代表。专题调研活动的开展不仅丰富了代表闭会期间活动的内容和形式，而且为代表更好地提出议案、建议创造了条件。

（二）内容的专题性。代表专题调研最主要的特点体现在"专题"二字上。专题调研，是代表就某一专项工作或某一重大问题，聚力聚焦，深入基层、深入群众，倾听一线声音，接触一手资料，进行调查研究的过程。专题调研的主要目的是密切联系群众，为提出高质量的议案和建议做准备。根据代表法第二十三条规定，代表根据安排，围绕经济社会发展和关系人民群众切身利益、社会普遍关注的重大问题，开展专题调研。这一规定实际上就是代表确定专题调研题目的依据。

（三）活动的集体性。代表专题调研以集体活动为主，一般由人大常委会来组织，以代表调研小组活动为基本形式。人大常委会每年确定几个重点题目，人大代表可根据调研题目志愿报名参加。对代表关注但没有确定为重点的题目，则可依托代表小组进行调研。有的地方则直接以代表小组为单位开展专题调研活动，各小组自己确定选题、自行安排时间、自主进行专题调研，人大常委会有关办事机构则给予必要的支持和协助。把人大常委会组织的专题调研与各代表小组组织的专题调研相结合，代表既可参加本小组的专题调研，也可参加人大常委会组织的专题调研。这一方面有助于提高代表专题调研活动的参与率和活动的实效性，另一方面也丰富了代表小组活动的内容和方式，进一步发挥了代表小组的作用。

（四）形式的多样性。代表参加专题调研，可以根据实际情

171

况分别采取实地走访、听取汇报、召开座谈会、查阅资料、问卷调查和利用代表电子信箱、人大网站、热线电话等多种形式，实行明察和暗访相结合，普查与抽查相结合，重点调查与个案调查相结合等方式，力求全面、系统、完整地了解真实情况。

人大代表的专题调研具有多方面的作用，具体讲主要有以下作用。

首先，有利于密切人大代表同人民群众的联系。密切联系人民群众是人大代表的法定义务。代表进行专题调研活动是同群众密切联系的重要方式之一。代表进行专题调研，可以根据实际情况，采取座谈、走访等方式，利用代表电子信箱、人大网站、热线电话等多种形式，同人民群众进行联系，听取和反映人民群众的意见和要求。对于人民群众提出的一些不合适的意见和要求，或者不了解的问题，代表应该配合有关部门做好宣传、解释工作，使党和国家的方针、政策，能够深入人心，转化为人民群众的实际行动。

其次，为参加会议做好准备。审议列入人民代表大会会议议程的各项议案和报告，是人大代表的一项重要职责。要做好会议期间的审议、表决工作，在闭会期间必须事先对审议的对象和内容有所了解。因此在会前做好调查研究，听取人民群众的意见、建议和要求，做到知情知政，准备好审议的基础材料，为参加会议打下坚实的基础。

再次，有利于提出高质量的议案或者建议。代表参加专题调研既能够克服"走马观花"，又能够发挥代表的职业和专业优势，有利于形成调研成果和促进代表议案、建议质量的提高，增强代表活动的实效。

最后，有利于人大常委会开展工作。代表专题调研活动的开展，拓宽了人大常委会联系代表、代表参加人大常委会活动的渠道。人大常委会及其办事机构可根据代表参加专题调研活动等情况，来确定代表参加人大常委会组织执法检查的具体活动，确定列席人大常委会会议的代表以及邀请代表参加人大常委会的其他有关活动等，使代表专题调研与人大常委会工作相辅相成、相得益彰、相互促进。

三、专题调研的步骤与应遵守的原则

代表开展专题调研活动主要有以下步骤。

第一，确定好调研题目、时间和地点。关于专题调研题目，根据代表法的规定，应当围绕经济社会发展和关系人民群众切身利益、社会普遍关注的重大问题展开。具体的题目可以由各级人大常委会确定，也可以由代表自行确定。关于专题调研的时间，全国人大代表一般在每年年中进行一次专题调研，地方各级人大常委会和乡镇人大主席团可以根据自身实际灵活安排，但应当保证代表每年能够有一次参加专题调研的机会。关于专题调研的地点，要注意代表性和典型性，既要有好的典型，也要有困难比较多、工作难度比较大的地方和单位，让代表了解客观、真实的情况。

第二，做好准备工作。对于人大代表来说，专题调研题目确定后要进行以下准备：一是收集和研究与专题调研相关的资料，掌握相关法律法规和政策，了解本级有关国家机关与调研题目相关的政策、工作计划和相关要求等，了解所调研具体部门、单位等的相关情况。二是预先思考相关问题，如工作进展情况、取得的成绩、可能存在的问题和困难、解决问题的初步对策思路以及

需要了解的情况等，可以增强针对性，做到心中有数。三是明确调研方案。代表可以与人大常委会办事机构（工作机构）、乡镇人大主席团及调研组其他代表共同商定调研方案，明确调研方法、时间步骤、调研路线、访谈对象、询问内容，明确调研组的具体分工和各自的工作重点。四是与相关部门做好沟通，明确调研的依据、所要达到的目的，明确调研的部门、单位等所应做好的准备工作及相关要求。

第三，掌握好调研方法。具体方法可以采取召开调研座谈会、实地察看、深入走访、听取汇报，以及问卷调查、抽样调查等多种形式，点面结合，灵活多样，以充分了解情况，掌握第一手材料，并注意克服地区、部门利益和视野的局限，以适当方式听取和吸收专家学者及与调研内容有关联的其他社会各界的意见和建议，确保调研更加扎实深入。

第四，调研结束后，形成有质量的调研报告。调研报告直接反映调研的质量和水平，关系调研成果的转化程度。调研结束后，一般应当以调研组的名义或者代表个人名义形成并提交调研报告。调研报告要回答在调研中做了什么，做得如何，发现哪些问题，如何解决以上问题等。调研报告在形式上要力求规范，在内容上要突出重点，增强针对性，要保证调查的结果真实可靠，提出的解决方案具有针对性和可操作性，为人大及其常委会和其他国家机关的决策提供有效的参考依据。目前调研报告的格式大多分为四部分：基本情况、主要问题、形成原因、建议意见。但不能限于一种格式，应从调研内容出发，让格式为内容服务。一般来说，调研报告要提出问题、分析问题、解决问题。但就某个具体问题，可以有详有略。大家熟悉的，可以简化分析，直接提出意见和建议；大家不明缘由的，着重分析问题；大家不够了解的，主要是提出问题。

代表专题调研的原则既要体现出一般意义上调查研究的共性，又要体现出特性，这是提高代表专题调研质量的重要前提。具体讲，人大代表进行专题调研应当遵守以下基本原则。

（一）实事求是的原则

实事求是是指从实际对象出发，探求事物的内部联系及其发展的规律性，认识事物的本质。党的十一届三中全会重新确立了实事求是的思想路线，为全面改革奠定了思想理论基础。同样的，实事求是原则也是人大代表开展专题调研活动应当遵循的重要原则。在调研过程中要坚持做到"不唯书，不唯上，只唯实"，始终贯穿实事求是的精神。

（二）重点突出的原则

调查研究一方面应紧紧围绕本地区的中心工作和人大常委会工作部署确定调研题目，切忌贪大求多；另一方面，专题调研时间一般较短，而每个议题涉及的内容方方面面，这就要求代表必须抓住关键，找准每个议题的突破口和重点，在解决问题的措施办法上狠下功夫。只有这样，才可能取得好的效果。

（三）坚持创新的原则

代表调研工作要在遵循宪法法律，坚持党的路线、方针、政策的前提下，突破思想障碍和思维定式，破除一些条条框框的约束和制约，努力提出一些能够解决问题的新思路、新方法。能够对重大问题进行预测性、超前性调查研究，得出具有一定深度并对实际工作具有指导作用的调查研究成果。这就要求在方式和程序上不断探索，勇于创新。尤其是资讯高度发达的今天，借用高科技、新技术、新媒体进行深入研究，从而增强研究的深度和广度。

（四）坚持群众性和专业性相结合的原则

代表进行专题调研具有一定的权威性，不单纯是代表个人意思的表达，既要反映群众意见和要求，同时又必须具有一定的高度和理论性。这就要求代表必须坚持群众性和专业性相结合的原则。一方面，要充分尊重广大人民群众的意愿，多深入基层、深入群众、深入第一线，广泛听取群众的呼声和意见；另一方面，可邀请、聘请委员和专家共同参与调研，以保证调研成果的质量。

（五）坚持成果转化原则

人大调研是应用性调研，把调研成果转化为人大常委会科学决策的依据，通过人大常委会行使职权，把调研成果转化为政策措施，是人大调研工作的题中应有之义。实现成果的转化，一是会前要将调研报告发给人大常委会组成人员，组成人员要认真阅读，以调研报告为依据，努力提高发言质量和监督质量，最大限度地发挥其作用。二是将人大调研报告向同级党委报告，向"一府一委两院"及有关部门反馈，把发现的问题报请党委或交由政府处理，为科学决策提供依据。三是每年在评选的基础上，可将高质量的调研报告汇编成册，向上级人大常委会报告，向下级人大常委会（乡镇人大主席团）提供，以求互通情况，实现人大调研资源共享。

四、专题调研应当把握好的几对关系

人大代表进行专题调研时，有几对关系问题的处理需要注意。

（一）专题调研与代表小组活动的关系

各地的专题调研以集体活动为主，一般都是由常委会或者乡镇人大主席团来组织或者开展，以代表调研小组活动为基本形式。调研按题目编组分批进行，代表根据调研题目自愿报名参加，组长由熟悉并了解相关领域工作的代表担任。对代表关注却没有确定为调研的题目，可以由代表依托代表小组进行调研。一些地方有时候则直接以代表小组为单位开展专题调研活动，以代表小组为基本活动单位，或者由代表小组自主进行专题调研，由各小组确定选题，具体时间由各小组自行安排，人大常委会有关办事机构给予支持和协助。把人大常委会直接组织的专题调研与各代表小组组织的专题调研相结合，代表既参加了本小组的专题调研，也参加了人大常委会组织的专题调研。这一方面有助于提高代表专题调研活动的参与率和活动的实效性，另一方面也丰富了代表小组活动的内容和方式，进一步发挥了代表小组的作用。需要注意的是，以代表小组为基本单位进行专题调研，地域受到一定限制，规模也较小，主要适用于一般的调研题目、具体的专题调研活动等。要在调研提纲的拟定、调研方案的实施、调研报告的形成等环节，注意发挥代表主体作用，充分发挥代表小组组长作用。要加强上下联动、左右联动，根据需要也可以打破地域、小组的限制，实现跨区域、跨小组的调研。如果常委会也组织另外的专题调研小组，则要注意与其在内容、方式、人员等方面的衔接。

（二）专题调研与议案或者建议、批评和意见工作的关系

代表专题调研活动要与代表提出议案或者建议、批评和意见紧密结合，确保代表在调研基础上能够形成高质量的议案或者建议、批评和意见，为改进有关机关、机构或者组织的工作提供帮助。为此，专题调研的题目在很大程度上要根据代表准备提出的议案或者建议、批评和意见来确定。在调研活动中还应积极协调

或者督促有关机关、机构或者组织为代表提供信息资料，创造条件使代表充分了解有关情况，并协助代表酝酿、起草、讨论、完善代表议案或者建议、批评和意见。同时，还可以邀请相关领域专家参加调研活动，共同研究、分析调研中发现的情况和问题。专题调研结束后，有关机关、机构或者组织应当帮助代表及时形成议案或者建议、批评和意见文本，或者帮助代表进一步消化调研成果、协助代表再自行深入调研以最终形成议案或者建议、批评和意见。代表应当通过专题调研等活动，努力形成数据翔实、材料充分、分析透彻、意见明确的有案由、案据、具体方案的议案，有情况、有分析、有针对性的建议、批评和意见。需要指出的是，专题调研后形成的专题调研报告，一般是由人大常委会办事机构或者乡镇人大主席团交由有关国家机关和单位研究处理，主要用于其决策时参考，其研究处理情况还应当向代表反馈，但不同于代表议案或者建议、批评和意见的办理。

（三）专题调研与代表自发联系群众活动的关系

代表专题调研活动不是孤立进行的。代表在闭会期间的活动，除了有组织的活动之外，还可以其他方式，包括自发的方式来与人民群众联系，深入了解民情、充分反映民意、广泛集中民智。这应当与代表专题调研活动相互呼应，有助于更好地掌握第一手材料，做好酝酿、准备、起草代表议案或者建议、批评和意见的工作。不少地方的情况表明，代表专题调研密切了代表与人民群众的联系，也更便于代表接受原选区选民或者原选举单位和人民群众的监督。

（四）专题调研与人大常委会或者乡镇人大主席团组织的其他活动的关系

根据代表法和中央有关文件的规定，人大代表应当积极参与人大常委会或者乡镇人大主席团组织的活动，这有助于提升代表闭会期间活动的质量，提升人大常委会或者乡镇人大主席团的工作水平和效率，一方面为代表知情知政创造更多的机会，另一方面也是为进一步加强人大常委会和代表的联系，充分发挥代表的作用。人大常委会及其办事机构或者乡镇人大主席团可根据代表参加专题调研活动等情况，来确定代表参加人大常委会组织执法检查的具体活动等。

五、专题调研报告的组成与处理

代表专题调研报告一般由标题、署名、正文、尾部等部分组成。

（一）标题。标题一般由事由和文种两部分构成。如"关于某某地区某某问题的调研报告""关于某某的调查与思考"等。

（二）署名。参与调研的人大代表，可以是若干代表的姓名，如某某、某某代表，也可以是某个调研小组，如第三专题调研小组。

（三）正文。正文是专题调研报告的核心部分，是报告的重点之所在。这部分一般采用夹叙夹议的写作方法，对调查得来的大量事实材料，对调查的人物、事件或问题作具体的说明。要较详尽地叙述调查的主要情况及问题，以及对这些情况和事实所作出的分析结论。由于这一部分的内容较多，也比较复杂，一般应包括以下几个方面：基本情况、取得的成绩和经验、存在的问题和今后的意见、措施等。

情况调查报告一般由情况、原因、建议三部分组成；经验调查报告一般由成果、做法、经验三部分组成；问题调查报告一般由问题、原因、后果、意见和建议几部分组成。

正文部分应该根据调查报告的目的、内容去组织和安排，做到主题明确、层次分明、详略得当、重点突出，达到能更好地表现主题、表达内容的目的。

正文的写作要把握四点：一是确定好主题；二是安排好结构；三是观点和材料相统一，善于运用数字，让事实说明问题；四是要表达清晰、准确。

代表专题调研是经过实践证明的、行之有效的代表闭会期间的活动形式。专题调研报告集中记载了调研成果。代表法第二十四条规定，代表参加专题调研活动形成的报告，由本级人大常委会办事机构或者乡镇人大主席团转交有关机关、组织。对于代表来说，相较于代表自己送交，统一交由常委会办事机构、乡镇人大主席团送交更加便利，节约时间，也更能引起有关机关、组织对调研报告的重视，同时还能有效避免送交部门不对口，延误调研报告成果的转化。

对于接收专题调研报告的机关或者组织来说，应当及时向代表反馈其对报告中提出的意见和建议的处理情况。能够吸收和改进的，应当说明有关工作情况；暂时不具备条件的，应当说明困难所在和下一步的工作计划；与客观情况不符或者与有关法律法规相违背的，应当向代表解释清楚。反馈可以采取接受专题调研报告的机关或者组织与代表面谈的形式，也可以由有关机关、组织向代表寄送书面反馈意见，或者由本级人大常委会办事机构、乡镇人大主席团将书面反馈意见统一转交给代表。代表对答复不满意的，可以将具体意见及时告知人大常委会办事机构、乡镇人大主席团，由人大常委会办事机构、乡镇人大主席团再次交有关机关、组织再作研究，并及时再次答复代表。

对于人大常委会的办事机构和乡镇人大主席团来说，除了转交专题调研报告外，还可以根据具体情况，做进一步的工作：一是将专题调研报告汇编成册，发给有关领导、部门和全体代表，相互交流；二是将专题调研报告中提出的建议和意见进行汇总梳理，供有关部门决策时参考；三是举办专题调研经验交流会，相互借鉴经验，提高专题调研质量和实效；四是协助代表将一些好的专题调研意见和建议整理成议案或者建议、批评和意见。

第五节　人大代表列席或参加人大有关会议与活动

1987 年制定的全国人大常委会议事规则规定，全国人大常委会举行会议的时候，必要时可以邀请有关的全国人大代表列席会议。1992 年，代表法将这一列席制度推广到县级以上地方各级人大常委会，收到了很好的效果。2015 年《若干意见》也明确指出，扩大代表对常委会活动的参与。在代表法修改调研和审议过程中，许多全国人大常委会委员和有关方面都建议，在代表法中增加扩大代表参与常委会有关活动的规定，因此，修改代表法时，增加了代表可以参加本级人大各专委会或本级人大主席团及其组织的执法检查和其他活动。

一、列席本级人大常委会会议

人大常委会在举行会议的时候，可以邀请有关的人大代表列席会议，发表意见。具体来说，有关代表包括：（一）对常委会审议的议题比较关注，提出过相关议案或建议、批评和意见的代表；（二）职业背景和工作背景与审议议题有关的代表；（三）对议题长期关注，且有一定研究的代表。

上述人大代表列席本级人大常委会会议具有重要意义。一是有利于人大常委会对有关议案进行深入的审议。在某一方面有专长或者对某一方面的工作比较熟悉的人大代表列席人大常委会会议，对自己比较熟悉的问题发表意见，并反映基层和群众对有关问题的意见，有助于人大常委会对有关议案更好地进行审议，使人大常委会作出的决议、决定更加符合实际情况，更好地体现人民群众的意愿。二是有利于代表更好地发挥作用。代表列席人大常委会会议，扩大了履职的渠道，并通过列席会议，更多地了解人大常委会的工作情况，有利于在会后更好地协助贯彻人大常委会通过的决议、决定。

关于代表在常委会会议上的发言，也适用常委会组成人员的发言规定。根据全国人大常委会议事规则，常委会组成人员和列席人员的发言，应当遵守以下规则：（一）应当围绕会议确定的议题进行。（二）人大常委会全体会议或者联组会议安排对有关议题进行审议的时候，要求发言的，应当在会前由本人向人大常委会办事机构提出，由会议主持人安排，按顺序发言。在全体会议和联组会议上临时要求发言的，经会议主持人同意，始得发言。在分组会议上要求发言的，经会议主持人同意，即可发言。（三）在全体会议上的发言，不超过十分钟；在联组会议和分组会议上，第一次发言不超过十五分钟，第二次对同一问题的发言不超过十分钟。事先提出要求，经会议主持人同意的，可以延长发言时间。

近些年，全国人大常委会探索建立与列席常委会会议的代表座谈机制。列席常委会会议的代表来自基层、来自一线，座谈会既通"天线"，又接"地气"，在闭会期间架起了一座高效畅通的民意桥梁。

二、列席原选举单位人大及其常委会会议

代表法第二十七条规定，全国人大代表，省、自治区、直辖市、自治州、设区的市的人大代表可以列席原选举单位的人大会议，并可以应邀列席原选举单位的人大常委会会议。这几级人大代表，都是通过间接选举由各选举单位选举产生的。因此他们有与原选举单位保持联系、接受原选举单位监督的责任。同时原选举单位的人大常委会是其常设机关，在本级大会闭会期间，有权对本行政区域范围内的重大问题作出决议或者决定。因此，列席原选举单位的人大常委会会议也是代表密切与原选举单位联系的一种重要形式。

人大代表提出列席原选举单位的人大会议的，原选举单位应将大会开会通知寄发有关人大代表；或者将大会开会通知寄发所有由原选举单位选出的代表，并安排好代表列席的各项工作。这一方面使人大代表能够充分了解原选举单位人大会议的情况，以便向本级人大及其常委会，以及本级其他国家机关反映原选举单位的意见和呼声；另一方面使人大代表可以向原选举单位宣传本级人大及其常委会作出的决议、决定，同时还可以使人大代表有机会主动向原选举单位汇报自己执行代表职务的情况。

规定代表可以应邀列席原选举单位的人大常委会会议，主要是考虑到人大常委会作为原选举单位的常设机关，在人大闭会期

间，有权对本行政区域范围内的重大问题作出决议或者决定，邀请本级人大选举产生的上一级代表列席常委会会议，可以使这些代表对本行政区域的有关情况了解得更充分，以便他们在参加其所属的人大会议时，能够更好地反映原选举单位的意见和要求，并使其对有关议案和报告的审议和表决更符合实际。但是，受到场地、会议规模和经费等因素的影响，代表不能随便直接列席原选举单位的常委会会议，原则上应该是在受邀请的情况下方能列席，否则将不利于原选举单位的人大常委会统筹安排，甚至会影响会议的顺利召开。

代表列席原选举单位人大及其常委会会议的规定，不适用于各级人大中的解放军代表，因为全国人大，省、自治区、直辖市、自治州、设区的市的人大中的解放军代表，由团级以上单位召开军人代表大会选举产生，也就是说其"原选区单位"是军人代表大会而不是下级人民代表大会。而军人代表大会是部队民主建设的组织形式，不是国家权力机关，不同于地方人大，没有任期限制和常设机关，平时不召开会议，选举结束后，其职责即告完成。代表列席原选举单位人大及其常委会会议的规定，同样也不适用于全国人大代表中的香港、澳门和台湾地区的代表。

三、列席本级人大各专门委员会会议

我国有关法律规定，全国人大及县级以上地方各级人大根据需要，可以设立若干专门委员会，在本级人大及其常委会的领导下，研究、审议和拟订有关议案。代表法第二十六条规定，县级以上人大代表可以应邀列席本级人大各专门委员会的会议。代表法作出这一规定的目的在于发挥代表作用，特别是审议涉及专门性问题的议案或者报告时，邀请有关方面的代表列席会议，发表意见，提出有针对性的建议和意见，使专门委员会更好地对有关议案和报告进行审议。

需要注意的是，人大代表原则上应当在"应邀"之后，方能列席这些会议，否则容易给会议的组织工作带来困难。还需要注意的是，代表法第三十一条规定，代表在人大各种会议上的发言和表决，不受法律追究。因此，代表在列席本级人大常委会和专门委员会会议中的发言，也受到法律保护，不受法律追究。

四、参加人大常委会组织的执法检查和其他活动

县级以上各级人大代表可以应邀参加本级人大常委会组织的执法检查和其他活动，这是扩大代表对常委会活动参与的重要举措。执法检查作为全国人大常委会和县级以上地方各级人大常委会行使监督权的重要方式，其目的就是为了保障宪法和法律的正确实施，保证行政权、监察权、审判权、检察权的依法正确行使，保护公民和法人的合法权益。监督法第二十二条规定，各级人大常委会每年选择若干关系改革发展稳定大局和群众切身利益、社会普遍关注的重大问题，有计划地对有关法律法规实施情况组织执法检查。这确定了执法检查的主体是全国人大常委会和地方各级人大常委会。监督法第二十四条规定，执法检查组的组成人员，从本级人大常委会组成人员以及本级人大有关专门委员会组成人员中确定，并可以邀请本级人大代表参加。因此，虽然执法检查的主体是各级人大常委会，但是法律并没有将本级人大代表排除在执法检查之外，但代表参加执法检查的前提是受到本级人大常委会的邀请。各级人大常委会一般会根据执法检查的主

题，邀请有相关专业背景的，或者长期通过议案或者建议、批评和意见关注有关问题的代表参加。

虽然监督法没有对乡镇人大的监督工作作出规定，但根据地方组织法第十二条的规定，乡、民族乡、镇的人大负有在本行政区域内，保证宪法、法律、行政法规和上级人民代表大会及其常务委员会决议的遵守和执行的职责。因此，在乡镇人大闭会期间，组织代表对本乡镇有关单位、团体和个人执行宪法、法律法规等规范性文件的情况进行检查，了解其执行情况和执行当中存在的问题，是十分必要的，也是乡镇人大履行职责的必然要求和前提条件。由丁乡镇范围内的相关单位多为上级政府或者相关部门、单位的派出机构、直属机构，通过乡镇人大主席团统一组织安排，乡镇人大代表的执法检查活动将会更有力度和刚性。

除了执法检查之外，县级以上人大代表还可以应邀参加人大常委会的其他活动，包括人大常委会的视察、专题调查研究、特定问题的调查委员会等。作这样具有兜底性质的规定的另一个原因是，人大常委会开展的活动不是一成不变的，是会随着我国政治制度和经济社会的发展而不断丰富的。各级人大常委会在以后开展的新的活动中，要采取多种方式同本级人大代表保持联系，扩大代表对本级人大常委会活动的参与。

第六节　人大代表提出建议、批评和意见

人大代表的建议、批评和意见，是人大代表向本级人大或者其常委会提出的对各方面工作的看法、建议、主张、批评和意见

等的总称。各级人大代表依法执行职务的形式很多，各级人大代表在本级人大闭会期间向本级人大常委会提出建议、批评和意见就是其中的一种重要方式。

一、闭会期间与大会期间建议、批评和意见的区别

各级人大代表在本级人大闭会期间，有权向本级人大常委会或者乡镇人大主席团提出对各方面工作的建议、批评和意见。代表建议、批评和意见可以由代表一人提出，也可以由代表联名提出。代表应当主要围绕国家改革发展稳定的大局，围绕政治、经济、文化、社会生活中的重大问题和人民群众普遍关心的问题，在深入调查研究的基础上，提出建议、批评和意见，增强针对性和可行性。代表可以对人大及其常委会（乡镇人大主席团）、人民政府、监察委员会、人民法院、人民检察院和其他机关、组织的工作提出建议、批评和意见。与代表履行职责没有关系的事项，不应作为代表建议、批评和意见提出。

闭会期间提出建议、批评和意见，与大会期间提出的建议、批评和意见，主要区别在于：一是提起的时间不同。前者在大会闭会期间提出，后者在大会会议期间提出。二是接受提出建议、批评和意见的机关不同。代表建议、批评和意见，如果是在人民代表大会举行会议期间提出的，即是向人民代表大会提出，由大会秘书处受理；如果是在人民代表大会闭会期间提出的，即是向本级人大常委会或者乡镇人大主席团提出，由常委会的办事机构或者乡镇人大主席、副主席、相关工作人员受理。三是时效性不同。代表在闭会期间，应当经常听取、了解原选区选民或者原选举单位的意愿，并及时通过人大常委会，乡镇人大主席团或乡镇

人大主席、副主席交有关方面研究处理，尽快予以解决。与大会期间相比，闭会期间提出建议、批评和意见的时效性更强。

二、对闭会期间建议、批评和意见的处理

代表法第四十二条规定："有关机关、组织应当认真研究办理代表建议、批评和意见，并自交办之日起三个月内答复。涉及面广、处理难度大的建议、批评和意见，应当自交办之日起六个月内答复。有关机关、组织在研究办理代表建议、批评和意见的过程中，应当与代表联系沟通，充分听取意见。代表建议、批评和意见的办理情况，应当向本级人民代表大会常务委员会或者乡、民族乡、镇的人民代表大会主席团报告，并印发下一次人民代表大会会议。代表建议、批评和意见办理情况的报告，应当予以公开。"这一规定既适用于代表在大会会议期间提出的建议、批评和意见的处理，也适用于代表在闭会期间提出的建议、批评和意见的处理。具体而言，各级人大常委会和各承办单位应当做到以下几点。

第一，人大常委会应当加强组织协调工作，组织代表进行视察、专题调研、执法检查和代表小组活动，使代表们能够深入基层，深入群众，了解宪法、法律法规和人大及其常委会各项决定、决议的执行情况，了解人民群众的意见和要求，以利于在此基础上提出高质量的真正代表人民群众呼声和利益的建议、批评和意见。

第二，代表对人大常委会提出的建议、批评和意见，由常委会办事机构交由有关机关、组织研究处理并负责答复，一般交由常委会办公厅有关局、室、处，有关专门委员会或者工作机构研

究答复；代表对各级政府及其部门工作提出的建议、批评和意见，由常委会办事机构和各级政府办公厅共同交办，其中政府办公厅负责具体的协调工作；代表对监察委员会、人民法院和人民检察院工作提出的建议、批评和意见，由常委会办事机构交由监察委员会、人民法院和人民检察院研究答复；代表对下级地方工作的建议、批评和意见，由接受建议、批评和意见的人大常委会办事机构委托下级人大常委会交有关机关、组织研究答复。各级人大常委会的办事机构应当定期对代表闭会期间的建议、批评和意见进行综合分析，提出拟重点办理的建议、批评和意见，并会同"一府一委两院"有关机构共同研究后确定，再交由有关机关、组织研究答复。对于需要两个以上单位共同研究处理的，人大常委会办事机构在交办时，应当确定好主办单位和协办单位，以分清责任，利于日后督办。

第三，承办单位应当建立一套完善的办理代表建议、批评和意见的机制，提高办理建议、批评和意见的质量和效率。承办单位应当充分进行调查研究，听取各方面意见，并对涉及国家秘密的建议、批评和意见做好保密工作。承办单位对所承办的建议、批评和意见，可以区分三种情况答复代表：一是能够解决的，应当尽快解决并答复代表；二是应当解决但确实落实解决措施有较大困难的，应当向代表如实说明情况，明确办理期限，一旦条件成熟，应尽快进行答复；三是确实不能解决的，应当充分说明原因。

第四，各级人大常委会办事机构应当加强对承办单位的督促。对重点督办的建议、批评和意见，可由有关专门委员会跟踪督办，以使承办单位切实抓出成效。常委会办事机构应向常委会报告办理建议、批评和意见的有关情况，并将报告印发下次人大会议。

总之，认真办理代表建议、批评和意见，是充分发挥代表作用的关键环节。各级人大常委会和有关机关、组织对此工作应当十分重视，不仅重答复，更要重落实，提高办理质量。不仅做到件件有答复，而且要切实解决问题。各级人大及其常委会在审议法律法规案、审议相关工作报告、作重大决定时，各级政府及其部门在依法行政时，应当充分吸纳和研究代表提出的建议、批评和意见，让代表和人民群众看到代表履职实实在在的效果。

三、代表提出建议、批评和意见的基本要求

根据宪法的规定，我国公民对于任何国家机关和国家工作人员，都具有提出建议、批评和意见的权利。人大代表在享有普通公民所具有的这项权利的同时，作为国家权力机关组成人员，还享有与普通公民不同的特有的提出建议、批评和意见的权利。人大代表享有的这项权利，是基于人大代表这一特殊身份而产生的，即人大代表提出建议、批评和意见，是在履行代表职责、执行代表职务。因此，对人大代表提出的建议、批评和意见，具有更高的要求。

根据有关法律规定，代表提出建议、批评和意见还应符合下列基本要求。

一是应当明确具体。这是对代表提出建议、批评和意见的最基本要求，只有把要反映的意见和要求，解决的问题写得明确、具体，办理代表建议的单位才能够清楚代表所要反映的情况，了解人民群众的意见和要求，并有针对性地提出解决问题的措施。如果代表提出的建议、批评和意见空洞、笼统、抽象，没有具体的意见和要求，就会让有关部门无法领会代表建议的意图，无法

解决问题，也无法起到建议、批评和意见的作用。

二是应当注重反映实际情况和问题。代表来自人民，服务人民，代表应当通过视察、专题调研、代表小组活动等，深入了解本选区或者选举单位内的实际情况和问题，了解人民群众的迫切意见和要求，在此基础上，认真提出建议、批评和意见，做到有情况、有分析、有具体意见，注重反映实际问题、解决实际问题。

三是应当以书面的形式提出，一事一议，使用统一印制的代表建议、批评和意见专用纸，并亲笔签名。现在不少地方实行代表通过电子文档方式提出建议、批评和意见，也应当注意符合上述要求。

需要强调的是，乡镇人大主席团在闭会期间办理代表的建议、批评和意见是一项全新的工作，需要高度重视、统筹规划。一方面，乡镇人大主席团及乡镇人大主席、副主席要把听取和反映代表、群众的意见和建议作为重要的日常工作，健全乡镇人大主席、副主席督办重点建议机制，通过这项工作进一步推动和深化乡镇人大的监督工作、代表工作等；另一方面，要督促有关方面加强与代表沟通协商，提高代表建议的办理质量，将之作为支持代表依法履职、充分发挥代表作用的关键环节，积极推动解决问题。

第七节　人大代表的其他活动

代表在闭会期间的活动，除了参加代表小组活动，进行视察，专题调研，列席或参加人大有关会议与活动，提出建议、批评和意见等之外，还有提议临时召集本级人大会议，参加关于特定问题的调查委员会和代表工作站的活动等。

一、代表提议临时召集本级人大会议

按照宪法和有关法律的规定，人大代表在本级人大闭会期间，如果认为存在非常紧急而又必须由人大作出决定的问题，就可以提议临时召集本级人大会议。

代表提议临时召集本级人大会议的职权，在实际运用中，一般来说县级以上各级人大代表都很少运用。其原因主要在于：临时会议影响大，全国人大除非有特别重要而又紧迫问题，一般不采取召开临时会议的形式。在地方上，一些重大问题可以按正常方式召开人大会议来解决，而不必以召开临时会议的方式来解决。此外，各级人大常委会是本级人大的常设机关，只有在本级人大闭会期间，遇到本级人大常委会无权处理，亟待大会处理的问题，才会临时召集人大会议。

一般情况下，在我国各级政权中，必须要人民代表大会解决的问题，从下到上一级比一级少，特别是在中央一级，这类问题就更少。

法律没有规定乡级人大设立常设机关。乡级人大的代表人数少，会期短，可以临时召集本级人大会议，对有关问题作出决定，如对本级人民政府个别领导人员的任免等。

代表提议临时召集本级人大会议，需要达到一定的代表人数。宪法第六十一条规定，如果全国人大常委会认为必要，或者有五分之一以上的全国人大代表提议，可以临时召集全国人大会议。地方组织法第十四条规定，县级以上的地方各级人大常委会或者乡、民族乡、镇的人大主席团认为必要，或者经过五分之一以上代表提议，可以临时召集本级人民代表大会会议。宪法和法律之所以对提议临时召集大会会议的法定人数作出严格要求，是因为全国人大作为最高国家权力机关，地方各级人大作为地方各级国家权力机关，其会议的召开是全国或者本行政区域内人民政治生活中的大事，会引起各方面的关注，其作出的决定往往会影响到人民群众的切身利益，特别是如果临时召集全国人大会议，还会引起国际上的关注和猜测，因此需要特别慎重。

二、代表参加关于特定问题的调查委员会

特定问题的调查，是指根据人大及其常委会的决定而组织的关于特定问题的调查委员会所进行的专门调查活动，是宪法和法律赋予人大及其常委会的特定权力。我国宪法、全国人大组织法、全国人大议事规则、全国人大常委会议事规则、地方组织法、监督法等法律都对关于特定问题的调查委员会作了规定。其中代表法第二十八条规定，县级以上的各级人大代表根据本级人大或者本级人大常委会的决定，参加关于特定问题的调查委员会。对于代表来说，参加特定问题的调查委员会，依法行使调查权，是代表行使国家权力的重要内容，对进一步增强代表工作的实效，进一步发挥代表作用，具有重大意义。

代表参加特定问题的调查委员会，必须依据本级人大或者其常委会的决定。这是因为代表人数众多，不可能人人都参加特定问题调查，为了确保人大及其常委会正确行使职权，保证调查取得实效，必须对参加关于特定问题的调查委员会的人员、人数、规模、程序加以控制。需要指出的是，特定问题调查权仅限于县

级以上各级人大及其常委会，乡级人大没有组织关于特定问题的调查委员会的权力，这是由于乡级人大所辖地域有限，涉及事项一般不会太过复杂，所以法律未赋予乡级人大特定问题调查权。

代表参加关于特定问题的调查委员会，必须依法进行。全国人大决定组织的关于特定问题的调查委员会，由全国人大代表组成，调查委员会的人选由主席团提名，大会全体会议通过；县级以上地方各级人大组织的关于特定问题的调查委员会的人选，应由本级人大主席团在代表中提名，由大会全体会议通过；各级人大常委会组织的关于特定问题的调查委员会的成员，由委员长会议或者主任会议在本级人大常委会组成人员和本级人大代表中提名，提请常委会会议审议通过。

组织特定问题的调查委员会，是为了对某个重大问题进行调查。重大问题的范围法律没有明确规定，从实践和地方性法规的规定来看，主要包括：（一）本级国家机关严重违反宪法、法律法规和上级或者本级人大及其常委会决议、决定的事项；（二）本行政区域内发生的违宪违法和违反国家方针政策的重大事件；（三）本级人大选举或者其常委会任命的国家工作人员严重违法失职行为；（四）本行政区域内有重大影响的冤案、假案、错案以及公民、法人或者组织的重大申诉、控告案件；（五）本行政区域内有重大影响的事件以及人民群众反映强烈或者申诉、控告的重大问题；（六）制定和批准重要的地方性法规中遇到的重大问题；（七）国家机关、企业事业组织、社会团体相互之间在执行宪法、法律法规中发生的重大分歧；（八）人大常委会认为需要调查的其他重大问题等。

关于参加调查委员会的代表人数，法律没有明确规定，由组织调查委员会的人大及其常委会根据所要调查的问题的实际情况决定。为了保证调查的公正性，监督法规定了回避制度。监督法第四十一条第二款规定，与调查的问题有利害关系的常务委员会组成人员和其他人员不得参加调查委员会。这里的其他人员，包括人大代表。也就是说，代表与调查的问题有利害关系的，不得参加调查委员会。

为了确保人大及其常委会正确行使职权，保证关于特定问题的调查委员会顺利完成调查任务，有关法律对关于特定问题的调查委员会的权力作了规定。代表参加调查委员会进行调查时，可以行使以下权力：一是材料获取权。调查委员会进行调查时，有关的国家机关、社会团体、企业事业组织和公民都有义务向其提供必要的材料。二是保密的权力。提供材料的公民要求对材料来源保密的，调查委员会应当予以保密。调查委员会在调查过程中，可以不公布调查的情况和材料。需要指出的是，上述权力是由关于特定问题的调查委员会集体行使的，代表不能单独行使。

关于特定问题的调查委员会是为人大及其常委会服务的机构，其职能仅是调查，不能作出决定。调查委员会在结束调查工作时，向人大或者其常委会提出报告，调查报告必须是书面形式。调查报告的内容必须真实、可靠、公正、合法，不仅对所调查的重大问题的查证情况要有客观的介绍，而且要有调查委员会所作的结论性意见。人大及其常委会召开全体会议，听取调查委员会的调查报告，根据报告，可以作出相应的决议、决定。

三、代表参加代表工作站等活动

在一段时间内，人大代表的作用主要体现在人大会议期间。人大会议之后，人大代表常缺乏固定的工作和活动场所与平台，基层群众没有方便、快捷的机制与人大代表直接联系、沟通。近些年来，全国各地的代表工作站、工作室、联络站等建设全面铺开，基本实现了乡镇（街道）全覆盖，既解决了闭会期间群众不知道代表在哪里、如何反映诉求、监督代表的问题；又解决了人大代表闭会期间"有组织、无阵地、有活动、不经常"的问题。如今，五级人大代表同时在代表工作站开展活动，搭建了联系群众的"直通车"，成为倾听民意的"顺风耳"，掌握民情的"千里眼"，推动了人民代表大会制度在政治社会活动中的有效运行。

互联网时代的到来，改变了我们生活和工作的方方面面，其对人大代表在闭会期间的活动同样也带来了重要影响。随着民主法治建设的不断推进，我国的代表网站建设取得了诸多进步和发展，已经成为增强代表工作透明度、开放度，进一步拓展代表履职渠道和服务代表依法履职的重要平台。人大代表通过代表网站，可以互动的方式，更好地接地气、察民情、聚民智、惠民生，展现新时代人大代表的风采。

／ 第四章 ／

人大代表履职的保障

在我国，人民在国家的政治生活中具有最高地位，人民代表大会是国家权力机关，经民主选举产生的人大代表是受人民委托，代表人民行使国家权力的代表，是国家主人的代表。全国人大代表代表人民集体行使最高国家权力；地方各级人大代表代表人民集体行使法律所赋予的本级地方国家权力。代表作用发挥如何，直接关系到人民代表大会的整体功能。而代表的作用是通过代表依法履行职责，积极开展各项活动来体现的。为保证代表顺利执行职务，防止他人对代表依法执行职务的行为进行干扰或打击报复，法律有必要规定代表们在执行职务时享有一些特殊的保障，并以国家强制力保证其实现。当然，法律对代表执行职务规定特殊保障，并不意味着代表成为我国的特殊公民。我国法治的一条基本原则就是"坚持法律面前人人平等"。代表也应与其他公民一样，要遵守法律，并且作为国家权力机关的组成人员，还应当模范地遵守和执行宪法和法律。代表如果违法，也将与普通公民一样受到法律制裁。

第一节　人大代表的言论免责保障

随着公众对人大会议关注程度的加强，人大代表的议案和发言也越来越受到公众的期待，因此，一些人大代表的"雷人雷语"被评出了排行榜，引起了广泛热烈的讨论。诚然，这个现象表明了公民对人民代表大会制度的重视，这是随着"法治中国"推进，肉眼可见的良好进步。但是目前又普遍存在一种现象，人大代表对一些问题不敢提，错误地以为不该提或者认为提了会对他本人产生影响。对此法律作出规定，保障人大代表的言论免责权。

一、代表言论免责保障的历史

在西方，言论免责是指议员在议会内的发言、表决以及根据议会的授权而发表的报告、文件不受追究的权利。言论免责主要是指在议会内的言论，而议员在议会外的言行，则不属于保障范围之内。

我国的 1954 年宪法、1975 年宪法和 1978 年宪法都没有关于代表言论免责权的规定。新中国成立以来，我国民主法制建设中正反两个方面的历史经验表明，要发展和巩固社会主义民主制度，保证人民当家作主，就必须实现和维护人大作为国家权力机关的地位和权威，并充分发挥其在国家政治生活中的作用。这必然要求保障和扩大人大代表的各项权利，使他们真正能够代表人民实现对国家的管理。

我国 1982 年宪法总结新中国成立以来的历史经验，特别是"文化大革命"的教训，首次确立了全国人大代表的言论免责权。1982 年宪法第七十五条规定："全国人民代表大会代表在全国人民代表大会各种会议上的发言和表决，不受法律追究。"1986 年地方组织法增加第三十九条，将享受言论免责权的范围扩大到地方各级人大代表，规定："地方各级人民代表大会代表、常务委员会组成人员，在人民代表大会和常务委员会会议上的发言和表决，不受法律追究。"1992年代表法以宪法为依据，在第二十九条对此又作了概括规定："代表在人民代表大会各种会议上的发言和表决，不受法律追究。"

二、言论免责权的适用对象和范围

2015年代表法第三十一条的规定与1992年代表法第二十九条的内容一样。按照法律条文的字面含义，我国代表言论免责的适用对象包括全国人大代表和地方各级人大代表。代表言论免责的适用范围则是人民代表大会的各种会议，包括全体会议、代表团会议、代表团小组会议，以及代表应邀列席的主席团会议、人大常委会会议、各专门委员会会议等。此外，代表在列席原选举单位的各种会议上的发言，也不应受到法律追究。因为代表列席原选举单位的各种会议，不仅是执行代表职务，而且还是代表接受原选举单位的监督和密切联系原选举单位的一种重要形式，所以在这些场合上的发言同样受到法律保护。

代表的言论和表决不受法律追究，这里的法律究竟是指什么？有人认为，这里的法律专指刑事法律，也就是说，不受法律追究是指代表不因其言论和表决行为而承担刑事责任。这是不准确的。从立法者的立法原意看，这里的"法律"应作为广义解释，既包括不受刑事法律追究，也指代表不因自己的言论而成为民事诉讼中的被告，承担民事责任；同时也指代表不因自己的言论而受到行政处分。因为行政处分是依据国家有关行政法规作出的，行政法规属于广义上的法律范畴，所以实施行政处分实际上是追究当事人的行政法律责任。

三、干扰言论免责的因素

言论免责的设定，旨在保护代表的职务性言论免受干扰，保障代表更好地履行职责。目前一般可以做到代表在会议上的发言和表决不受法律追究，但是受到来自其他方面非法律性的追究、打击报复的现象却屡见不鲜。如受到某些组织或单位领导的追究，这个问题在实际中带有一定的严重性，所产生的消极影响及其后果也不可低估，给遇到这种情况的代表带来了相当的苦恼。造成这种现象的原因是多方面的。

第一，当前还有不少人，包括一些地方的领导同志，对人大代表的地位和作用认识不足，不能正确对待人大代表提出的批评，听不得人大代表的不同意见。他们或非法追查人大代表在会议上的发言，或指责、刁难人大代表，或给人大代表施加压力，干扰和侵犯人大代表的民主权利。

第二，在我国，由于实行兼职代表制，代表不因当选而脱离原来的生产和工作单位，代表的身份不具有独立性，在诸如职务、职称、各种福利待遇上还完全依附于原来的生产和工作单位。因此，有些代表所在单位的领导因代表发表了不利于自己的言论，便在职务、职称、福利待遇上对代表进行打击报复，给予不公正的对待。

四、对言论免责权的必要规范

代表言论免责是人大代表忠实代表人民，自由表达意志，充分行使职权的重要法律保障，对于充分发挥人大代表的作用具有重要意义。赋予人大代表言论免责权，可以保证人大代表正常参加人大的工作和活动，依法执行代表职务，在审议议案和报告以及讨论重大事项的时候能够讲真话、讲实话，实事求是地反映社情民意，不受来自各方面的干扰，使人大制定的法律法规和作出的决议、决定真正代表人民的利益和意志，避免代表因为害怕受到法律追究而知而不言、言而不尽，言不由衷或者随声附和，不能忠实地、自由地表达广大人民群众的心声。

但是，代表的言论免责，并不意味着不受任何限制。在我国，赋予人大代表言论免责权，是为了保障人大代表代表人民的利益和意志，依法执行代表职务，因此并不是绝对的，而是相对的。各级人大代表都应该加倍珍惜和正确行使这项权利。一方面，要消除顾虑，敢于直言，阐明自己的观点和主张；另一方面，发言要围绕会议议题，遵守议事规则，注意发言的艺术性、科学性和准确性，提高议事水平。

第二节　人大代表的人身自由特殊保障

代表的人身自由，是代表依法执行代表职务的首要条件。我国人大代表人身自由特殊保护制度，对于保障代表充分地、安全地依法行权履职，防止有关机关和个人滥用职权，对代表的发言和表决进行法律追究，或者对代表执行职务的其他行为打击报复，保证国家权力机关正常运转，维护国家权力机关的威信和尊严，具有至关重要的作用。

一、代表人身自由特殊保障的历史

我国人大代表的人身自由特殊保障，经历了曲折的发展完善过程。1954年宪法虽然明确规定了全国人大代表的人身特殊保障，但在"文化大革命"中遭到了极大的破坏。人大代表的人身遭到了非法侵害。1975年宪法删去了关于人大代表受法律保护的规定，1978年宪法由于受历史条件和认识水平的限制，也未能恢复这一规定。1982年宪法拨乱反正，正本清源，恢复了对全国人大代表人身自由特殊保护的规定。宪法第七十四条规定："全国人民代表大会代表，非经全国人民代表大会会议主席团许可，在全国人民代表大会闭会期间非经全国人民代表大会常务委员会许可，不受逮捕或者刑事审判。"1982年通过的全国人大组织法第四十四条又作了同样规定，并补充规定："全国人民代表大会代表如果因为是现行犯被拘留，执行拘留的公安机关应当立即向全国人民代表大会主席团或者全国人民代表大会常务委员会报告。"

1979年全国人大制定的地方组织法第十九条，规定了县级以上地方各级人大代表的人身自由特殊保护。即"县级以上的地方各级人民代表大会代表，非经本级人大常委会同意，不受逮捕或者审判。如果因为是现行犯被拘留，执行拘留的机关必须立即报请该级人民代表大会常务委员会批准。"1986年修改通过的地方组织法，参照全国人大组织法，对县级以上的地方各级人大代表的人身自由特殊保护作了修改，将第十九条改为第三十条，规定"县级以上的地方各级人民代表大会代表，非经本级人民代表大会主席团许可，在大会闭会期间，非经本级人民代表大会常务委员会许可，不受逮捕或者刑事审判。如果因为是现行犯被拘留，执行拘留的公安机关应当立即向该级人民代表大会主席团或者常务委员会报告。"即将大会期间和闭会期间的批准权限分开，将"审判"限定为"刑事审判"，将"执行拘留的机关"明确为"公安机关"。

1992 年七届全国人大五次会议审议通过的代表法，除了重申上述内容外，还扩大了代表人身特殊保护的范围和内容。1992 年代表法第三十条规定："对县级以上的各级人民代表大会代表，如果采取法律规定的其他限制人身自由的措施，应当经该级人民代表大会主席团或者人民代表大会常务委员会许可。""乡、民族乡、镇的人民代表大会代表，如果被逮捕、受刑事审判、或者被采取法律规定的其他限制人身自由的措施，执行机关应当立即报告乡、民族乡、镇的人民代表大会。"从而进一步完备了我国人大代表的人身特殊保障制度。

二、代表人身自由保障的具体程序

代表法第三十二条对人大代表人身自由保障的具体程序作了详细规定，主要包括以下四个方面。

第一，县级以上的各级人大代表如果涉嫌犯罪，需要予以逮捕或者刑事审判，在人大会议期间，必须事先报经大会主席团许可；在大会闭会期间，必须事先报经人大常委会许可。大会主席团或者常委会不同意逮捕或者刑事审判的，有关机关不能对该代表进行逮捕或者刑事审判。对于现行犯，需要立即予以拘留的，可以采取事后报告的制度。大会主席团或者常委会认为拘留不当或影响国家权力机关正常运转的，执行拘留的机关应当立即予以释放。

第二，有关机关如果对县级以上的各级人大代表采取除逮捕和刑事审判以外、法律规定的其他限制人身自由的措施，如行政拘留、刑事拘留、监视居住、取保候审、司法拘留等，也应经过该级人民代表大会主席团或者常委会的许可。因为这些措施与逮捕、刑事审判一样，同样会影响到代表执行代表职务。

第三，关于许可审查的标准。人大主席团或者人大常委会对有关机关提请许可的申请，按照什么标准决定是否许可，应当具体审查什么内容，1992 年代表法没有明确规定，2010 年修改代表法时，在本条中增加一款，规定人大主席团或者常委会受理有关机关依照本条规定提请许可的申请，应当审查是否存在对代表在人民代表大会各种会议上的发言和表决进行法律追究，或者对代表提出建议、批评和意见等其他执行职务行为打击报复的情形，并据此作出决定。明确审查许可申请的标准，有利于进一步保障代表依法行权履职，保证国家权力机关正常运转，维护国家权力机关的权威。

第四，乡级人大代表与县级以上各级人大代表的人身自由特殊法律保护的规定有所不同，采取事后通报制，而不是事前许可制，即乡级人大代表如果被逮捕、受刑事审判，或者被采取法律规定的其他限制人身自由的措施，执行机关应当立即报告乡级人大，但不必经其批准或者许可。

人大代表享有人身自由特殊法律保护权，但并不意味着代表是特殊公民，有超越法律之外的特权。法律面前，人人平等。代表要模范遵守宪和法律，如果有违法犯罪行为，同样要受到法律的制裁。

第三节 人大代表的时间保障

为人大代表参加人民代表大会会议和其他有关会议，以及闭会期间参加人大常委会组织的一些活动，提供必要的时间保障，并把这种保障通过法律加以确认，是我国代表制度的一个重要特点。

一、代表履职必须有时间保障的原因

代表执行代表职务必须有时间保障的问题，是由我国的兼职代表制所决定的。国外议员是专职的，不存在为议员开展活动提供时间保障的问题，而我们国家实行兼职代表制，代表虽然是国家权力机关的组成人员，但仍隶属于原来的生产和工作单位，或有其他职业和职务。代表在依法执行代表职务的同时，还要从事其他工作，而且代表的绝大多数时间是用于从事其他工作而非代表工作。

由于我国大多数代表都是兼职代表，各级人大代表的主要精力和时间一般都用于自己的本职工作。各级人大代表开展代表工作和代表活动所需要的时间与本职工作的时间不可避免会出现一些冲突，代表需要在本职工作与代表工作两者之间进行恰当安排。由于代表职务是国家公职，代表开展代表工作和参加代表活动是代表人民的利益，因此应当给予代表执行职务以时间保障。

二、代表在闭会期间活动的时间保障

从实际情况看，各级人大代表在本级人大会议期间参加会议的时间一般都能够得到保障。真正存在突出问题的，是代表在闭会期间的活动时间得不到应有的保障，导致一些地方的代表在闭会期间发挥的作用较小。在闭会期间，人大常委会安排的代表活动，主要有视察、参加执法检查、开展专题调研、列席人大常委会会议或者有关的专门委员会会议等；乡镇人大主席团安排的代表活动，主要有安排代表听取和审议本级人民政府的专项工作报告，对法律法规实施情况进行检查，开展视察、调研等活动。

我国一些地方曾经发生过代表在闭会期间要开展活动，如受邀请列席本级人大常委会的会议或者参加执法检查，但因所在单位不批假而无法参加的情况。此外，随着我国非公有制经济的成分越来越多，大量民营企业、外商投资企业出现，许多国有企事业单位也实行了责任制，人大代表利用本职工作时间开展活动的难度进一步加大。为此，代表法第三十三条规定："代表在本级人民代表大会闭会期间，参加由本级人民代表大会常务委员会或者乡、民族乡、镇的人民代表大会主席团安排的代表活动，代表所在单位必须给予时间保障。"代表法第三十四条第一款规定："代表按照本法第三十三条的规定执行代表职务，其所在单位按正常出勤对待，享受所在单位的工资和其他待遇。"

根据上述规定，在闭会期间，人大代表如果接到人大常委会安排的代表活动或乡镇人大主席团安排的代表活动后，可以向本单位提出请假申请，原单位必须予以批准，不得以工作忙、任务多、人手紧张等理由拒绝代表的请假申请，也不得随意缩短代表参加活动的时间。在本职工作时间与执行代表职务时间发生冲突时，人大代表有将本职工作时间让位于执行代表职务时间的权利，即代表执行代表职务时间优先于本职工作时间。

三、代表获得时间保障的内涵

代表所在单位必须给予时间保障，还意味着代表参加代表活动期间，原来承担的生产和工作任务应相应免除、减少或者调整。对于以日、月计算的一次性生产任务，应予以免除；对于以季度、年度计算的周期性较长的生产和工作任务，应予以减少或者变更；对于一些专业性、连续性比较强的教学、科研等工作任务，则可在时间上作一些调整，在代表参加完代表活动后继续进行。代表所在单位不能强制要求代表将参加代表活动期间的生产和工作任务补回来。

考虑到我国地域辽阔，各地经济发展又很不平衡，而且各级人大代表的活动范围、活动方式和活动特点也都不太相同，代表法没有对各级人大代表在闭会期间开展活动规定统一的时间。人大常委会或者乡镇人大主席团，在安排本级人大代表闭会期间活动时，应当特别注意我国实行兼职代表制这一特点，既要使代表在闭会期间很好地开展代表活动，又要防止因过多地占用代表上班时间开展代表活动而影响本职工作。当然，代表利用业余时间开展闭会期间的活动，如通过多种方式听取、反映原选区选民或者原选举单位的意见和要求，则可以根据个人的实际情况自主安排。

需要注意的是，只有本级人大常委会或者乡镇人大主席团安排的代表活动，代表所在单位才有义务提供时间保障，代表自己安排开展的代表活动不在时间保障范围之内。一般而言，代表自己安排的代表活动应在业余时间进行。

第四节　人大代表的物质保障

我国的人大代表在担任代表职务时，仍在原单位工作，他们所有物质待遇也都由原单位提供，并不会因当了代表而失去经济来源。但为了保证代表不致因履行代表职务而蒙受经济损失，我国对人大代表提供补偿工资收入缺失的物质保障。

一、物质保障的历史

我国最早关于代表物质保障的规定见之于 1954 年制定的全国人大组织法和地方组织法，但内容十分简单。1955 年 2 月，第一届全国人大常委会第七次会议通过了《关于津贴全国人民代表大会代表工作费的决定》，该决定规定，全国人民代表大会代表每人每月津贴工作费 50 万元，相当于现在的 50 元。1958 年 3 月，代表津贴工作费被取消。

全国人大恢复正常工作以后，代表工作津贴也不是一个固定数额，而是根据需要和实际花费从国家财政中划拨。自八届全国人民代表大会开始，以代表视察为名在财政部设立专项经费。尽管宪法、全国人大组织法、地方组织法、代表法都对有关代表的物质保障作了规定，但依然比较原则，实际上还是不好操作。从总的立法思路看，我们所采取的一系列保障措施主要还是为了补偿代表因履行代表职务而受到的损失。

二、代表活动的物质保障

代表这一职务既是代表本人要承担的光荣使命，也是代表所在单位的巨大荣誉。代表所在单位要尊重代表的权利，支持代表执行职务，为代表执行职务提供必要的物质保障，绝不能因代表执行职务，扣发其工资、奖金等，更不能以此为由，对代表予以解雇、辞退、开除。

根据代表法第三十三条和第三十四条第一款的规定，代表在本级人大闭会期间，参加由本级人大常委会或者乡、民族乡、镇的人大主席团安排的代表活动，其所在单位按正常出勤对待，享受所在单位的工资和其他待遇。代表所在单位包括国家机关、社会团体、国有企业事业单位和外商投资企业、私人企业等。无论代表所在单位属于什么性质，都有义务为代表执行职务提供物质保障。"按正常出勤对待"即按满勤、全勤对待。"其他待遇"主要是指奖金、生活补贴、岗位津贴等待遇。如果代表所在单位是实行固定工资，不得因代表参加本级人大常委会或者乡、民族乡、镇的人大主席团组织的活动而减发其工资；如果代表所在单位是实行计件工资，必须减除其参加代表活动所应当完成的定额，但不减工资。根据代表法第四十四条的规定，如果代表所在单位拒绝履行提供物质保障的义务，应当对其负责人予以批评教育，直至给予行政处分。

在我国各级人大代表中，有一些是农民、个体劳动者，他们本身没有国家发给的固定工资收入，因而不存在所在单位会因其缺勤而减发工资或者其他待遇的问题。但是这部分代表，尤其是农民代表，平时从事农业生产或者在城镇打工，没有稳定的收入来源。如果他们参加闭会期间活动没有一定的物质保障，很可能导致个人收入减少，履职积极性降低，从而影响代表作用的发挥。因此，代表法第三十四条第二款规定，无固定工资收入的代表执行代表职务，根据实际情况由本级财政给予适当补贴。

各级人大代表，如果没有国家发给的固定工资，其执行代表职务所受到的经济损失，可根据当地的人均收入和生活水平以及代表个人的经济状况、执行代表职务的工作量，以及本级财政能力等实际情况，由本级财政拨款给予适当的补贴。需要注意的是，如果有的代表虽没有固定工资收入，但个人经济状况较好，比如从事个体经营、开办私营企业等，财政一般不予以补贴。补贴的具体数额应当考虑无固定收入代表的误工损失，但由于我国还处于社会主义初级阶段，还不能予以全额补贴，只能参考当地人均收入水平予以适当补贴。

这里还有一个问题需要注意。代表法明确规定，按时出席本级人民代表大会会议是代表的一项基本义务。因此，代表出席本级人大会议，其所在单位同样应予以时间保障，并保持其原有待遇。代表法虽然没有明确作出这样的规定，但从代表法的立法目的和基本精神来看，代表所在单位仍有保障义务。因为代表出席人民代表大会会议，是直接行使代表职权，比参加大会之外的代表活动具有更重要的意义，理应与参加代表活动有相同甚至更高的时间保障和物质保障。

三、代表活动的经费保障

国家有义务为代表执行职务提供物质上的便利，尤其是要为代表活动经费提供保障。代表法第三十五条规定，代表的活动经费，应当列入本级财政预算予以保障，专款专用。这一方面有利于促进闭会期间代表活动的开展，充分发挥代表在闭会期间的作用；另一方面又与我国现行的财政制度相吻合，完全符合我国的国情。

代表的活动经费，应当列入本级财政预算。专门通过法律规定保障代表的活动经费，主要有两个原因。第一，我国实行人大代表兼职制度，代表要在做好本职工作的基础上做好代表工作，客观上需要专门的经费保障。这是代表执行代表职务，发挥代表作用所必需的。第二，按照规定，代表执行代表职务的活动，不得接受企事业组织、社会团体和个人出资赞助。因为代表执行代表职务，是在行使公权，不能从中牟取个人利益。相应的，国家应当为代表活动提供必要的经费支持，保障代表发挥作用。

在实际工作中，各级人大的财政预算已经承担本级人大代表出席人大会议的各种费用，如交通费、食宿费、会务费等，代表反映较多的是闭会期间的活动经费不足，导致无法深入了解民情、体察民意，充分地发挥代表作用。针对这个问题，2021 年11 月出台的《中共中央关于新时代坚持和完善人民代表大会制度、加强和改进人大工作的意见》规定，加强代表履职经费保障，增加代表活动经费。代表活动经费的增加不是临时性的，而是制度性的。在中央，是需要列入中央预算，并由中央财政部门认真贯彻实施的；在地方，是需要列入地方本级财政预算，并由地方财政部门保障贯彻实施的。全国人大代表活动经费列入中央预算，由全国人大常委会办事机构按代表名额分配到各省、自治区、直辖市人大常委会，统一用于组织代表在闭会期间的活动。代表活动经费应专款专用，严格管理。

近年来，一些地方人大代表的活动经费有所增加，这有利于进一步推动代表闭会期间活动的开展，增强人民代表大会的生机和活力。人民代表大会是集体行使职权，因此代表活动经费的使用也应当以统一使用为原则，由本级人大统一掌握，按照有关财务制度进行管理，确保专款专用，严格管理，保证闭会期间代表活动的顺利开展，从而调动代表履职的积极性，充分发挥代表的作用。

第五节　人大代表的组织保障

组织保障是指人大常委会及其有关的办事机构通过一定的组织形式，对各级人大代表在闭会期间的活动进行合理安排，保障其更好地发挥作用。我国人大代表中的绝大多数都是兼职的，代表执行代表职务需要有相应的工作条件保障，否则代表不能正常履行职责，代表作用也无法得到充分的发挥。

一、各级人大常委会提供组织保障

代表法第三十七条规定："县级以上的地方各级人民代表大会常务委员会，应当为本行政区域内的代表执行代表职务提供必要的条件。"县级以上的各级人大常委会是本级人大的常设机关，负责处理人大的日常工作，同本级人大代表保持联系，组织与指导代表开展活动，为代表履职提供服务和必要条件，从组织上保障代表执行好职务，发挥好作用。

"本行政区域内的代表"包括本级人大代表和居住在本行政

区域内的上级人大代表。因此，县级以上的地方各级人大常委会有义务为本行政区域内的本级和上级人大代表提供执行代表职务的必要条件。无论是全国人大代表，还是省级人大代表，设区的市级人大代表，他们执行代表职务的地域范围虽然很广，但是他们平时一般分散生产、工作和生活在本行政区域内的区或者县。本级人大常委会不可能为他们执行代表职务全面、直接地提供各种必要条件，因此需要下级人大常委会协助提供一些有利于他们执行代表职务的条件。就县级人大常委会来说，提供组织保障的对象，除了本级人大代表，还包括居住在本县（市、区）的省、自治区或者直辖市人大代表和全国人大代表，市辖县还包括设区的市的人大代表等。

各级人大常委会为本级人大代表在大会期间执行职务提供条件，最主要的就是做好会议的组织和准备工作。另外，还要召开好预备会议，选举大会主席团和秘书长，通过会议议程和其他事项等，使大会有条不紊、井然有序地进行，从而做到既发扬民主，又提高议事效率，保证代表依法充分行使职权。

闭会期间，县级以上的地方各级人大常委会负责组织本级人大代表开展活动，还要为代表执行代表职务提供必要的条件，主要包括：第一，联系安排代表进行统一视察或者持代表证就地进行视察，并解决有关交通、食宿、接待等问题；第二，人大代表在视察中提出约见本级或者下级有关国家机关负责人时，联系安排约见；第三，协助代表按照便于组织和开展活动的原则成立代表小组，帮助拟定活动计划，安排必要的活动场所；第四，为代表密切联系人民群众，通过多种方式听取、反映原选区选民或者原选举单位的意见和要求提供必要的帮助；第五，为由选民直接选举的代表以多种形式向原选区选民报告履职情况提供必要的帮助；第六，及时将常委会通过的法律、地方性法规和决议、决定印发给代表，定期给代表寄送公报、期刊等参考资料，让代表了解常委会工作和有关方面的情况。

二、制发代表证

代表法第四十一条规定，为了便于代表执行代表职务，各级人民代表大会可以为本级人民代表大会代表制发代表证。代表作为一种职务，应当有与职务相对应的证件。制发代表证，能够使得代表有表明其职务的证件，这样便于代表在执行职务过程中行使其权利。

证件往往是身份、职务的证明。代表证承载着选民的重托，是代表职务的证明。代表作为一种国家职务，代表本人在执行职务过程中，持有代表证，便于执行代表职务。一是在某些人大代表执行代表职务的时候，需要持有代表证。例如，我国代表法第二十二条第三款规定，代表可以持代表证就地进行视察。因此，各级人大代表如果要就地进行视察，就需要持有代表证。二是各级人大代表持有代表证，也便于各级人大常委会根据情况进行活动的安排。人大代表在闭会期间开展活动，需要各级人大常委会根据代表的要求来联系安排。

各级人大常委会可以为本级人大代表制发代表证，这里的"可以"讲的是一般情况，属于授权性规定，由本级人大根据实际情况决定。

三、对少数民族代表执行职务给予帮助和照顾

我国是一个统一的多民族国家，各民族一律平等，国家保障

少数民族的合法权利和利益，实行少数民族区域自治，尊重少数民族的语言文字、生活习惯、宗教信仰，铸牢中华民族共同体意识，促进各民族广泛交往交流交融。我国保障公民的选举权与被选举权，凡是我国年满 18 周岁的公民，除依法被剥夺政治权利外，不分民族、种族、性别、职业、家庭出身、宗教信仰、教育程度、财产状况、居住期限，都有选举权和被选举权。因此，少数民族公民当然也能参加选举，并也会在选举中当选为人民代表大会代表。少数民族代表是我国各级人大代表的重要组成部分，其不仅仅体现了我国各民族一律平等的国家政策，也是少数民族参加管理国家事务的重要方式和途径。因此，在少数民族代表执行职务代表过程中，有关部门应当在语言文字、文化习惯等方面给予必要的帮助和照顾。

少数民族代表执行代表职务过程中，有关部门应当在语言文字、生活习惯等方面给予帮助和照顾。这主要是因为对少数民族代表给予一定的照顾，以便于其执行好代表职务。这里主要有以下几层意思。

第一，这是我国宪法和有关法律规定的对少数民族的照顾。我国宪法总纲规定："各民族都有使用和发展自己的语言文字的自由，都有保持或者改革自己的风俗习惯的自由。"宪法第一百三十九条规定："各民族公民都有用本民族语言文字进行诉讼的权利。人民法院和人民检察院对于不通晓当地通用的语言文字的诉讼参与人，应当为他们翻译。在少数民族聚居或者多民族共同居住的地区，应当用当地通用的语言进行审理；起诉书、判决书、布告和其他文书应当根据实际需要使用当地通用的一种或者几种文字。"民族区域自治法第十条规定："民族自治地方的自治机关保障本地方各民族都有使用和发展自己的语言文字的自由，都有保持或者改革自己的风俗习惯的自由。"我国刑事诉讼法、人民法院组织法都有类似的规定。这些法律都规定了尊重少数民族的语言文字与风俗习惯，更是对少数民族享有的宪法性权益的保障。

第二，这是对代表执行职务的协助。少数民族代表在执行代表职务过程中，工作上需要与人沟通交流，这样就会面临语言文字的问题，生活上会遇到风俗习惯的问题。因此，为便于少数民族代表能够更好地执行好代表职务，有关部门就应当对少数民族代表遇到的这些问题提供一定的条件，给予一定的帮助和照顾。

第三，这里所指的对少数民族给予语言文字与风俗习惯帮助和照顾的有关部门，主要是指在少数民族代表执行职务过程中，对代表执行职务负有安排、组织及协助的部门。例如，负责组织安排代表开展活动的各级人大常委会，负责研究办理代表建议、批评和意见的有关政府部门等。

第四，有关部门对少数民族代表只是给予"必要"的帮助和照顾。这里的"必要"是指能够解决少数民族代表执行代表职务过程中所需的语言文字、风俗习惯等方面的需要为限。

需要说明的是，少数民族代表执行职务过程中，虽然有关部门应在语言文字、风俗习惯等方面给予必要的帮助和照顾，但是，少数民族代表本身为了能够更好地执行代表职务，更好地与各族群众进行沟通交流，其应当努力学习掌握国家通行的语言文字。

第六节　人大代表知情知政的保障

人大代表绝大多数都是兼职的，不脱离各自的生产和工作，对本级国家机关的工作情况不可能全面掌握，因此需要为代表及时了解国家机关的工作创造条件，保障代表的知情权。可以说，知情知政是人大代表依法履职的重要基础。代表法第三条第六项明确规定，代表有权获得依法执行代表职务所需的信息和各项保障。相应的，有关机关有义务为代表知情知政提供保障。因此，代表法第三十八条明确规定，县级以上的各级人大常委会，各级人民政府和人民法院、人民检察院，应当及时向本级人大代表通报工作情况，提供信息资料，保障代表的知情权。[1]

一、保障代表知情知政的主要内容

审议各项议案和报告，是代表参与管理国家事务的重要职责。代表要履行好这项职责，必须知情知政。为此，要向代表提供多方面的信息，保障代表知情知政。根据代表法第三十八条的规定，有义务为代表知情知政提供保障的机关包括：县级以上的各级人大常委会、各级人民政府和人民法院、人民检察院。对这些机关有两个方面的要求，一是通报工作情况、提供信息资料要及时，以便代表及时掌握工作动态，为执行代表职务，如提出建议、批评和意见等提供便利条件；二是要将通报工作情况和提供信息资料结合起来，使代表既可以通过面对面的沟通，也可以通过阅读有关资料，获取所需要的信息，从而充分保障代表的知情权。

国家机关向全国人大代表提供多方面的信息，主要包括：人民代表大会举行会议前，全国人大常委会办事机构应当邀请国务

---

〔1〕　各级监察委员会也应通过保障代表知情权，作为接受同级人民代表大会监督的形式。

院及有关部门、国家监察委员会、最高人民法院、最高人民检察院，向代表通报全国经济社会发展和改革、稳定的基本情况，监察、审判、检察工作的基本情况，将有关材料印发代表，并为在京代表、港澳代表举办报告会。闭会期间，全国人大常委会办事机构应向代表通报常委会会议、常委会重要工作安排和重要活动情况，寄送常委会公报、国民经济和社会发展统计资料以及国际、国内形势的有关报告等；全国人大财经委员会向代表寄送经济形势分析的有关资料，国务院和国家监察委员会、最高人民法院、最高人民检察院办事机构应向代表寄送公报；各省级人大常委会印发省级人大代表的资料，应同时印发本选举单位选出的全国人大代表。

县级以上的各级人民代表大会常务委员会，各级人民政府和监察委员会、人民法院、人民检察院，及时向本级人民代表大会代表通报工作情况，提供信息资料，主要是保障人大代表充分了解人大及其常委会以及"一府一委两院"的工作情况。比如，对于全国人大代表来说，可以通过阅读全国人大常委会公报，了解全国人大及其常委会通过的法律、决定、决议、报告、人事任免以及国务院、最高人民法院、最高人民检察院的工作报告和我国同外国缔结的条约、协定及执法检查的报告。可以通过阅读国务院公报，了解国务院公布的行政法规和决定、命令等文件；国务院批准的有关机构调整、行政区划变动和人事任免的决定；国务院各部门公布的重要规章和文件；国务院领导同志批准登载的其他重要文件。可以通过阅读国家监察委员会、最高人民法院和最高人民检察院的公报，了解监察工作、审判工作和检察工作，以及司法解释的主要内容、重要案件的处理情况等。

二、保障代表知情知政的其他措施

除了有关机关通报工作情况和提供信息资料这两种途径以外，代表还需要通过多种方式，了解人大常委会和专门委员会的工作，了解法律法规的执行和"一府一委两院"有关工作的情况。这有助于人大代表有针对性、有实效性地依法履行职责。因此，对于各级人大机关来说，在保障代表知情知政方面还需要做大量的工作，采取更加得力的措施。

一是不断扩大代表对常委会活动的参与。坚持和完善邀请人大代表列席人大常委会会议的制度。常委会制定立法规划、立法计划和年度工作安排，要听取代表的意见；审议的法律案、法规案，可以根据情况，将草案发给有关代表征求意见；组织执法检查，可以邀请在当地的代表参加；到基层视察、调研，应当听取当地代表的意见和建议。人大各专门委员会可以根据工作需要，邀请有关代表列席专门委员会会议，参与专门委员会的立法调研、执法检查等活动。

二是为代表深入审议各项议案和报告创造条件。比如，全国人大常委会办事机构在每年年初，为在京、在港澳的全国人大代表举办情况报告会，报告会材料同时印发其他全国人大代表；在人民代表大会会议举行前的一个月，将准备提交会议审议的法律草案发给代表。在代表审议各项议案和报告时，有关机关必须派相关负责人到会听取意见、回答询问，并认真研究、积极采纳代表提出的意见和建议，对议案和报告作出修改。

第七节　人大代表学习的保障

代表参加履职学习，是坚持和完善人民代表大会制度的最基本要求，是提高代表履职能力的重要途径，是充分发挥代表作用的客观需要。

一、代表学习的组织

代表参加履职学习对于代表履行代表职务非常重要。参加代表履职学习，既是代表的一项权利，也是代表的一项义务。代表法第三十九条规定，县级以上的各级人大常委会应当有计划地组织代表参加履职学习，协助代表全面熟悉人大制度、掌握履行代表职务所需的法律知识和其他专业知识。乡、民族乡、镇的人大代表可以参加上级人大常委会组织的代表履职学习。也就是说，组织代表履职学习的主体是县级以上的各级人大常委会。

县级以上的各级人大常委会负有这项义务，其组织履职学习的代表应该与该常委会的层级是对应的，一般来说，县级人大常委会组织本县的县级人大代表参加履职学习，设区的市级人大常委会则负责组织本市的市级人大代表参加履职学习，同理，省级人大常委会、全国人大常委会分别负责组织省级人大代表、全国人大代表的履职学习。当然，上级人大常委会也可以组织下级的人大代表集中进行履职学习。

二、代表学习的重点

人大代表履职学习的重点内容是人民代表大会制度以及履行代表职务所需的法律知识和其他专业知识。

我国的人大代表是方方面面的有代表性的人物，应该说本身素质就很高，但是，代表们虽然在自己的职业与岗位上是楷模，但不一定对人民代表大会制度很熟悉。当选人大代表之后，为了尽快能够履行代表职责，完成选民所赋予的权力，每一名人大代表应该尽快熟悉人民代表大会制度，尽快进入角色与状态，切实履行好代表职务，真正代表人民管理好国家事务。为此，代表要特别注重学习相关法律，学习宪法、选举法、全国人大组织法、全国人大议事规则、代表法、监督法，还要学习有关经济、政治、社会、文化和生态文明等方面的法律。要通过认真学习宪法和法律，掌握宪法和法律规定的权利、义务和程序，以便更好地履行代表职责，为人民服务。

履行代表职务还需要一些其他专门知识，人大代表同样需要尽快多掌握履职所需要的知识。比如，人大代表在审议法律案时就需要掌握一些法律知识，在审议预算案时就需要掌握一些预算、财政知识等。这些履行代表职务所需要的专门知识，都对人大代表提出了很高的要求，人大代表应当积极参加人大常委会组织的履职学习，认真学习好相关的知识，为执行代表职务服务。

乡、镇的人大代表是我国最基层的人大代表，他们生活在基层中，对所在选区的社情民意比较了解。但乡镇人大不设立常委会，过去法律上也没有明确专门的办事机构或者工作机构。为了进一步加强乡镇人大建设，在 2015 年修改的地方组织法中明确规定了乡镇人大主席团在闭会期间的职权，包括有计划地安排代表听取和讨论本级人民政府的专项工作报告，对法律法规实施情况进行检查，开展视察、调研等活动；听取和反映代表和群众对本级人民政府工作的建议、批评和意见。这里没有明确规定主席团应当组织代表进行履职学习，但是，实践中乡镇人大主席团也可以结合一些代表活动组织代表进行履职学习。

为进一步开阔乡镇人大代表的视野，协助他们全面熟悉人大制度，掌握执行代表职务所需的法律知识和其他知识，乡镇人大代表可以参加其上级人大常委会组织的代表履职学习。县级以上人大常委会组织代表履职学习时，要充分利用资源优势，请一些乡镇人大代表参加。这样，一方面能够有利于乡镇人大代表学习更多知识，另一方面也有利于不同层级代表之间的交流和沟通情况。

三、组织好代表履职学习的基本途径

（一）加强人大代表培训体系建设

要抓住新形势下人大工作发展的契机，在各级人大及其常委会建立专门的代表培训机构，有条件的乡镇人大也可建立自己的培训机构，还可以借助于党校和行政学院对人大代表进行委托培训。具体做好教学计划、培训预算、师资组织、代表交流等方面的综合工作，形成自上而下、内外结合的培训体系，既做到资源共享、信息互动，保证人大培训资源的充分利用，又确保每名人大代表都能得到系统、科学的培训，提高代表的履职能力。同时，可以通过上级人大常委会组织下级人大代表进行培训、交流等多种形式让下级人大代表享有上级人大常委会的培训资源。

（二）建立行之有效的培训制度

各级人大常委会要加强代表培训工作的组织制度和工作制度建设，促使人大代表培训工作制度化、规范化。要认真落实现行法律有关代表培训的内容，完善人大培训的相关制度，确保必要的时间，强调严谨的管理，从而在制度上保证培训质量，讲究培训实效，实现培训目标。要有预见性地做好短期与长期培训相结合的培训规划，使代表培训成为长效机制。要重视课程设置体系建设，观点明确、内容充实、重点突出，形成一个较为严谨的课程体系。

（三）要有理论与实践相结合的培训教材

人大代表作为国家权力机关的组成人员，要具备相应的政治理论、法学理论知识，同时要熟练掌握审议报告和议案、视察调研、提出高质量的议案、建议的方法。由于培训学习时间有限，为使代表的学习达到理想的效果，必须辅之以内容较为全面、理论联系实践较为紧密、图文并茂的培训教材及资料。可以以宪法、人民代表大会制度、国家机构的组织和形式等基本知识为基础，以工作报告和议案的审议、计划和预算审查、议案和建议的提出、代表职责等专门知识为主干，细化教材建设，分人大代表任职读本、人大代表履职读本、人大代表专题读本等专项教材进行编写。

（四）培养高素质的培训师队伍

目前的人大代表履职学习培训，主要由人大系统的有关负责同志和专家授课。同时从高校、科研院所、理论研究部门和实际工作部门聘请优秀的兼职教师讲授有关课程。为确保代表培训有高水平的教师授课，还需要坚持采取内外结合、专兼结合等方式，由具有丰富理论知识和实践经验的专家学者授课，要充分利用上级人大常委会的师资优势，派遣专家到下级人大常委会给代表宣讲，使基层的人大代表也能得到面对面的系统培训。

近年来，全国人大常委会持续加强和改进代表学习培训工作，从最初实现新任基层代表履职学习"全覆盖"，到根据代表需求量身定制，实现培训内容"精准化"，再到创新推出线上培训方式，打破时间空间限制，实现培训"全天候"，推动代表培训工作取得新发展。尤其是面对突如其来的新冠肺炎疫情，全国人大常委会探索"云上办学"，创新开设全国人大网络学院。线上线下培训深度融合，优势互补，不仅扩大代表培训覆盖面，而且满足了代表多样化、个性化的学习需求。截至2022年底，十三届全国人大常委会举办了26期全国人大代表学习班，共有16000多人次全国人大代表参学。同时，不断强化制度建设，委员长会议审议通过《关于加强和改进全国人大代表学习培训工作的若干意见》，为新时代全国人大代表学习提供坚实制度依据。通过系统、规范、有针对性的培训，切实提高了代表们的政治站位和履职能力，增强了做好新时代人大工作的责任感、使命感。同时，建成并运行全国人大代表工作信息化平台，有效帮助人大代表提升履职效率。

第八节　一切组织和个人必须支持人大代表执行代表职务

社会各方面都要支持代表执行代表职务。前面介绍的人大代表执行代表职务的几种保障形式，都是就某一方面所作的专门规定和特殊保护。如人大代表的言论自由特殊保护就是针对人大代表在大会会议上的发言和表决所作的专门规定，人身特殊保护是为人大代表免受不法侵害所作的规定，物质保障和组织保障旨在为代表执行代表职务创造良好的条件。除了这几种形式外，代表法还为代表执行代表职务，向全社会提出了普遍要求和应遵守的一般准则。即代表法第四十四条第一款所规定的："一切组织和个人都必须尊重代表的权利，支持代表执行代表职务。"

一、一切组织和个人必须支持代表执行代表职务的原因

人大代表是人民行使国家权力的代表，是人民派往国家权力机关的光荣使者，肩负着重大的历史使命。为保证代表完成其历史使命，宪法和法律赋予代表一系列权利。这些权利大体可分为两类：一类是职务权利，如提议案权，提名权，提建议、批评和意见权，质询权，审议权，表决权等；另一类是为实现职务权利而设定的权利，如言论免责权、人身特殊保障、时间和物质保障等。无论是哪一种权利，都是人大代表完成其历史任务所不可缺少的。因此，一切组织，包括各政党、各社会团体、各企业事业组织；一切个人，不论其职务高低，从普通公民到国家最高领导人，都要尊重代表的权利，支持代表履行职务，否则就应当承担相关的法律责任。

如何尊重代表的权利？简而言之，就是依法办事。如对于人大代表提出的建议、批评和意见，有关部门要认真研究，并及时予以答复，不可应付了事或置之不理。属于合理建议的，应及时照办；建议正确，但尚不具备条件的，应详细向代表说

明；即使是某些不够正确的建议，也应向代表解释清楚。对于批评性的意见，要虚心接受，并努力改进工作。又如地方各级人大代表参加本级国家机关领导人员选举时，可以依法提名。对于代表提出的人选，应和大会主席团提出的人选一样对待，交由全体代表酝酿、讨论，根据较多数代表的意见，确定正式候选人名单。

如何支持代表执行职务？简言之，就是积极配合，努力创造条件。凡是应给予时间保障和物质保障的，应坚决执行，不得打折扣；凡是应当提供有关情况和资料的，应如实汇报，不得隐瞒和保留；凡是应当提供有关条件和服务的，应当积极去做，不得借故推脱。

新形势下，做好支持代表执行代表职务工作，必须做好以下几点：一要从全国人大常委会层面加强统筹和领导，常委会党组、委员长会议要专题研究代表工作，推动代表工作融入党和国家工作大局；二要深化和拓展常委会同人大代表的联系，强化常委会组成人员同人大代表的双向工作互动与交流，完善专门委员会、工作委员会对口联系代表机制；三要努力实现代表议案建议内容和办理高质量；四要全方位多角度深层次报道代表工作，展示代表履职风采；五要加强代表联络机构建设，提高服务代表的能力和水平；六要加快推进信息化建设，为加强和改进代表工作提供有力支撑。

二、阻碍代表依法执行代表职务的法律情形及其责任

按照代表法第四十四条的规定，对代表执行代表职务不予以尊重和支持的，主要有以下三种情形。

（一）拒绝履行协助义务

有义务协助代表执行代表职务而拒绝履行义务的，有关单位应当予以批评教育，直至给予行政处分。这里主要有以下几层意思：其一，有关人员有协助代表执行代表职务的义务。在代表执行代表职务过程中，执行代表职务涉及的相关单位的人员都有支持与协助的义务。例如，代表在进行视察、专题调研、执法检查时，接受视察、调研与检查的有关单位的人员就应当予以协助，否则就应当承担一定的责任。其二，对有义务协助代表执行代表职务而拒绝履行义务的，有关单位应当予以批评教育，直至给予行政处分。批评教育，即摆事实，讲道理，明确责任，晓以利害，使义务人提高认识，切实履行义务。行政处分是由国家机关、企事业单位，依行政隶属关系，依照国家法律或有关规章制度给予有轻微违法失职错误但尚不够刑事处罚的或违反纪律的国家工作人员和职工的一种处分。按照公务员法的规定，行政处分可以分为：警告、记过、记大过、降级、撤职、开除。

警告是指对违反行政纪律的行为主体提出告诫，使之认识应负的行政责任，以便加以警惕，使其注意并改正错误，不再犯此类错误。这种处分适用于违反行政纪律行为轻微的人员。记过是指记载或者登记过错，以示惩处之意。这种处分，适用于违反行政纪律行为比较轻微的人员。记大过是指记载或者登记较大或者较严重的过错，以示严重惩处的意思。这种处分适用于违反行政纪律行为比较严重，给国家和人民造成一定损失的人员。降级是指降低其工资等级。这种处分适用于违反行政纪律，使国家和人民的利益受到一定损失，但仍然可以继续担任现任职务的人员。撤职是指撤销现任职务。这种处分适用于违反行政纪律行为严重，已不适宜担任现任职务的人员。开除是指取消其公职。这种处分适用于犯有严重错误已丧失国家工作人员基本条件的人员。

（二）阻碍代表依法执行代表职务

阻碍代表依法执行代表职务，是指通过某种方式、行为使得代表不能顺利执行代表职务，妨碍了代表职务的开展。对于这种情形，法律规定了三种法律责任。

第一种，行政处分。阻碍代表依法执行代表职务，情节较轻的，有关单位按照管理权限和法定程序给予有关处分，包括公务员处分、事业单位工作人员处分，以及对公职人员的政务处分。对公务员的处分，应当事实清楚、证据确凿、定性准确、处理恰当、程序合法、手续完备。公务员违纪的，应当由处分决定机关决定对公务员违纪的情况进行调查，并将调查认定的事实及拟给予处分的依据告知公务员本人。公务员有权进行陈述和申辩。处分决定机关认为对公务员应当给予处分的，应当在规定的期限内，按照管理权限和规定的程序作出处分决定。处分决定应当以书面形式通知公务员本人。除根据公务员法给予处分外，公职人员违纪违法还可以由监察机关依法给予政务处分。

第二种，治安管理处罚。治安管理处罚法第五十条对扰乱公共秩序的行为作了规定，其中第二项是对阻碍国家机关工作人员依法执行职务的规定。根据该条的规定，阻碍代表执行职务，尚未构成刑事处罚的，处警告或者两百元以下罚款；情节严重的，处五日以上十日以下拘留，可以并处五百元以下罚款。各级人大代表属于国家权力机关组成人员，阻碍代表依法执行代表职务，可以依照治安管理处罚法给予处罚。

第三种，刑事责任。对于以暴力、威胁方法阻碍代表依法执行代表职务的，依照刑法有关规定追究刑事责任。刑法第二百七十七条规定："以暴力、威胁方法阻碍国家机关工作人员依法执行职务的，处三年以下有期徒刑、拘役、管制或者罚金。以暴力、威胁方法阻碍全国人民代表大会和地方各级人民代表大会代表依法执行代表职务的，依照前款的规定处罚。"因此，对于以暴力、威胁方法阻碍代表依法执行代表职务的，处三年以下有期徒刑、拘役、管制或者罚金。

（三）对代表依法执行代表职务进行打击报复

所谓打击报复是指对反对过自己的人，利用手段，进行压制、刁难或者陷害。人大代表在执行代表职务过程中，抨击时弊，提出尖锐的批评意见；依法质询有关国家机关；对违法失职的国家工作人员提出罢免案；依法行使自己的表决权等，有可能使一些人产生不快和反感，从而产生对代表进行打击报复的行为。事实上，这类事情在我国现实生活中也时有发生。有的代表在本级人大会议上，揭露了本单位的一些违法违纪行为，批评了一些国家工作人员，在回到本单位时受到不公正待遇，遭到打击报复。如被调换工作或者在工作和生活中被设置种种障碍等。这些行为是我国法律根本不允许的。

对代表执行代表职务进行打击报复的行为，要进行严肃处理。一般的打击报复行为，由代表所在的单位或者上级机关责令打击报复者予以改正，同时也可给予打击报复者以行政处分。国家工作人员进行打击报复，构成犯罪的，依照刑法第二百五十四条的规定追究刑事责任。刑法第二百五十四条规定，国家机关工作人员滥用职权、假公济私，对控告人、申诉人、批评人、举报人实行报复陷害的，处二年以下有期徒刑或者拘役；情节严重的，处二年以上七年以下有期徒刑。根据该条规定，国家工作人员对代表执行代表职务进行打击报复的，构成报复陷害罪。

第九节　人大常委会与本级人大代表保持联系

　　人大常委会同人大代表保持密切联系，是做好人大工作的基础，也是保障代表执行代表职务的重要途径。人大代表在人民代表大会会议结束之后，回到各自的生产和工作岗位上。他们在各自的岗位上带头生产或工作，生活在群众中，不脱离群众，既能在群众中模范地遵守和广泛地宣传宪法、法律，又能及时听到群众的意见和要求，从而在执行代表职务的过程中反映人民群众的利益和意志，真正实现人民当家作主。因此，人大常委会通过加强同人大代表的联系，有利于做好调查研究，了解广大人民群众的意见和要求，也有利于统筹安排、协调代表在闭会期间的活动。此外，人大常委会组成人员是人民代表大会选举产生的，人大常委会对人民代表大会负责并报告工作，受其监督。人大常委会密切联系代表，扩大代表对常委会活动的参与，有利于代表进一步了解常委会的工作情况，为代表审议人大常委会的工作报告，对人大常委会的工作提出建议、批评和意见，加强对常委会的监督提供便利条件。因此，代表法第三十六条明确规定，县级以上的各级人民代表大会常务委员会应当采取多种方式同本级人民代表大会代表保持联系，扩大代表对本级人民代表大会常务委员会活动的参与。

一、全国和地方各级人大常委会联系代表的主要方式

　　全国和地方各级人大常委会经过不断探索、总结联系代表工

作的经验和方法，形成了一套行之有效的联系代表的制度和办法。主要方式包括以下几种。

第一，常委会召开会议时，邀请对会议议题比较熟悉的部分代表列席会议，参加讨论，直接听取代表的意见。

第二，常委会在审议重要议案以及作出重大决议、决定之前，根据需要，将草案印发代表征求意见，集思广益。

第三，常委会组成人员以及各专门委员会、办事机构的工作人员在调查研究时，同当地的代表座谈或者走访代表，向他们介绍常委会的工作情况，听取他们对各方面工作的建议和意见，并及时向常委会汇报。

第四，吸收代表进行集中视察，办理人大代表提出的建议、批评和意见，接受和处理代表的来信来访。

第五，常委会或者人大各专门委员会围绕经济社会发展，就关系改革发展稳定大局和群众切身利益、社会普遍关注的重大问题开展专题调研或者执法检查，可以吸收有关代表参加。

第六，代表参加视察、专题调研形成的报告，由本级人大常委会办事机构转交有关机关、组织研究处理。研究处理的情况要向代表反馈。

第七，及时将常委会通过的法律法规和决议、决定印发给代表；定期给代表寄送公报、期刊等参考资料，让代表了解常委会工作和有关方面的情况。

第八，常委会听取的专项工作报告、国民经济和社会发展计划执行情况报告、预算执行情况报告和审计工作报告及其审议意见，人民政府、监察委员会、人民法院或者人民检察院对审议意见研究处理情况或者执行决议情况的报告，向本级人大代表通报并向社会公布。

二、代表联络机构的设置和运行

代表联络机构一般指各级人大常委会负责代表联络工作的办事机构，从密切代表同人民群众联系的职能上看，代表联络机构也包括各地普遍设立的代表活动室（站）、代表之家等代表活动场所。

（一）2023 年 3 月中共中央、国务院印发的《党和国家机构改革方案》提出，深化全国人大机构改革，组建全国人大常委会代表工作委员会。全国人大常委会代表工作委员会主要负责全国人大代表名额分配、资格审查、联络服务有关工作，指导协调代表集中视察、专题调研、联系群众有关工作，统筹管理全国人大代表议案建议工作，负责全国人大代表履职监督管理，统筹全国人大代表学习培训工作，指导省级人大常委会代表工作等，承担全国人大常委会代表资格审查委员会的具体工作，作为全国人大常委会的工作委员会。

（二）31 个省（自治区、直辖市）人大的办事机构中均设有代表联络机构。各省级人大代表联络机构没有统一的名称，大多由"代表""人事任免""选举"等词语组合而成，如"人事代表选举工作委员会""选举联络工作委员会""选举联络人事任免工作委员会""选举任免联络工作委员会""人事代表工作委员会"等。省级人大代表联络机构的职能主要是从事代表联络、人事任免、选举等工作。具体包括，联络全国人大代表和省级人大代表，代表议案与代表建议、批评和意见的交办、督办，组织闭会期间的代表活动，人事任免和选举具体工作和承办以及省人大常委会交办的其他事项等。

（三）设区的市和自治州人大均设有代表工作机构，负责代表服务、代表选举以及相关人事任免工作。全国绝大多数县级人大都设有代表联络机构。2015 年修改地方组织法增加规定，市辖区、不设区的市的人民代表大会常务委员会可以在街道设立工作机构。工作机构负责联系街道辖区内的人民代表大会代表，组织代表开展活动，反映代表和群众的建议、批评和意见，办理常委会交办的监督、选举以及其他工作，并向常委会报告工作。

（四）乡镇人大的代表联络工作，由乡镇人大主席、副主席承担。根据地方组织法和代表法的规定，乡镇人大主席、副主席在本级人民代表大会闭会期间负责联系本级人民代表大会代表，根据主席团的安排组织代表开展活动，反映代表和群众对本级人民政府工作的建议、批评和意见，并负责处理主席团的日常工作。

（五）各地基层设立代表活动的固定场所，配备了硬件设施和工作人员，建立了工作机构，为代表开展活动、联系群众发挥了重要的推动作用。2022 年修改的地方组织法将第五十三条改为第五十九条，并增加一款，作为第四款："县、自治县的人民代表大会常务委员会可以比照前款规定，在街道设立工作机构。"与此同时，还专门增加一条，作为第六十条："县级以上的地方各级人民代表大会常务委员会和各专门委员会、工作机构应当建立健全常务委员会组成人员和各专门委员会、工作机构联系代表的工作机制，支持和保障代表依法履职，扩大代表对各项工作的参与，充分发挥代表作用。县级以上的地方各级人民代表大会常务委员会通过建立基层联系点、代表联络站等方式，密切同人民群众的联系，听取对立法、监督等工作的意见和建议。"目前，各地设立的代表活动场所没有统一名称，但名称比较相似，一般称为"代表活动室""代表工作站""代表小组工作室""人大代表之家"等。这些场所既用于代表联系选民，也用于组织代表培训、开展闭会活动等，主要是为代表开展闭会期间活动而建立。具体设置，可以考虑按照就近原则，以乡镇或街道为单位建立，方便代表联系原选区选民或原选举单位；或者依托按专业划分的代表小组建立，打破选区或选举单位的界限，兼顾代表的职业、特长和兴趣，充分体现和发挥人大代表的议政能力和政治智慧。

我国目前有277万多名各级人大代表，他们来自各地区、各层面，具有广泛代表性，贴近一线生产生活，对现实生活中的实际问题和群众的愿望呼声了解最深入，感受最直接。党的二十大报告和中央人大工作会议指出，要充分发挥人大代表作用，做到民有所呼、我有所应。听人民意见和建议，接受人民监督，努力为人民服务。要丰富人大代表联系人民群众的内容和形式，拓宽联系渠道，积极回应社会关切，更好接地气、察民情、聚民智、惠民生。各级人大常委会要加强代表工作能力建设，支持和保障代表更好依法履职，使发挥各级人大代表作用成为人民当家作主的重要体现。人大代表肩负人民赋予的光荣职责，要忠实代表人民利益和意志，依法参加行使国家权力。要站稳政治立场，履行政治责任，加强思想、作风建设，模范遵守宪法法律，做政治上的明白人。要充分发挥来自人民、扎根人民的特点优势，密切同人民群众的联系，当好党和国家联系人民群众的桥梁，最大限度调动积极因素、化解消极因素，展现新时代人大代表的风采。

第五章

人大代表的监督和管理

各级人大代表是依法选举出来的国家机关公务人员,是各级人民代表大会的主体,代表作用发挥如何,直接关系到权力机关能否全面有效地行使宪法和法律赋予的职权,关系到中国特色社会主义民主法治建设的先进性,关系到人大的形象和权威。因此,人大代表必须依法接受有关部门的监督和管理,接受广大人民群众的监督。通过对人大代表进行监督和管理,加强人大代表的政治责任感、为民服务的使命感、代表意识、法治意识、履职能力和积极性等,保障人大代表的权利和义务,保证人大代表真正代表人民的利益和意志、依法正确履行责任和义务,充分发挥人大代表工作的实际作用,这涉及人民群众当家作主的权利,与坚持和完善人民代表大会制度息息相关,必然贯穿在政治文明和民主政治发展的全过程之中。

第一节　加强对人大代表的政治引领

人大代表职务是国家职务、政治职务、法定职务、常任职务、兼职职务、工作职务,具有复杂的内涵,责任十分重大。为了党和人民的事业,人大代表应当通过各种方式,不断提高自身的政治和业务素质,不断提高执行代表职务的能力,筑牢思想防线、切实改进作风、积极建功立业。人大代表应当深刻领悟"两个确立"的决定性意义，增强"四个意识"，坚定"四个自信"，做到"两个维护"，并牢固树立法治观念、群众观念和奉献观念。人大代表应当自觉带头遵守法律、纪律和社会公德，自律、自省、自重、自尊。党员代表更应当具有高度的党性修养和党性觉悟，坚持党性和人民性的统一。但是，在实践中，有些人大代表存在着政治素质和履职素质都不高的问题。例如，代表履职意识和责任感不够强、法治素养不够强、群众观念不够牢固、不愿发挥模范带头作用等。

在人大代表政治素质和履职素质建设上，基层人大代表是重点和难点。乡镇级人大代表人数众多，作为国家最基层权力机关组成人员，与农村广大人民群众接触最多最深，代表着基层群众的利益和意志，政治素质需要不断提高，以适应行使宪法和法律赋予的各项职权。一些乡镇人大代表未能真正意识到代表是国家职务，肩负着代表人民行使当家作主权利的神圣职责。许多农民代表、包括一些村干部代表，更多地关心"面子""票子""孩子"，而不是人大代表这一身份能为群众做些什么。他们虽然长期在基层工作，但并不去深入了解群众的生产生活、所思所想。理论和实际之间存在较大的落差，难以适应新时期的人大代表工作。

在新时代，习近平总书记关于坚持和完善人民代表大会制度的重要思想，为人大工作和人大代表履职尽责指引了前进方向。党的十八大以来，党中央高度重视县乡人大工作和建设，就加强县乡人大工作和建设、提高县乡人大工作水平作出了决策部署；根据中央精神，全国人大常委会同步修改地方组织法、选举法、代表法，多次组织相关专题调研检查，还先后召开了加强县乡人大工作和建设座谈会、推进县乡人大工作和建设经验交流会，统筹推动县乡人大工作和建设。

根据党的文件和宪法、组织法、代表法等法律法规，以及全国人大和地方人大的实践经验，需要在以下几个方面对人大代表进行管理，以便他们能够合格地执行代表职务。

一、代表必须坚持在党的领导下和在法治轨道上开展工作

坚持党的全面领导是人大工作的首要政治原则。通过人民代表大会制度和法定程序，保证党的路线方针政策和决策部署在国家工作中得到全面贯彻和有效执行，确保人大工作正确政治方向。宪法第一条规定，社会主义制度是中华人民共和国的根本制度。中国共产党领导是中国特色社会主义最本质的特征。宪法第七十六条规定，全国人大代表必须模范地遵守宪法和法律，保守国家秘密，并且在自己参加的生产、工作和社会活动中，协助宪法和法律的实施。宪法第七十八条规定，全国人大和全国人大常委会的组织和工作程序由法律规定。

习近平总书记指出，人民代表大会制度是坚持党的领导、人民当家作主、依法治国有机统一的根本政治制度安排。坚持和完善人民代表大会制度，必须毫不动摇坚持中国共产党的领导，更好地通过人大制度和法定程序使党的主张成为国家意志。人大代表要自觉地把党的主张和国家意志统一起来，立足自身岗位带头遵纪守法、带头参与党和国家的中心工作、带头做事创业。

历史证明，法治兴则国家兴，法治衰则国家乱。2014 年 10 月 23 日，党的十八届四中全会通过的《中共中央关于全面推进依法治国若干重大问题的决定》提出，全面推进依法治国，总目

标是建设中国特色社会主义法治体系。各级政府必须坚持在党的领导下、在法治轨道上开展工作，创新执法体制，完善执法程序，推进综合执法，严格执法责任，建立权责统一、权威高效的依法行政体制，加强建设职能科学、权责法定、执法严明、公开公正、廉洁高效、守法诚信的法治政府。2019 年 10 月，党的十九届四中全会又指出，党的领导制度是我国的根本领导制度，在国家制度体系中居于统领地位。坚持和完善中国特色社会主义法治体系，提高党依法治国、依法执政能力。党的二十大报告提出，全面依法治国是国家治理的一场深刻革命，关系党执政兴国，关系人民幸福安康，关系党和国家长治久安。必须更好发挥法治固根本、稳预期、利长远的保障作用，在法治轨道上全面建设社会主义现代化国家。这些基本要求是全面建设社会主义现代化国家的基本经验，符合科学、民主、现代化的精神，也符合人民群众的意愿，不仅适用于各级人民政府，也适用于人大代表等每一位国家工作人员。

人大工作处于社会主义民主法制建设的第一线，人大代表理应是法治的榜样。全面推进依法治国，首先是人大代表要严格依法履职。全国人大组织法第四十三条规定，全国人大代表必须模范地遵守宪法和法律，保守国家秘密，并且在自己参加的生产、工作和社会活动中，协助宪法和法律的实施。代表法第四条第一款规定代表应当履行下列义务：模范地遵守宪法和法律，保守国家秘密，在自己参加的生产、工作和社会活动中，协助宪法和法律的实施。

人大代表受人民委托，代表人民行使国家权力，在履职的各个环节都必须模范地遵守宪法和法律，带头学法懂法，带头宣传和执行法律。人大代表坚持法律面前人人平等，同一切违法行为作斗争，带头营造"有法可依、有法必依、执法必严、违法必究"的社会氛围，推进依法治国进程，对国家长治久安具有深远意义。

需要强调的是，保守国家秘密是人大代表必须履行的义务之一，也是必须遵守的重要工作原则。人大代表在知情知政、参与讨论决定国家和地方重大事项过程中，会不同程度地接触到国家秘密。这些国家秘密如果被泄露了，就会损害国家在政治、经济、国防、外交等领域的安全和利益。人大代表应当严守国家秘密，模范地遵守保密制度。凡国内未公开发表的秘密事项，不能泄露；不私抄或翻印秘密文件；不在私人交往和通信中泄露国家秘密；不在公共场合谈论国家秘密等。

二、代表必须坚持正确的政治方向

在中国，正确的政治方向就是坚持中国特色社会主义政治发展道路，始终以马列主义、毛泽东思想、邓小平理论和"三个代表"重要思想、科学发展观、习近平新时代中国特色社会主义思想为指导，坚持党的领导，不搞"三权分立"和两院制。

宪法序言中规定了中国人民前进的方向："中国各族人民将继续在中国共产党领导下，在马克思列宁主义、毛泽东思想、邓小平理论、'三个代表'重要思想、科学发展观、习近平新时代中国特色社会主义思想指引下，坚持人民民主专政，坚持社会主义道路，坚持改革开放，不断完善社会主义的各项制度，发展社会主义市场经济，发展社会主义民主，健全社会主义法治，贯彻新发展理念，自力更生，艰苦奋斗，逐步实现工业、农业、国防和科学技术的现代化，推动物质文明、政治文明、精神文明、社会文明、生态文明协调发展，把我国建设成为富强民主文明和谐美丽的社会主义现代化强国，实现中华民族伟大复兴。"

全国人大组织法第三条规定，全国人大及其常委会坚持中国共产党的领导，坚持以马克思列宁主义、毛泽东思想、邓小平理论、"三个代表"重要思想、科学发展观、习近平新时代中国特色社会主义思想为指导，依照宪法和法律规定行使职权。

人大工作只有始终坚持党的领导、人民当家作主、依法治国有机统一，才能保证沿着正确的政治方向不断前进。坚定正确的政治方向，深刻认识人民代表大会制度所体现的政治思想、理论原则、行为规范等，是做好人大工作的根本，也是对人大代表履职的根本要求。当人大代表是很严肃的政治责任，担负着党和人民的重托，要依法履职。

党的十八大以来，以习近平同志为核心的党中央高度重视、全面加强党对人大工作的领导，推动人大制度和人大工作取得历史性成就。习近平总书记就坚持和完善人民代表大会制度、发展社会主义民主政治发表一系列重要讲话。党的十九大和十九届四中全会决定明确指出，健全人大组织制度、工作制度和议事规则。

人大代表应深入学习马克思主义基本理论，深入学习习近平新时代中国特色社会主义思想，尤其要学习新时代的社会主义法治理论，掌握贯穿其中的马克思主义立场、观点、方法，不断提高分析问题、解决问题的能力，把坚持和依靠党的领导贯穿于执行代表职务的全过程。人大代表要筑牢思想防线、切实改进作风，严格遵守有关政治、组织、廉政、群众、工作、生活等各方面的法纪规定，更加具有责任担当，更加刻苦努力，以自己卓有成效的实际行动，充分发挥代表作用，不负人民的期望。

三、代表必须坚持民主集中制原则

宪法第三条规定，中华人民共和国的国家机构实行民主集中制的原则。人大实行集体行使职权制，是民主集中制的本质要求，是人大及其常委会职权行使的原则，也是人大代表执行代表职务的准则。全国人大组织法第六条规定，全国人大及其常委会实行民主集中制原则，充分发扬民主，集体行使职权。2022年修改的地方组织法增加一条，作为第六条："地方各级人民代表大会、县级以上的地方各级人民代表大会常务委员会和地方各级人民政府实行民主集中制原则。地方各级人民代表大会和县级以上的地方各级人民代表大会常务委员会应当充分发扬民主，集体行使职权。地方各级人民政府实行首长负责制。政府工作中的重大事项应当经集体讨论决定。"

人大是集体行使职权，集体决策，通过会议来讨论和决定问题，体现的是集体意志。人大行使的是国家权力，包括立法权、重大事项决定权、国家机关重要人事选举、任免权、对它所产生的其他国家机关的监督权。因此，它所审议和决定的问题，是国家或者地方本行政区域内根本的重大的事项，关系到改革、发展、稳定的大局，必须采取"多数决"的合议制。人大代表代表各民族、各阶层、各方面的利益和意愿，依法在人民代表大会会议上进行民主的、公开的、充分的讨论，最后根据多数人的意见，依法形成决定、决议、法律等。

人大集体行使职权的制度，通俗地理解，就是集体有权个人无权。人大代表执行代表职务，就是在本级人大会议上的工作和在闭会期间参加的代表活动。人大代表个人或者少数人都不能以人大及其常委会的名义，决定和处理问题，就是说，人大代表个人或者少数人不能代替人大行使任何职权或者处理属于人大职权范围内的事情。人大代表个人或者少数人也不能干涉行政机关、司法机关的正常工作。人大代表自己了解的或者人民群众反映的问题和意见，可以交给人大常委会办事机构统一办理。

需要特别指出的是，人大代表个人不直接处理问题，如果人大代表直接处理了具体行政工作或者具体案件，就超越了法律赋予的代表职责。人大代表要依法执行代表职务，权限要依法，程序也要依法。每个人大代表都要摆正自己在本级国家权力机关中的位置，懂得人大工作的方式方法，贯彻好民主集中制原则，依法认真履行代表职责，充分发挥代表的作用，保证人大工作的活力和效率。

集体行使职权，集体决定问题，并不是说人大代表无事可做，无所作为，不用做艰苦的工作。人大代表要真正担负起人民赋予的职责，就必须对国家各方面的情况有所了解，就必须深入实际，体察人民群众的意愿，倾听人民群众的呼声。

四、代表必须坚持走群众路线

群众路线的内涵，概括地说就是从群众中来，到群众中去，一切依靠群众，一切为了群众。走群众路线、以人为本，积极工作，把维护最广大人民群众的根本利益作为人大工作的出发点和归宿。

人民是历史的创造者，是决定党和国家前途命运的根本力量。党创立人民代表大会制度的初心和使命，就是为了实现人民当家作主。习近平总书记指出，人民代表大会制度之所以具有强大生命力和显著优越性，关键在于它深深植根于人民之中。全国人大和地方各级人大都由民主选举产生，对人民负责，受人民监督。

来自人民、走向人民、服务人民、为民代言，始终是人大代表履职的核心。2013 年 11 月 12 日，党的十八届三中全会通过的《中共中央关于全面深化改革若干重大问题的决定》明确要求："通过建立健全代表联络机构、网络平台等形式密切代表同人民群众的联系。"2016 年 7 月，中央全面深化改革领导小组通过的《关于完善人大代表联系人民群众制度的实施意见》，就加强人大代表同人民群众的联系提出了一系列新要求新举措，要求建设代表联系群众的工作平台和网络平台。

关于人大代表坚持以人民为中心、执政为民的理念，坚持同人民群众的密切联系，尤其是坚持与原选区选民、原选举单位的密切联系，接受人民群众监督，宪法、代表法、地方组织法等都作了规定，实现了法制化、具体化。

宪法第七十六条第二款规定，全国人大代表应当同原选举单位和人民保持密切的联系，听取和反映人民的意见和要求，努力为人民服务。宪法第七十七条规定，全国人大代表受原选举单位的监督。原选举单位有权依照法律规定的程序罢免本单位选出的代表。全国人大组织法第四条规定，全国人大及其常委会坚持全过程民主，始终同人民保持密切联系，倾听人民的意见和建议，体现人民意志，保障人民权益。全国人大组织法第四十四条规定，全国人大代表应当同原选举单位和人民保持密切联系，可以列席原选举单位的人民代表大会会议，通过多种方式听取和反映人民的意见和要求，努力为人民服务，充分发挥在全过程民主中的作用。

代表法第二条规定，全国人大和地方各级人大代表依照法律规定选举产生；全国人大代表是最高国家权力机关组成人员，地方各级人大代表是地方各级国家权力机关组成人员；全国人大和地方各级人大代表，代表人民的利益和意志，依照宪法和法律赋予本级人大的各项职权，参加行使国家权力。代表法第四条第五项规定，与原选区选民或者原选举单位和人民群众保持密切联系，听取和反映他们的意见和要求，努力为人民服务。

人大代表联系人民群众，是人民群众管理国家事务和行使当家作主权力的根本途径。与原选区选民或原选举单位和人民群众保持密切联系，充分听取和反映他们的意见和要求，努力为人民服务，是人大代表的基本职责，也是人大代表应当履行的最基本义务。

人大代表要密切联系原选区选民或原选举单位，并在实践中不断改进方法提高效率。直接选举产生的人大代表，要注重同人民群众的直接联系，在加强同人民群众联系的直接方式上进行创新。间接选举产生的人大代表，要把重点放在联系原选举单位和选举产生他的本级人民代表大会代表上，也就是加强上一级人大代表与下一级人大代表的联系。

在实践中，需要特别注意监督间接选举人大代表与原选举单位及人民群众的联系。例如，要求其在五年任期内进行几次述职活动，不断创新联系的方式方法：列席原选举单位的人大会议；应邀列席原选举单位的人大常委会会议；按照原选举单位的人大常委会的安排，与原选举单位的人大代表建立固定联系；参加原选举单位人大常委会统一组织的区、县人大代表联系选民的活动。区、县、乡、民族乡、镇人大代表可以通过参加统一组织的选民接待日、座谈会、视察、专题调研等活动以及走访选民等方式，保持与原选区选民和人民群众的密切联系。区、县、乡、民族乡、镇人大代表参加选民接待日活动每年不少于两次。人大代表在出席本级人大会议时，提出议案，对各项议题发表审议意见；向本级人大会议及其常委会提出建议、批评和意见；向上一级人大代表反映；向本级人民政府及其所属各部门、人民法院、人民检察院反映。

代表活动室是人大代表闭会期间联系人民群众、开展代表活动的重要场所。加强代表活动室规范化建设，是贯彻习近平总书记关于坚持和完善人民代表大会制度的重要思想、与时俱进推进新时代人大工作的具体实践，对于保障宪法、选举法、代表法等法律法规的贯彻实施，完善代表联系人民群众制度，充分发挥代表主体作用具有重要意义。为了宣传人大工作和加强人大代表与人民群众的联系，全国各地人大纷纷建立自己独立的网站、微信公众号等。

总之，无论从政治上还是从履职的实际需要，人大代表都必须不断加强同人民群众的密切联系。

五、代表应当在履职过程中兼顾国家的局部利益和全局利益

我国是人民民主专政的社会主义国家，人民是国家的主人，全体人民的根本利益是一致的，整体和局部之间不存在根本的利益冲突。代表法规定，人大代表要忠实代表人民的利益和意志，依照法定的职权，参加行使国家权力。这里提到的"人民的利益和意志"，指的是全体人民的利益和意志，是国家利益，这是人大工作根本的出发点和归宿点。人民代表大会集体的意志，就是

每个人大代表的利益取向，也就是每个人大代表所代表的根本利益。人大代表应当代表全体人民利益，向人民群众做宣传和解释工作，动员人民群众维护并实现全局的利益。

各级人大代表是各级国家权力机关的组成人员，代表人民行使国家权力，是党和国家机关与人民群众紧密联系的桥梁和纽带。无论是哪一级的人大代表，都肩负着崇高的政治责任，在行使权利的同时必须履行相应的义务。人大代表应对自己的职务怀有敬畏之心，有一种无上的光荣感、责任感、使命感，不能把代表职务看成是荣誉称号或当成只在开会时举手拍手的"会议代表"。

人大代表是由原选区选民或者选举单位选出的，就应当对原选区选民或者原选举单位负责，代表他们的利益，反映他们的意见和要求，接受他们的监督。同时，人大代表又要从全局和维护人民整体利益出发，发表审议意见，提出议案或者建议、批评和意见，决定重大问题。当局部利益与整体利益发生矛盾时，人大代表应当代表和服从全体人民的整体利益和长远利益。换句话说，人大代表是国家权力机关的组成人员，不仅仅是原选区或者原选举单位的代言人，人大代表既要充分考虑和反映原选区或者原选举单位的具体利益和特殊情况，更要代表国家或者地方本行政区域的整体利益，遵从全体人民的利益。人大代表应当通过学习和实践，正确处理好代表谁的问题，要在履行职责时，既反映原选区或者原选举单位的意见和要求，又维护人民群众的根本利益和意志。

在新时代，人大代表要深入学习和领会习近平新时代中国特色社会主义思想，自觉提高服务意识、民主意识和法治意识，按照"五位一体"总体布局和"四个全面"战略布局的要求，认真履行代表职务，增强履职的实效，让履职贴近时代，贴近人民群众，真实反映人民群众的意愿。

六、代表应当自觉遵守社会公德，廉洁自律，公道正派，勤勉尽责

人大代表在日常生活和工作中，要率先垂范，自觉遵守社会公德，践行社会主义核心价值观。关于社会公德和社会主义核心价值观，宪法、法律、党的文件都有具体的规定。

宪法第二十四条规定，国家通过普及理想教育、道德教育、文化教育、纪律和法制教育，通过在城乡不同范围的群众中制定和执行各种守则、公约，加强社会主义精神文明的建设。国家倡导社会主义核心价值观，提倡爱祖国、爱人民、爱劳动、爱科学、爱社会主义的公德，在人民中进行爱国主义、集体主义和国际主义、共产主义的教育，进行辩证唯物主义和历史唯物主义的教育，反对资本主义的、封建主义的和其他的腐朽思想。

宪法第五十三条规定，中华人民共和国公民必须遵守宪法和法律，保守国家秘密，爱护公共财产，遵守劳动纪律，遵守公共秩序，尊重社会公德。

相对于普通公民而言，人大代表具有先进性和模范性，应具有更高的道德要求，要严格地自觉地遵守宪法规定的道德标准。

习近平总书记对领导干部要求"三严三实"，即严以修身、严以用权、严以律己、谋事要实、创业要实、做人要实；要求"心中四有"，即心中有党、有民、有责、有戒，这些也适合于人大代表。

总之，人大代表要遵纪守法、文明礼貌、诚实守信、爱护公

物、保护环境等，不断提高自身的品德修养。在履行代表职责时，要廉洁自律，公道正派，做到公私分明，不利用代表身份谋取个人利益。人大代表应当恪尽职守，兢兢业业，认真履行好代表的职责，不辜负人民的信任与重托。

第二节　提升人大代表的履职能力和素养

人大工作法律性非常强，特别强调程序。人大代表履职，不是一种个人行为，而是一种十分重要的政治职务行为，负责把党的主张和人民的意愿变为国家意志，必须严格依法按程序办事。人大代表履职首先要遵守宪法、代表法、选举法、组织法、立法法、监督法等，必须要熟悉人民代表大会制度，掌握执行代表职务所需的法律知识和其他专业知识，了解我国和代表所在地区的经济社会发展情况。人大代表一般都是兼职的，熟悉自己的工作和专业领域，却不一定熟悉代表履职的具体规定，不一定了解其他领域的相关情况。因此，人大代表要积极参加人大常委会组织的履职学习，认真开展调查研究，掌握相关知识和信息，了解其他领域的情况，为执行好代表职务打下扎实基础。

在实践中，有些人大代表存在着履职能力不足、精力不济、积极性不高等问题。例如，有些乡镇人大代表的履职表现：一是审议工作不爱发言，充当"无言"代表。在乡镇人大会议审议工作期间，有的乡镇人大代表认为自己知识面窄，不敢提建议、意见；或怕得罪人不敢说真话；或认为说了也是白说，闭口不谈或泛泛而谈。二是联系群众不够深入，当"无能"代表。不少乡镇人大代表当选时并不清楚宪法和法律赋予人大代表的各项职权，平时很少联系选民，不愿深入基层收集群众的意见、建议，提意见建议都是"即兴发挥"，反映问题不真实、不准确。三是参加活动不够积极，当"无为"代表。乡镇人大一年组织一至两次人大会议、代表小组活动，以及每年一至两次的调研、视察。闭会期间，不少乡镇人大代表即使参加上述活动，也只是走走过场，不善于关注政情、社情、民情，很少持证视察，很少主动向上级反映情况，很少主动为群众排忧解难。

一、代表既要积极参加人大会议工作又要积极参加闭会期间活动

依据宪法第六十条、第九十八条规定，我国各级人大代表实行任期制，人大代表的任期与本级人民代表大会的每届任期相同，都是 5 年。代表法第五条规定了人大代表在任期内执行代表职务的两种形态：参加本级人民代表大会会议期间的工作，参加本级人民代表大会闭会期间的活动。

（一）代表要积极参加本级人大会议期间的工作

举行人民代表大会会议，是行使最高国家权力和地方国家权力的最主要形式。人大代表职权的行使，主要的根本的在于参加本级人大会议，在人大会议上依法行使代表职权。

代表法第七条规定，代表应当按时出席本级人民代表大会会议。代表因健康等特殊原因不能出席会议的，应当按照规定请假。宪法第九十九条规定，地方各级人大在本行政区域内，保证宪法、法律、行政法规的遵守和执行；依照法律规定的权限，通过和发布决议，审查和决定地方的经济建设、文化建设和公共事

业建设的计划。县级以上的地方各级人大审查和批准本行政区域内的国民经济和社会发展计划、预算以及它们的执行情况的报告；有权改变或者撤销本级人大常委会不适当的决定。民族乡的人大可以依照法律规定的权限采取适合民族特点的具体措施。

各级人大代表的作用体现在参与决策、协助监督、反映人民群众意见等方面。依照法律规定，各级人大都要对本级人大权限范围内的事项作出决定，如制定法律、地方性法规、任命及选举本级国家机关组成人员、通过各项议案和报告等。这些决定要经过人大会议通过，要由每一位与会代表投票表决。人大代表参加本级人大会议，依法行使代表职权正是参与决策和监督"一府一委两院"作用的体现。各级人大代表参加本级人大会议的各项选举和表决，是保证会议顺利进行的重要条件，责任十分重大，决不能无故缺席。

根据宪法第九十九条、代表法第三条等法律规定，我国人大代表在会议期间的职权，可以概括为 10 项：出席本级人民代表大会会议权，审议权，提议案权，选举权，询问权，质询权，罢免权，依法提出组织特定问题调查委员会权，表决权，提出建议、批评和意见权。此外，全国人大还有一项职权，就是可以依照宪法规定的程序提出修改宪法的议案。在闭会期间，人大代表有应邀列席本级人大常委会有关会议、参加视察、专题调研等权利。人大代表如何进行上述履职活动，都有严格具体的法律规定，都需要依法进行，因此需要接受监督和管理。

在实践中，人大代表参加本级人大会议，存在着一些问题：有的不能正常参加会议；有的即使参加会议也很少发言甚至不发言；审议权和表决权等权利行使得不够充分，往往一边倒地赞成，而不积极地提出自己的建议、批评和意见等，导致审议的质量和效能不高；在行使选举和表决权时，不认真严肃地表达自己的意愿。

（二）代表应积极参加闭会期间的各项代表活动

人大代表在人大闭会期间的活动，包括持证视察、统一组织的视察、专题调研、执法检查、代表小组活动、联系选民群众等，十分丰富，是为在人大会议期间进行讨论和决定问题的必要准备。例如，根据代表法第二十二条规定，县级以上的各级人民代表大会代表根据本级人民代表大会常务委员会的安排，对本级或者下级国家机关和有关单位的工作进行视察；代表按前款规定进行视察，可以提出约见本级或者下级有关国家机关负责人。被约见的有关国家机关负责人或者由他委托的负责人员应当听取代表的建议、批评和意见；代表可以持代表证就地进行视察。县级以上地方各级人民代表大会常务委员会根据代表的要求，联系安排本级或者上级的代表持代表证就地进行视察。

根据这条法规，代表持证视察、代表约见是两项法定的闭会期间代表履职活动，用于监督"一府一委两院"等国家机关的工作。代表约见因其与视察活动密不可分，成为人大监督工作的重要组成部分。随着人大制度的不断发展完善，代表约见制度日渐完善，人大代表的履职能力显著提升，约见活动已由难得一用的"重武器"变为"常规武器"。

法律赋予了人大代表使用这件"常规武器"合法性和威力。代表法第四十二条规定，有关机关、组织应当认真研究办理代表建议、批评和意见，并自交办之日起三个月内答复；有关机关、组织在研究办理代表建议、批评和意见的过程中，应当与代表联系沟通，充分听取意见。人大代表如果仍然不满意的，也有法定处理办法。根据《全国人民代表大会代表建议、批评和意见处理办法》第二十二条规定："代表对答复不满意的，可以将具体意见及时告知全国人大常委会办事机构，由全国人大常委会办事机构交由有关机关、组织再作研究，承办单位应当在三个月内再次答复代表。"

人大代表的素质、履行职责的能力和水平，集中体现在人大会议上。但是，人大代表素质、能力、水平的提高，功夫则在人大闭会期间的活动上。如果没有积极参与人大闭会期间的代表活动，人大代表就不可能深入体察民情、掌握民意，就不可能真正在人大会议上反映人民群众的意愿和呼声。由于知情知政不够，不能掌握第一手资料，人大代表就不可能实事求是地审议有关议案和报告，保证审议的质量和效率。由于缺乏必要的调查研究，人大代表就无法在人大会议上提出高质量的议案或建议、批评和意见。

代表闭会期间的活动是人大会议期间工作的重要基础，两者是有机统一的。人大代表如果忽视闭会期间的活动，就不能履行好法律赋予的职责，就会辜负人民的重托。

二、代表要努力做到行使权利与履行义务的有机统一

为了发挥国家权力机关的功能和作用，保证人大代表依法履行职责，根据权利与义务相一致的原则，代表法明确规定了人大代表的权利和义务。

代表法第三条规定代表享有下列七大类权利：出席本级人民代表大会会议，参加审议各项议案、报告和其他议题，发表意见；依法联名提出议案、质询案、罢免案等；提出对各方面工作的建议、批评和意见；参加本级人民代表大会的各项选举；参加

本级人民代表大会的各项表决；获得依法执行代表职务所需的信息和各项保障；法律规定的其他权利。

代表法第四条规定代表应当履行下列七大类义务：模范地遵守宪法和法律，保守国家秘密，在自己参加的生产、工作和社会活动中，协助宪法和法律的实施；按时出席本级人民代表大会会议，认真审议各项议案、报告和其他议题，发表意见，做好会议期间的各项工作；积极参加统一组织的视察、专题调研、执法检查等履职活动；加强履职学习和调查研究，不断提高执行代表职务的能力；与原选区选民或者原选举单位和人民群众保持密切联系，听取和反映他们的意见和要求，努力为人民服务；自觉遵守社会公德，廉洁自律，公道正派，勤勉尽责；法律规定的其他义务。

从上述法律规定可以看出，人大代表的权利和义务是密不可分的，是基于人大代表的地位和作用而来的。人大代表的权利和义务不仅是其个人的权利和义务，而且是代表选民或者选举单位享有权利和履行义务。人大代表的权利和义务，体现在人大会议期间的工作和人大闭会期间的活动中。人大代表在行使权利的同时必须履行相应的义务。这种权利与义务也是不能割裂的，不能只讲权利不讲义务，也不能不讲权利只讲义务。法律赋予人大代表比一般公民更多更大的权利，人大代表也必然要承担更多更大的义务。

三、代表要兼顾执行代表职务与原工作岗位职务

与外国的专职议员制度不同，我国实行的是兼职代表制。代表法第五条规定，人大代表在执行代表职务时，不脱离各自的生

产和工作。代表出席本级人大会议，参加闭会期间统一组织的活动，应当安排好本人的生产和工作，优先执行代表职务。代表法第三十三条规定，人大代表在执行代表职务时，他们所在的单位必须给予时间保证。代表法第三十四条规定，人大代表执行代表职务时，他们所在单位按照正常出勤对待，享受所在单位的工资和其他待遇。

也就是说，当选的人大代表，一般情况下并不脱离原来的生产或者工作岗位，仍然要干好自己的本职工作，并且其全部或主要的薪酬仍从原单位领取，不能同时领取代表职务工资（但可以享受一定的补贴或津贴）。这样既便于人大代表密切联系原选区选民或原选举单位的群众，也便于原选区选民或原选举单位的群众监督人大代表。但是，兼职制也存在一定的问题。因为时间和精力的限制，兼职制在一定程度上制约了人大代表了解民情民意的深度和广度，因而在一定程度上影响了人大代表履职的能力和水平。

这就要求人大代表要努力兼顾代表职务与本职岗位职务，既要代表人民参加对国家各项事务的管理，发挥人民当家作主的主人翁精神，又要在本职岗位上兢兢业业地发挥模范带头作用。人大代表应以执行代表职务为重，不能借助执行代表职务进行个人职业活动，不能借口岗位工作忙而不出席人大会议，不能对人大会议审议的议题漠不关心，不能不参加人大闭会期间的代表活动。

人大代表既要积极执行代表职务，又要立足于自己的本职工作，以多种方式密切联系人民群众，努力做到民有所呼、我有所应。多年来，为了提高人大代表履职的积极性、主动性、责任感和效能，各级人大及其常委会不断改进自己的工作安排、工作方式，不断创新代表联络机构的管理体制。例如，有的地方人大建立了代表活动登记、通报制度，收到了一定的效果。

四、代表要处理好执行代表职务与自身合法权益的关系

人大代表在执行代表职务过程中，应当模范地遵守宪法和法律，严格依法履行职责，同时，作为国家权力机关的组成人员，也享有维护自身合法权益的权利。为了保证人大代表能够代表人民的利益和意志顺利执行代表职务，宪法、代表法、地方组织法等规定人大代表享有一些特殊的权利，包括在人大的各种会议上的发言和表决不受法律追究，不经许可不能对人大代表采取限制人身自由的措施，人大代表执行代表职务的知情权，人大代表执行职务的时间、物质、组织保障，人大代表被罢免时有自我辩护的权利等。当有的组织或个人侵犯自己的合法权益情况时，人大代表应首先向当事人申明代表身份，并尽快与本级人大常委会取得联系。

宪法第七十四条规定，全国人大代表，非经全国人大会议主席团许可，在全国人大闭会期间非经全国人大常委会许可，不受逮捕或者刑事审判。宪法第七十五条规定，全国人大代表在全国人大各种会议上的发言和表决，不受法律追究。地方组织法第三十九条规定："地方各级人民代表大会代表、常务委员会组成人员，在人民代表大会和常务委员会会议上的发言和表决，不受法律追究。"地方组织法第四十条规定，县级以上的地方各级人大代表，非经本级人大主席团许可，在大会闭会期间，非经本级人大常委会许可，不受逮捕或者刑事审判。如果因为是现行犯被拘

留，执行拘留的公安机关应当立即向该级人大主席团或者常务委员会报告。

代表法第三十二条第二款至第四款规定："对县级以上的各级人民代表大会代表，如果采取法律规定的其他限制人身自由的措施，应当经该级人民代表大会主席团或者人民代表大会常务委员会许可。""人民代表大会主席团或者常务委员会受理有关机关依照本条规定提请许可的申请，应当审查是否存在对代表在人民代表大会各种会议上的发言和表决进行法律追究，或者对代表提出建议、批评和意见等其他执行职务行为打击报复的情形，并据此作出决定。""乡、民族乡、镇的人民代表大会代表，如果被逮捕、受刑事审判、或者被采取法律规定的其他限制人身自由的措施，执行机关应当立即报告乡、民族乡、镇的人民代表大会。"

地方各级人大代表，包括省、自治区、直辖市的人大代表，自治州、设区的市的人大代表，县、自治县、不设区的市、市辖区的人大代表，乡、民族乡、镇的人大代表。地方各级人大常委会组成人员，包括几个层次：省、自治区、直辖市、自治州、设区的市的人大常委会组成人员，包括常务委员会主任、副主任、秘书长、委员，他们都是由本届人大在代表中选举出来的。县、自治县、不设区的市、市辖区的人大常委会组成人员，包括主任、副主任、委员。他们都是由本届人大从本届代表中选出来的。人大会议包括全体会议、代表团会议、代表团小组会议、主席团会议、各专门委员会会议等各种会议。常务委员会会议包括全体会议、分组会议等。人大代表在上述会议上的发言和表决，都免予法律追究。表决包括赞成、反对、弃权等各种情况，都不受法律追究。不受法律追究，是指不受监察机关、公安机关、人民检察院、人民法院等法定机关追究相应的法律责任的情况，包括不受追究刑事责任、民事责任和行政责任。

这些法律规定，确保各级人大代表依法执行职务，准确反映民意，防止他们因履行职责而受到打击报复。人大代表受法律特殊保护的内容：第一，未经许可，不受逮捕或者刑事审判。第二，现行犯被拘留应报告。根据《中华人民共和国刑事诉讼法》的规定，被公安机关拘留的现行犯，如果是人大代表，公安机关应立即向本级人民代表大会主席团或常务委员会报告。

当被提出罢免时，人大代表有权出席罢免会议，提出申辩意见，以免被不公正地对待。人大代表要学会运用法律手段来维护自身的合法权益，依法执行好代表职务。一切组织和个人都必须尊重人大代表的权利，支持人大代表执行代表职务，维护人大代表的合法权益。对阻碍或干涉人大代表依法执行代表职务，或者对人大代表执行代表职务进行打击报复的，要根据事实依法给予批评教育、行政处分、行政处罚，直至追究刑事责任。

五、代表要与时俱进努力学习现代化知识和专业技能

人大代表有依法履行职责的权利和义务，还要具有相应的素质、知识和能力。人大代表的素质是其履职的基础，决定着人大及其常委会的决策水平和工作效率。人大代表一般都有较高的素质，但由于来自不同的领域或者方面，所以有着不同的知识结构和实践经验。人大代表，尤其是新当选者，需要掌握与执行代表职务有关的知识。

（一）代表需要学习的知识

为了能胜任自己的代表职务，人大代表要与时俱进，努力学习，力求掌握下列几个方面的知识。

首先，要认真学习和领会党的理论路线、方针政策，尤其是习近平新时代中国特色社会主义思想，深入了解新时代党中央作出的重大决策部署，党中央对人大工作的新理论新要求。2019年11月，习近平总书记在上海长宁区虹桥街道古北市民中心考察时指出，我们走的是一条中国特色社会主义政治发展道路，人民民主是一种全过程的民主。2021年3月修改的全国人大组织法中新增了"全国人民代表大会及其常务委员会坚持全过程民主，始终同人民保持密切联系，倾听人民的意见和建议，体现人民意志，保障人民权益"条款。2021年7月，在庆祝中国共产党成立100周年大会上，习近平总书记强调，"发展全过程人民民主，维护社会公平正义"。同年10月，党中央召开中央人大工作会议，习近平总书记强调："人民代表大会制度是实现我国全过程人民民主的重要制度载体。"2022年3月修改的地方组织法中新增了"地方各级人民代表大会、县级以上的地方各级人民代表大会常务委员会和地方各级人民政府坚持以人民为中心，坚持和发展全过程人民民主，始终同人民保持密切联系，倾听人民的意见和建议，为人民服务，对人民负责，受人民监督"条款。习近平总书记在党的二十大报告中进一步指出，发展全过程人民民主是中国式现代化的本质要求，并强调："全过程人民民主是社会主义民主政治的本质属性，是最广泛、最真实、最管用的民主。"习近平总书记的这一重要论述，进一步拓展了人民代表大会制度的时代内涵和实践要求，明确了新时代新征程坚持和完善人民代表大会制度的使命任务。人大代表必须深入学习习近平总书记关于坚持和完善人民代表大会制度的重要思想，切实增强责任感、使命感，认真履职尽责、担当作为，充分发挥人民代表大会制度在发展全过程人民民主中的重要制度载体作用。

其次，通过学习与代表履职有关的法律和人民代表大会制度知识，人大代表要不断提高自己的法治素质、法治思维和履职能力。人大代表要努力学习宪法、人大制度、基层民主制度、国家机构的组织和运作等法律法规和基本知识，学习如何审议议案和报告，学习如何提出议案或建议、批评和意见，学习代表职责与代表活动等方面的知识。通过代表的努力学习和履职，把法律规定的人大及其常委会"四权"用好、用够、用活，在法治下推进改革，并在改革中完善法治。

需要特别指出的是，写作和提出议案或建议，是人大代表的一项重要履职能力，需要不断学习和提高。《全国人民代表大会代表建议、批评和意见处理办法》总则第二条规定，人大代表在全国人大会议期间和闭会期间分别向全国人大及其常委会提出对各方面工作的建议、批评和意见，是执行代表职务，参加管理国家事务、管理经济和文化事业、管理社会事务的一项重要工作。"提出议案建议是人大代表依法履职最基本、最主要的方式，反映了人民群众的意愿和呼声。"广义的人大代表建议形式包括建议、批评和意见，可以由一名人大代表提出，也可以由若干名人大代表联名提出，或由代表团提出。

最后，通过学习社会主义市场经济知识、现代经济知识、科学技术知识、履职涉及的其他专业知识等，人大代表不断提高自身的科学文化素质、业务素质、创新思维能力、辩证思维能力、协商沟通能力等。

（二）代表学习知识的具体途径

人大代表没有较长的专门时间或课堂来学习，一般是在代表履职过程与岗位工作中加强学习，具体来说有以下三个途径。

第一，在代表履职过程中加强学习。人大常委会的办事机构和工作机构，可以结合工作帮助代表履职学习，或者组织代表集中学习，这方面可采取办培训班、以会代训、开经验交流会、知识竞赛等多种方式。

第二，在代表履职过程中和在实际工作中，深入调查研究，在实践中增长才干。人大代表应当重视和善于调查研究，深入了解国情、社情、民情，知情知政，问政于民、问需于民、问计于民，从而提高审议议案和报告的水平和效能，提高代表议案或建议、批评和意见的提出质量，充分发挥代表的作用。这就要求人大代表要积极参加人大常委会组织的各种活动，包括视察、专题调研、情况通报会等，参加代表小组活动，并采取多种方式与选民或者原选举单位和人民群众保持密切联系，听取和反映他们的意见和要求，了解和掌握实际情况。

第三，人大通过建立一些必要的制度，激励和制约人大代表自觉学习，在人民群众的监督下使代表有针对性地提高自身素质。

第四，顺应"互联网＋"的发展趋势，通过各级人大网尤其是自己所属的本级人大网学习。现在，全国人大、省市级人大、一部分县级人大和乡镇级人大运用网络信息技术，已经建立了自己的网络平台，实现了"智慧人大"。今后，其他地方人大也会陆续建立自己的网络平台。这些人大网络平台为人大代表履职和学习提供了丰富的资料和信息、培训的课堂、知情知政渠道，以及与人大管理机构、"一府一委两院"和人民群众交流沟通的渠道，便捷高效，为全过程人民民主的发展开辟了广阔的前景。

在新时代，社会和政府为人大代表提供了良好的学习条件和途径。只要愿意学习，人大代表就能不断扩大知识面，不断提高自身依法执行代表职务的素质和能力，特别是提高法治素质和能力。通过学习，人大代表不断提高代表人民利益和意愿的自觉性、主动性、积极性，更加密切地联系人民群众，不断改进和完善履职的方式方法，使审议时更加注重大局，提出议案建议更加注重质量，不断提高闭会期间活动的实效。

总之，各级人大代表要恪尽职守，始终全心全意为人民服务，增强代表人民行使管理国家权力的政治责任感，紧密结合人大及其常委会工作的特点和要求，加强学习，增长本领，努力提高依法履行职责的能力。

第三节　人大代表应当自觉接受人民的监督

办好中国的事情，关键在党。习近平总书记多次强调全面从严治党，严明党的政治纪律和政治规矩，营造风清气正的从政环境，确保党始终成为中国特色社会主义事业的坚强领导核心。人大代表是人民代表大会的主体，肩负着依法直接参与行使国家权力、管理国家和社会事务的重大使命。从严治理人大代表队伍，是全面从严治党的必然要求。人大代表要加强思想作风建设，自觉接受监督，党员代表更应当带头讲党性、守规矩、作表率，一言一行都要符合自己的代表身份。只有每一位人大代表都能认真履行法定职责、充分发挥应有作用，法律赋予人大及其常委会的各项职权才能得到有效行使，人民当家作主的政治权利才能得到真正实现。因此，人大代表必须对人民负责，以多种方式接受人民监督。

监督的关键，是要形成一套激励和约束机制，保证人大代表按照人民的利益和意志，在人民群众的监督下依法执行代表职务、正确地行使代表职权。人大代表履职要既有动力又有压力、既有自律又有他律、既有制度制约又有条件保障，在实践中不断完善法律规定的激励和约束机制。

一、监督人大代表的主体

根据我国的宪法和有关法律的规定，人大代表要忠实地反映原选区选民或者原选举单位的意愿和利益，并要接受人民群众的监督。

宪法第七十七条规定，全国人大代表受原选举单位的监督。原选举单位有权依照法律规定的程序罢免本单位选出的代表。宪法第一百零二条规定，省、直辖市、设区的市的人大代表受原选举单位的监督；县、不设区的市、市辖区、乡、民族乡、镇的人大代表受选民的监督。地方各级人大代表的选举单位和选民有权依照法律规定的程序罢免由他们选出的代表。

选举法第三条规定，全国人大的代表，省、自治区、直辖市、设区的市、自治州的人大的代表，由下一级人大选举。不设区的市、市辖区、县、自治县、乡、民族乡、镇的人大的代表，由选民直接选举。选举法第四十九条规定，全国和地方各级人大的代表，受选民和原选举单位的监督。选民或者选举单位都有权罢免自己选出的代表。

代表法第六条规定，代表受原选区选民或者原选举单位的监督。地方组织法第四十四条规定，省、自治区、直辖市、自治州、设区的市的人大代表受原选举单位的监督；县、自治县、不设区的市、市辖区、乡、民族乡、镇的人大代表受选民的监督。

　　人民群众监督代表是一个笼统的大概念，由人大代表的代表性所决定。例如某省选出的全国人大代表，要接受其选举单位的监督，也要接受全国人民的监督。按照谁选举就对谁负责、谁授权谁监督的原理，原选区选民或原选举单位有权监督自己选出的人大代表，因为，第一，人大代表都要对原选区选民或者原选举单位负责，虽然人大代表在本级人大会议上参与行使国家权力时要代表人民的利益和意志，但由于我国各地区各阶层的具体情况和利益格局不同，人大代表有责任反映局部的利益和要求，反映原选区选民和原选举单位的利益和要求。原选区选民或原选举单位可以了解人大代表的履职情况，并有权对自己选出的人大代表提出批评和意见，直至对不称职的人大代表或失去信任的人大代表，通过法定程序予以罢免。人大代表要以各种方式，加强与原选区选民或者原选举单位的联系，自觉接受原选区选民、原选举单位和人民群众的监督，确保人民赋予的权力真正用来为人民谋利益。由选民直接选举产生的人大代表应当以多种方式向原选区选民报告履职情况，同时还要积极探索由间接选举产生的人大代表向原选举单位报告履职情况的有效途径和方法。第二，人大代表是兼职的，他们的工作和生活基本上都没有脱离自己的选民和原选举单位，便于被自己的选民和原选举单位了解和监督。

　　需要说明的是，人大代表的原选举单位，是指依法投票选举产生上一级人大代表的人大。在我国，县级以上的地方各级人大都是选举单位。选举单位与选区不同，主要在于其人员是本级人大的代表，而不是一般的选民；所选出的上一级人大代表应向选举他或她的人大负责，而不是直接向选民负责。人大常委会是人大的常设机关，在人大闭会期间代行人大的职权，承担对人大代表的具体监督事务。例如宪法第一百零四条规定，县级以上的地方各级人大常委会，在本级人大闭会期间，罢免和补选上一级人大的个别代表。

二、代表接受监督的形式、内容

宪法和有关法律规定了监督人大代表的内容、方式方法，特别是代表法设专章规定对人大代表的监督，选举法也设专章规定对人大代表的监督和罢免、辞职、补选。

人大代表既要自觉接受原选区选民或者原选举单位以及人民群众的监督，也要知道法律规定的监督的形式、内容。这些年来，各级人大在工作实践中探索出一些监督人大代表的好方法，需要继续坚持和完善。

代表法规定，人大代表应当采取多种方式经常听取人民群众对代表履职的意见，回答原选区选民或者原选举单位对代表工作和代表活动的询问，接受监督。由选民直接选举的人大代表应当以多种形式向原选区选民报告履职情况，县级人大常委会或者乡镇人大主席团要做好相关的组织工作。人大代表要加强与原选区选民或者原选举单位的联系，使其了解和掌握代表法定权利行使和法定义务履行的情况。人大代表不称职或者不能代表大多数人的利益和意志，原选区选民或者原选举单位可以罢免。代表法还规定了暂时停止执行代表职务的情形和代表资格终止的情形。

根据代表法的规定和各级人大的实践经验，人大代表接受监督的形式，主要有以下几种。

一是要经常听取、反映原选区选民或原选举单位的意见和要求。例如，地方人大开展代表接待选民日、代表公开自己的联系方式等。二是要回答原选区选民或者原选举单位对其履职情况的询问。回答询问，是原选区选民或者原选举单位了解代表工作情况的一条重要途径，也是加强对代表监督的有效方式。询问的内容应当是代表工作和代表活动情况。三是以多种方式向原选区选民或原选举单位述职。具体来说，可以通过口头报告，也可以书面印发给选民代表，有的地方则是在当地媒体上"晒"代表的述职报告，这些方式各有特色、各具实效。四是如果不称职，原选区选民或原选举单位随时可以依法对其罢免。罢免代表是一种重要的严肃的监督。原选区选民或原选举单位享有罢免由其选举的代表的权利，是行使对代表监督权的保障，也是监督的最后手段。罢免人大代表的程序，地方组织法、选举法、代表法有明确规定。

从法律规定和实践来看，选民或选举单位监督人大代表的内容有：一是行使权利和履职义务的情况。代表在行使法定权利的同时应当履行相应的法定义务，将二者加以有机统一。二是参加会议工作和开展闭会期间活动的情况。在本级人大会议期间，人大代表应珍惜手中的选举权，自觉遵守党纪国法。在审议时端正态度、注重提高水平和效能，在提出议案或建议、批评和意见时，注重质量和解决问题；在参加闭会期间的活动时，人大代表应积极主动、注重实效。三是集体行使职权与个人行为的关系。人大是集体行使职权，通过会议来讨论和决定问题。人大代表个人不直接处理问题，不能以个人或者少数人来代替人大行使任何职权，或者处理属于人大职权范围内的事情，不能干涉行政、监察、司法等机关的正常工作。四是不能以权谋私。代表法第四十六条专门规定，人大代表应当正确处理个人职业活动与代表职务的关系，不得利用代表职务干涉具体司法案件或者招标投标等经济活动，从中牟取个人利益。此外，人大代表履职时还不得接受企事业组织、社会团体和个人出资赞助。

需要指出的是，与代表履职无关的情形不包括在上述监督之中。与代表履职无关的情形，是其他机关组织监督或者社会监督的内容。例如，党员代表要接受党纪的监督等。

三、强化和改进对人大代表的监督

法律规定人大代表受原选区选民或原选举单位的监督，并且有比较严格的监督形式。但是，从实践经验来看，人大代表监督还是存在一些问题，主要有以下几点。

第一，关于人大代表监督的规定太原则化、抽象化，缺乏相应的体制、机制、程序。人大代表是否反映了选民的利益和意志，没有严格客观的标准。例如，人大代表不积极联系原选区选民或原选举单位，对原选区选民或原选举单位的意见没有及时准确地反映，或者反映了有关单位没有办理，这种情况，选民如何监督。

第二，人大代表的监督是间接的事后监督，即人大代表出现了违纪违法等问题时，原选区选民或原选举单位才能将其罢免。如果人大代表不出现严重的违纪违法问题，原选区选民或原选举单位就比较难以监督。

第三，由于某些原因，在人大代表履职中，存在着一些消极现象，如动力不足、能力不足、精力不济、担当不够、被动应付、履职意识淡薄，甚至胡乱作为等，与原选区选民或原选举单位的联系不够紧密，联系的方式也比较单一，对这些现象监督不到位，"弹性"监督多，"刚性"监督少。此外，间接选举产生的人大代表，与原选举单位和人民群众的联系较少，本级人大及其常委会没有监督管理权，接受监督的力度和程度不够。

党的十八大以来，党中央对人大制度特别是人大代表工作理论和实践不断创新。根据党中央有关文件的要求，着力强化对人大代表的监督，必须把党的领导贯彻始终，在党委统一领导下，形成分工合作各司其职齐抓共管的工作格局。监督还要全覆盖无死角，与做好其他方面的代表工作有机结合，努力建设一支德才兼备、代表性强、结构合理、服务人民、履职水平高的人大代表队伍，同时要处理好规范和保障代表履职与对代表监督的关系，尊重代表主体地位，注意维护代表的合法权益。

对人大代表履职既要有激励也要有约束，使代表履职既有制度制约又有条件保障。根据法律规定，总结各级人大工作经验和做法，按照中央有关文件精神，探索出一些监督代表的新方法新机制，包括：

加强对人大代表的教育和培训，保证其每届内参加一次以上的履职学习或者专题学习。通过培训，督促代表积极履职尽责，自觉遵守中央八项规定精神，忠实代表人民利益和意志，正确处理个人职业活动与履行代表职责的关系。

建立人大代表基本信息公开机制，以一定方式向选区选民或者选举单位公开代表姓名、工作单位、职务职业、联系方式等，公布代表的职责、宣誓内容、履职承诺，明确代表联系群众的时间、地点及其他方式方法，方便选区选民或者选举单位联系代表并反映意见和建议，密切代表同人民群众的联系，也保证选区选民或者选举单位对代表履职的知情权。

建立人大代表履职档案登记、述职报告和考核机制。代表职务是个公职，其履职情况应当有详细记载，并采取适当方式向有关方面通报或者向社会公开，作为是否继续连任提名和今后使用安排的重要依据。这包括代表履职的承诺登记、公开报告、评价等制度。代表在人大会议期间审议发言，提出议案或建议、批评和意见，在人大闭会期间参加集体活动、代表小组活动、自发联系群众等情况，一一进行登记，有的还予以公布。设立代表活动室、代表联络站、代表之家等场所，规定统一的代表活动日和接待选民、接待下级代表制度，通过网络平台，使代表基本信息、联系方式、履职情况等公开。一些地方要求代表每年以一定时间一定方式主动加强与原选区选民或者原选举单位的直接联系，并作出量化的规定。间接选举产生的代表也以多种方式向其选举单位报告履职情况，公开人大及其常委会的会议以及有关活动情况，保证人民群众对代表履职的知情权。

建立人大代表激励机制，为人大代表履职创造良好的氛围。一是各级政府和人民群众要充分认识到人大代表的性质、地位和重要作用，重视办理代表建议，全力配合代表履职活动，调动人大代表履职的主动性积极性。二是采取措施，保证人大代表的时间和精力，保障代表履职的力度。三是大力宣传履职积极、成绩突出的人大代表，营造全社会都来关心、支持、尊重代表履职的浓厚氛围，增强人大代表的光荣感、使命感和归属感，并在换届选举时推荐其连选连任。

建立人大代表不称职退出机制。法定终止代表资格或者暂停执行代表职务的，应当依法及时办理。因工作变动不宜继续担任人大代表的，本人应当辞去代表职务。违反社会道德或者存在与代表身份不符行为的，有关方面应当及时约谈告诫、函询或责令其辞去代表职务。涉嫌严重违纪违法已立案审查的，受刑事处罚的，应当罢免其人大代表职务。监督人大代表，是选民或者选举单位和人民群众的权利和责任，工作要全面、深入和细致，使代表的履职行为受到激励和约束。

另外，充分利用在人大代表履职实践中发展起来的其他监督机制。例如，现在全国各地方兴未艾的人大联动履职，就是地方各级人大代表联合起来一起履职。这不仅增强了人大监督的力量，也增强了人大代表之间的互相监督，是一个很有前途的新生事物。

第四节　人大代表的公示和述职

人大代表的公示和述职，也是对人大代表的监督和管理。我国法律规定的人大代表的公示制、述职制，是人大代表联系原选区选民或原选举单位、接受其监督的具体内容，在实践中容易贯彻落实。

一、代表的公布或公示

与人大代表相关的公示，包括当选后的公示和任期内履职情况的公示。人大代表当选后，当选是否有效的审查、确认和公示，由选举委员会、人大常委会或者人大主席团负责。

（一）代表当选后的公示

选举法第九条、第十一条、第三十九条、第四十六条，对由谁主持人大代表选举和公布当选名单作了明确的规定。

选举法第九条规定，全国人大常委会主持全国人民代表大会代表的选举；省、自治区、直辖市、设区的市、自治州的人大常委会主持本级人民代表大会代表的选举。不设区的市、市辖区、县、自治县、乡、民族乡、镇设立选举委员会，主持本级人大代表的选举。

选举法第十一条规定，县乡两级人大选举委员会"了解核实并组织介绍代表候选人的情况；根据较多数选民的意见，确定和公布正式代表候选人名单""确定选举结果是否有效，公布当选代表的名单"。选举法第三十九条规定，县级以上地方各级人大选举上一级人大代表时，由各该级人大主席团主持。选举法第四十六条规定，选举结果由选举委员会或者人大主席团根据本法确定是否有效，并予以宣布。当选代表名单由选举委员会或者人大主席团予以公布。

此外，全国人大组织法第九条规定，全国人大代表选出后，由全国人大常委会代表资格审查委员会进行审查。全国人大常委会根据代表资格审查委员会提出的报告，确认代表的资格或者确定个别代表的当选无效，在每届全国人大第一次会议前公布代表名单。

选举法对确定选举是否有效的标准，作了明确的规定。选举法第四十四条第一款规定："每次选举所投的票数，多于投票人数的无效，等于或者少于投票人数的有效。"选举法第四十五条规定，在选民直接选举人大代表时，选区全体选民的过半数参加投票，选举有效。代表候选人获得参加投票的选民过半数的选票时，始得当选。县级以上的地方各级人大在选举上一级人大代表时，代表候选人获得全体代表过半数的选票时，始得当选。获得过半数选票的代表候选人的人数超过应选代表名额时，以得票多的当选。如遇票数相等不能确定当选人时，应当就票数相等的候选人再次投票，以得票多的当选。获得过半数选票的当选代表的人数少于应选代表的名额时，不足的名额另行选举。另行选举时，根据在第一次投票时得票多少的顺序，按照选举法第三十一条规定的差额比例，确定候选人名单。如果只选一人，候选人应为二人。依照前款规定另行选举县级和乡级的人大代表时，代表候选人以得票多的当选，但是得票数不得少于选票的三分之一；县级以上的地方各级人大在另行选举上一级人大代表时，代表候选人获得全体代表过半数的选票，始得当选。

选民或者代表投票选举产生人大代表以后，代表的资格并非自然生效，还需要代表资格审查委员会的审查。如按照全国人大组织法第九条第一款的规定："全国人民代表大会代表选出后，由全国人民代表大会常务委员会代表资格审查委员会进行审查。"又如按照地方组织法第三十七条的规定："乡、民族乡、镇的每届人民代表大会第一次会议通过的代表资格审查委员会，行使职权至本届人民代表大会任期届满为止。"

代表资格审查委员会是一个必须依法设立的常设机构，只有县级以上的地方各级人大常委会才能设立。地方组织法第五十六条规定："县级以上的地方各级人民代表大会常务委员会设立代表资格审查委员会。代表资格审查委员会的主任委员、副主任委员和委员的人选，由常务委员会主任会议在常务委员会组成人员中提名，常务委员会任免。"此外，由于乡镇一级不设人民代表大会常务委员会，所以乡镇人大代表资格审查委员会的人选，由大会主席团在代表中提名，并经大会全体会议通过。地方组织法第五十七条规定："代表资格审查委员会审查代表的选举是否符合法律规定。"

代表资格审查委员会的职责，依法审查人大代表资格，在每届人大召开首次会议之前公示人大代表名单。根据选举法第四十七条规定，代表资格审查委员会依法对当选代表是否符合宪法、法律规定的代表的基本条件，选举是否符合法律规定的程序，以及是否存在破坏选举和其他当选无效的违法行为进行审查，提出代表当选是否有效的意见，向本级人大常委会或者乡、民族乡、镇的人大主席团报告。县级以上的各级人大常委会或者乡、民族乡、镇的人大主席团根据代表资格审查委员会提出的报告，确认代表的资格或者确定代表的当选无效，在每届人大第一次会议前公布代表名单。

对于选举委员会、代表资格审查委员会和人大主席团来说，审查人大代表资格是比较复杂繁重的任务。例如，宪法第三十四条规定："中华人民共和国年满十八周岁的公民，不分民族、种族、性别、职业、家庭出身、宗教信仰、教育程度、财产状况、居住期限，都有选举权和被选举权；但是依照法律被剥夺政治权利的人除外。"选举法第四条规定："中华人民共和国年满十八周岁的公民，不分民族、种族、性别、职业、家庭出身、宗教信仰、教育程度、财产状况和居住期限，都有选举权和被选举权。依照法律被剥夺政治权利的人没有选举权和被选举权。"

依照法律被剥夺政治权利，是指人民法院依据我国刑法的规定，对某个罪犯判处剥夺政治权利的刑事处罚。依照我国刑法，"剥夺政治权利"是剥夺下列权利：选举权和被选举权；言论、出版、集会、结社、游行、示威自由的权利；担任国家机关职务的权利；担任国有公司、企业、事业单位和人民团体领导职务的权利。剥夺政治权利的期限，一般是一年以上五年以下；对于被判死刑和无期徒刑的罪犯，应当剥夺政治权利终身；在死刑缓期执行减为有期徒刑或者无期徒刑减为有期徒刑的时候，应当把附加剥夺政治权利的期限改为三年以上十年以下；判处管制附加剥夺政治权利的，剥夺政治权利的期限和管制的期限相等，同时执行。对于危害国家安全的犯罪分子，应当附加剥夺政治权利；对于故意杀人、强奸、放火、爆炸、投毒、抢劫等严重破坏社会秩序的犯罪分子，可以附加剥夺政治权利。附加剥夺政治权利的刑期，从徒刑、拘役执行完毕之日或者从假释之日起计算；剥夺政治权利的效力当然适用于主刑执行期间。

另外，根据 1983 年 3 月 5 日第五届全国人大常委会通过的《全国人民代表大会常务委员会关于县级以下人民代表大会代表直接选举的若干规定》，选举权利还有不行使和停止行使两种情况。选举权利不行使的情况是指"精神病患者不能行使选举权利的，经选举委员会确认，不行使选举权利"。关于选举权利的停止行使，是指因反革命案（现为危害国家安全罪）或者其他严重刑事犯罪案被羁押，正在受侦查、起诉、审判的人，经人民检察院或者人民法院决定，"在被羁押期间停止行使选举权利"。它还规定，下列人员准予行使选举权利：被判处有期徒刑、拘役、管制而没有附加剥夺政治权利的；被羁押，正在受侦查、起诉、审判，人民检察院或者人民法院没有决定停止行使选举权利的；正在被取保候审或者被监视居住的；正在被劳动教养的（2013 年12 月 28 日全国人大常委会通过关于废止有关劳动教养法律规定的决定）；正在受拘留处罚的。

再例如，选举法第四十八条规定，公民不得同时担任两个以上无隶属关系的行政区域的人大代表。

我国的选民登记，实行"一次登记、长期有效"并辅之以"三增三减"的办法。这个办法的主要特点是以人口的户籍登记为基本依据。随着我国经济社会的快速发展，城镇化进程的加快，"人户分离"导致的户籍所在地与现居地相分离的现象相当普遍。1983年制定的《全国人民代表大会常务委员会关于县级以下人民代表大会代表直接选举的若干规定》第九条第二款规定："选民实际上已经迁居外地但是没有转出户口的，在取得原选区选民资格的证明后，可以在现居住地的选区参加选举。"按照这条规定，在"人户分离"的情况下，选民可以在户籍地登记参加选举，也可以在现居住地登记参加选举，甚至可能会在两地都登记参加选举，而代表候选人也没有限制为只能是当地居民。这样，就有可能产生公民同时在两地被选为人大代表的现象。

公民同时担任两个地方的人大代表，既违反了选举权平等的原则，又无法保证履行代表职责。按照选举法第四十八条的规定，所谓"两个以上无隶属关系的行政区域"，是指两个以上的行政区域之间，不存在直接的隶属关系，如一个县的两个乡、镇之间，一个省的两个县之间，两个省、市之间，两个省内的不同县之间等。

需要注意的是，公民在有行政隶属关系的两个不同级别的地方人大同时担任人大代表，不属于本条所规定的范围，如某公民既担任省级人大代表，又担任该省所辖市的人大代表，是不违反法律规定的。

（二）代表履职情况的公示

根据代表法第四十八条、第四十九条、第五十条的规定，代表资格审查委员会的职责，还包括对暂时停止人大代表执行代表职务、人大代表资格终止的情形，向本级人大常委会或者乡、民族乡、镇的人大主席团报告，代表资格终止的情形报告后，由本级人大常委会或者乡、民族乡、镇的人大予以公告。

根据选举法第五十三条第二款规定："罢免由县级以上的地

方各级人民代表大会选出的代表，须经各该级人民代表大会过半数的代表通过；在代表大会闭会期间，须经常务委员会组成人员的过半数通过。罢免的决议，须报送上一级人民代表大会常务委员会备案、公告。"选举法第五十五条第二款规定："县级的人民代表大会代表可以向本级人民代表大会常务委员会书面提出辞职，乡级的人民代表大会代表可以向本级人民代表大会书面提出辞职。县级的人民代表大会常务委员会接受辞职，须经常务委员会组成人员的过半数通过。乡级的人民代表大会接受辞职，须经人民代表大会过半数的代表通过。接受辞职的，应当予以公告。"

近年来，根据党的文件、法律规定和人大工作经验，人大代表基本信息可以公示了。有关机构或者人大代表本人向选民或者选举单位公开代表姓名、工作单位、职务、职业、联系电话、代表的职责、履职承诺、履职要求、履职活动、履职积分、履职评议等，明确代表联系群众的时间、地点及联系方式，方便原选区选民或者原选举单位联系代表，保证原选区选民或者原选举单位了解代表履职的具体情况。

在实践中，为了加强对人大代表履职的监督和管理，各地人大进行了不懈的探索。有的地方人大制定了履职承诺、履职积分、履职菜单等办法，目的都是要把代表履职情况详细统计和公布出来。

对于人大代表个人来说，人大代表的身份要充分公开，以开放的心态面对选民，接受选民的意见，加强与选民的联系，接受选民监督。人大代表要充分利用现代科技条件，以电视、电话、电子邮箱、微信等各种各样的形式，向选民征集意见和建议，接受选民和人民群众的监督。

二、代表述职制度

代表述职制度，是人大代表接受询问和监督的一种有效途径。原选区选民或原选举单位，有权了解和监督代表履行职责情况。代表法第六条规定："代表受原选区选民或者原选举单位的监督。"根据代表法规定，代表接受监督的形式，包括经常听取人民群众对其履职的意见、回答原选区选民或者原选举单位对代表工作和代表活动的询问、县乡人大代表向原选区选民报告履职情况等。

党的十八大以来，按照中央有关文件精神和法律规定，总结全国各级人大的工作经验和做法，建立了人大代表述职的一些新机制。建立人大代表履职档案和述职报告机制，详细记载人大代表履职情况，并以适当方式向有关方面通报或者向社会公开，作为奖惩的重要依据。人大代表述职内容包括代表履职的承诺、量化的代表工作和代表活动情况。这样，人大代表履职就有章可循，履职积极性主动性必然会提高。在实践中，不少地方人大根据自己的具体情况实行了人大代表述职制度，并不断进行完善。

第五节　暂时停止执行人大代表职务

暂时停止执行人大代表职务，人大代表资格终止，人大代表的辞职，人大代表的罢免，属于人大代表监督和管理的范畴。对人大代表的管理、监督、纪律与约束，我国尚未制定专门的法律，只在宪法、代表法、地方组织法、选举法等法律中作出了一些规定。人大代表应该模范地遵守宪法和法律，密切联系人民群众，认真执行代表职务。人大代表在任期内出现法律规定的某种情形，人身自由受到严重限制，不能或不便于执行代表职务时，暂时自行停止执行代表职务。

一、暂时停止执行人大代表职务的情形

代表法第四十八条明确规定："代表有下列情形之一的，暂时停止执行代表职务，由代表资格审查委员会向本级人民代表大会常务委员会或者乡、民族乡、镇的人民代表大会报告：（一）因刑事案件被羁押正在受侦查、起诉、审判的；（二）被依法判处管制、拘役或者有期徒刑而没有附加剥夺政治权利，正在服刑的。前款所列情形在代表任期内消失后，恢复其执行代表职务，但代表资格终止者除外。"

暂时停止执行代表职务，是指在人大代表资格有效的前提下，因代表人身自由受到严重限制导致无法执行代表职务，而对代表职务中止的一种法定方式。这是我国对人大代表执行代表职务实行监督的一项重要措施和制度设计，是为了解决代表遇到人身自由严重受限但又仍然有代表资格的矛盾。也就是说，一方面该代表不可能进行代表工作或者代表活动，另一方面如果该代表执行代表职务又有损国家权力机关的形象和代表职务的严肃性。在这种情况下，如果该代表不被原选区选民或者原选举单位罢免或者辞职，就暂时停止其执行代表职务。

在实践中，需要正确理解和把握暂时停止执行人大代表职务的四种法定情形的内涵：一是代表涉嫌刑事犯罪。这里不包括代

表只是违反行政法规、应受行政处罚或者依法被采取行政强制措施，违反妨害起诉、应受非刑事制裁的情形。二是代表已经被羁押。这里不包括取保候审、监视居住等其他限制人身自由措施的情形。三是代表正在受侦查、起诉、审判。这里不包括代表虽然应当被追究刑事责任，但刑事诉讼尚未启动，公安局、检察院、法院没有进行侦查、起诉、审判活动等情形。四是代表被依法判处管制、拘役或者有期徒刑而没有附加剥夺政治权利正在服刑的。这里不包括被剥夺政治权利的，不包括被依法判处管制、拘役或者有期徒刑但没有服刑等情形。

暂时停止执行代表职务，不是代表资格终止，但意味着代表职务中止，需要依法处理好代表的人身自由受限的许可、暂时停止执行代表职务、代表资格终止三者的关系，不能混为一谈。

二、暂时停止执行人大代表职务的程序

根据代表法的规定，暂时停止代表执行职务是有法定程序的。首先是要取得对代表采取强制措施的许可，其次是审查确定是否需要暂时停止代表执行职务。

第一，人大代表执行代表职务受法律保护，非经法定事由、法定程序不受限制。人大代表涉嫌违法，需要限制其人身自由，首先采取代表法规定的许可或者报告的制度。

代表法第三十二条明确规定："县级以上的各级人民代表大会代表，非经本级人民代表大会主席团许可，在本级人民代表大会闭会期间，非经本级人民代表大会常务委员会许可，不受逮捕或者刑事审判。如果因为是现行犯被拘留，执行拘留的机关应当立即向该级人民代表大会主席团或者人民代表大会常务委员会报

告。对县级以上的各级人民代表大会代表，如果采取法律规定的其他限制人身自由的措施，应当经该级人民代表大会主席团或者人民代表大会常务委员会许可。人民代表大会主席团或者常务委员会受理有关机关依照本条规定提请许可的申请，应当审查是否存在对代表在人民代表大会各种会议上的发言和表决进行法律追究，或者对代表提出建议、批评和意见等其他执行职务行为打击报复的情形，并据此作出决定。乡、民族乡、镇的人民代表大会代表，如果被逮捕、受刑事审判、或者被采取法律规定的其他限制人身自由的措施，执行机关应当立即报告乡、民族乡、镇的人民代表大会。"

第二，确定暂时停止代表执行代表职务。在上述代表法第三十二条规定的几种情形中，如果出现了代表法第四十八条所规定的两种情形之一的，则暂时停止代表执行职务。

负责执行两种情形之一的有关执行机关（公安局、检察院、法院），应及时向代表原选区选民或者原选举单位和人大常委会或者乡镇人大报告，使其知情。收到有关执行机关的相关报告后，代表资格审查委员会及时向本级人大常委会或者乡、民族乡、镇的人大报告。报告经人大常委会或者乡镇人大会议通过后，要将暂时停止执行代表职务的决定，以书面形式通知该代表及其所在的原选区选民或者原选举单位有关执行机关以及其他相关方面等。

参照选举法的有关规定，人大常委会组成人员，人大专门委员会成员，乡镇人大主席、副主席被暂时停止执行代表职务的，其人大常委会组成人员，人大专门委员会成员，乡镇人大主席、副主席的职务相应地也要暂时停止执行。恢复代表执行代表职务，也要有这样的程序。暂时停止代表执行代表职务，要收回其代表证，待其恢复执行代表职务时，再将其代表证送回。暂时停止代表执行代表职务的时间，应当从本级人大常委会或者乡镇人大有关报告通过时起，恢复其执行代表职务的时间，也要从有关报告通过时起。

三、恢复执行人大代表职务

人大代表被依法暂时停止执行代表职务而其代表资格未被终止的，当在代表任期内暂时停止执行代表职务的情形消失后，即自行恢复法律赋予其代表职务的各项权利和义务。人大常委会或者乡镇人大应当立即恢复其执行代表职务。

但是，恢复执行人大代表职务有两个限制条件：第一，人大代表在代表法规定的暂时停止代表职务的情形消失后，如果任期已经届满，又没有再次当选代表的，代表资格自然终止。第二，人大代表在被羁押或者服役期间出现致使代表资格终止情形的，自然也无法恢复执行代表职务。

一般情况下，人大代表因刑事案件被羁押正遭受侦查、起诉、审判，或者依法被判处管制、拘役、有期徒刑正在服刑的，原选区选民或者原选举单位都会依法罢免其代表职务。

暂时停止执行代表职务和恢复执行代表职务，可以在人民代表大会或常委会会议上宣布，但不需要作出决定或发布公告。

第六节　人大代表资格终止

上一节论述了暂时停止执行代表职务，本节论述人大代表资格丧失的三种情形，即人大代表资格终止、人大代表辞职、人大代表被罢免，其他从略。

一、代表资格终止的内涵和程序

已经当选有效的人大代表，在其任期内出现法律规定的丧失代表资格的情形，不再享有代表的权利和义务，也就是说丧失了人大代表的资格。关于人大代表的任期，地方组织法第三十八条规定："地方各级人民代表大会代表任期，从每届本级人民代表大会举行第一次会议开始，到下届本级人民代表大会举行第一次会议为止。"代表当选之日起，到第一次会议开始前的期间，不包括在代表的任期之内。

代表法第四十九条规定了代表资格终止的 7 种情形：地方各级人大代表迁出或者调离本行政区域的；辞职被接受的；未经批准两次不出席本级人大会议的；被罢免的；丧失中华人民共和国国籍的；依照法律被剥夺政治权利的；丧失行为能力的。此外，人大代表死亡的，其代表资格也自行终止。选举法第五十七条规定，地方各级人大代表在任期内调离或者迁出本行政区域的，其代表资格自行终止，缺额另行补选。

代表资格终止的程序，代表法作了具体规定。根据代表法第五十条的规定，县级以上的各级人民代表大会代表资格终止，要由选出该代表的原选举单位提出终止其代表资格，并报上一级人大常委会代表资格审查委员会；人大常委会代表资格审查委员会报本级人大常委会，由本级人大常委会予以公告。乡镇级人大代表资格终止，由代表资格审查委员会报本级人大，由本级人大予以公告。实践中，乡镇人大代表资格终止，一般是由本级人大代表资格审查委员会向本级人大主席团报告，由本级人大主席团予以公告。

根据选举法的有关规定，代表资格终止后，县级以上各级人大代表在本级人大常委会、专门委员会的职务，乡镇人大代表在本级人大的职务相应终止，由人大主席团或者人大常委会予以公告。

代表资格的终止也就是代表资格的丧失。代表法第四十九条规定的代表资格终止的几种情况，除了辞职被接受的和被罢免的有法定的处理程序之外，其他的代表资格终止的程序都没有法律规定。一般情况下，提起终止代表资格的应是原选区选民或者原选举单位。

二、代表的辞职

我国各级人大代表每届法定任期五年，从每届本级人民代表大会举行第一次会议开始，到下届本级人民代表大会举行第一次会议为止。每届人大代表，一经确认代表资格，就要在任期内依法执行代表职务，发挥作用。在 5 年任期内，如果由于工作调动、健康状况，或者违法乱纪、消极怠工、失职、不称职等原因，不能或不愿继续履行代表职责，人大代表可以辞去代表职务。人大代表辞职是主动请求终止自己代表职务的行为。2002 年 7 月 9 日颁布的《党政领导干部选拔任用工作条例》中规定的辞职，包括因公辞职、自愿辞职、引咎辞职、责令辞职 4 类。这也适用于人大代表的辞职。人大代表向谁提出辞职、如何接受辞职等，都有法律规定。

选举法第五十五条规定，全国人大代表，省、自治区、直辖市、设区的市、自治州的人大代表，可以向选举他的人大常委会书面提出辞职。常委会接受辞职，须经常委会组成人员的过半数通过。接受辞职的决议，须报送上一级人大常委会备案、公告。县级的人大代表可以向本级人大常委会书面提出辞职，乡级的人大代表可以向本级人大书面提出辞职。县级的人大常委会接受辞职，须经常委会组成人员的过半数通过。乡级的人大接受辞职，须经人大会议过半数的代表通过。接受辞职的，应当予以公告。

接受人大代表辞职的主体。根据上述法条规定，间接选举产生的县级以上的人大代表，"向选举他的人民代表大会的常务委员会"提出辞职。直接选举产生的人大代表，即县乡两级人大代表。县级人大代表向本级人大常委会提出辞职；乡镇级人大代表向本级人民代表大会提出辞职。这就是说，代表可以向选举他的人大提出辞职，也可以向选举他的人大的常委会提出辞职，后者是一般的常态，操作起来比较方便。对间接选举的代表，人大或者其常委会决定接受其辞职的决议须报上一级人大常委会备案公告；对直接选举的代表，接受辞职的，本级人大常委会或者乡级人大应当予以公告。

人大代表辞职，只能采用书面的方式，不能采用口头的方式。

人大代表辞职的接受。代表以书面方式提出辞职以后，不能自然就产生辞去代表职务的效力，而是还需要经过接受其辞职的程序。按照选举法第五十五条的规定，接受代表辞职的程序包括：第一，间接选举产生的人大代表辞职的接受。代表提出辞职请求后，例如在闭会期间，人大常委会主任会议研究后直接作为一项议程提请常委会进行审议和表决，通过后形成决议。第二，直接选举产生的人大代表辞职的接受。

人大代表辞职后相应职务处理的规定。选举法第五十六条规定：“县级以上的各级人民代表大会常务委员会组成人员，县级以上的各级人民代表大会的专门委员会成员，辞去代表职务的请求被接受的，其常务委员会组成人员、专门委员会成员的职务相应终止，由常务委员会予以公告。乡、民族乡、镇的人民代表大会主席、副主席，辞去代表职务的请求被接受的，其主席、副主席的职务相应终止，由主席团予以公告。”

所谓相应终止，就是指代表辞职一旦被接受，就产生终止其所担任职务的效力，无须本级人大或者常委会再专门通过一个免去其职务的决定，而只需由接受辞职的县级以上地方人大常委会或者乡级人大主席团予以公告即可。

三、代表的罢免

人大代表选举是一项十分重要的政治活动，关系到公民的选举权和被选举权，关系到国家权力机关的组织和运行。选举法对各级人大代表的选举作了全面的规范。同样地，对于那些不依法忠实履行职责甚至有违法犯罪行为的人大代表，选举法、代表法等法律也提出了“罢免”条款，旨在督促人大代表依法尽职尽责地履行职责。

（一）监督和罢免人大代表的主体

根据有关法律规定，只有原选区选民或者原选举单位才能罢免自己选出的人大代表。宪法第七十七条规定，全国人大代表受原选举单位的监督。原选举单位有权依照法律规定的程序罢免本单位选出的代表。宪法第九十六条规定，地方各级人大是地方国家权力机关，依照宪法和法律行使职权。宪法第九十七条规定，省、直辖市、设区的市的人大代表由下一级的人大选举；县、不设区的市、市辖区、乡、民族乡、镇的人大代表由选民直接选出。宪法第一百零二条规定，省、直辖市、设区的市的人大代表受原选举单位的监督；县、不设区的市、市辖区、乡、民族乡、镇的人大代表受选民的监督。地方各级人大代表的选举单位和选民有权依照法律规定的程序罢免由他们选出的代表。宪法第一百零四条规定，县级以上的地方各级人大常委会，在本级人大闭会期间，罢免和补选上一级人大的个别代表。代表法第十五条规定，全国人大代表有权依照法律规定的程序提出对全国人大常委会组成人员的罢免案；县级以上的地方各级人大代表有权依照法律规定的程序提出对本级人大常委会组成人员的罢免案；乡、民族乡、镇的人大代表有权依照法律规定的程序提出对本级人大主席、副主席的罢免案。代表法第四十七条规定，选民或者选举单位有权依法罢免自己选出的代表。选举法第四十九条规定，全国和地方各级人大的代表，受选民和原选举单位的监督。选民或者选举单位都有权罢免自己选出的代表。

依照谁选举、谁监督、谁罢免的原则，由下一级人大选举出来的上一级人大代表，由选举单位负责监督和罢免；由选民直接选举产生的县、乡两级人大代表，由原选区的选民负责监督和罢免。由本级人大选出的人大常委会组成人员，人大主席、副主席，本级人大代表有权监督和罢免。

（二）罢免案提出必须符合法定人数

关于间接选举产生的县级以上人大代表的罢免。间接选举选出的人大代表，由原选举单位监督、罢免。根据选举法第三条第一款规定："全国人民代表大会的代表，省、自治区、直辖市、设区的市、自治州的人民代表大会的代表，由下一级人民代表大会选举。"根据选举法第五十一条的规定，县级以上的地方各级人民代表大会举行会议时，主席团或十分之一以上代表联名，可以提出对由该级人大选出的上一级人大代表的罢免案。在人大闭会期间，县级以上的地方各级人大常委会主任会议或者常委会五分之一以上组成人员联名，可以向常委会提出对由该级人大选出的上一级人大代表的罢免案。

关于由直接选举产生的县乡两级人大代表的罢免。根据选举法第三条第二款的规定："不设区的市、市辖区、县、自治县、乡、民族乡、镇的人民代表大会的代表，由选民直接选举。"选举法第五十条规定，对于县级的人大代表，原选区选民五十人以上联名，对于乡级的人大代表，原选区选民三十人以上联名，可以向县级的人大常委会书面提出罢免要求。

（三）罢免案必须书面提出，应当写明罢免理由

选举法第五十条、第五十一条规定，罢免县乡级和县级以上人大代表的罢免案，必须书面提出，并写明理由。但是，在何种情况下罢免人大代表，选举法等法律并没有具体规定。一般情况下，只要人大代表失去了原选区选民或者原选举单位的信任，就可以被罢免。因此，罢免人大代表可以包括各种情况。例如，人大代表有违法犯罪行为、违反纪律、道德败坏，或者本职工作严重失职，或者未能很好地履行代表职责以及其他原因不再适合当代表职务的，应当辞去代表职务而没有辞去的等。

（四）罢免案的审议

罢免案的审议过程，也是被罢免人大代表的申辩过程。选民有权提出罢免，人大代表也有权提出申辩。所谓申辩，就是指被提出罢免的代表，就选民提出的罢免理由进行有针对性的解释或说明。按照宪法和有关法律的规定，县、乡两级人大代表每届任

期五年。在代表任期未满之前，选民提出罢免要求，可能由于不了解代表履职情况或者其他原因，所以应当赋予被要求罢免的代表的申辩权利。

选民联名提出罢免要求，被提出罢免的人大代表提出申辩之后，如果联名提出罢免要求的选民决定撤回罢免要求的，则相关程序即终止。如果罢免要求没有被撤回的，则进入罢免的表决程序。

县级以上人大代表罢免案的审议。选举法第五十一条规定，县级以上的地方各级人大举行会议时，被提出罢免的代表有权在主席团会议和大会全体会议上提出申辩意见，或者书面提出申辩意见，由主席团印发会议。罢免案经会议审议后，由主席团提请全体会议表决。县级以上的地方各级人民代表大会常务委员会举行会议时，被提出罢免的代表有权在主任会议和常委会全体会议上提出申辩意见，或者书面提出申辩意见，由主任会议印发会议。罢免案经会议审议后，由主任会议提请全体会议表决。

县乡人大代表罢免案的审议。选举法第五十条规定，罢免县级和乡级人大代表，被提出罢免的代表有权在选民会议上提出申辩意见，也可以书面提出申辩意见。县级的人大常委会应当将罢免要求和被提出罢免的代表的书面申辩意见印发原选区选民。表决罢免要求的会议，由县级的人大常委会派出有关负责人员主持。

（五）罢免案的表决方式和通过条件

根据选举法第五十二条、第五十三条规定，罢免间接选举和直接选举产生的人大代表，都采用无记名投票的表决方式。实行无记名投票原则或者秘密选举原则，有利于保证选民或者代表自由行使选举权。"无记名"的目的是避免他人知道参加投票的人大代表的投票情况，防止出现报复打击的现象出现。按电子表决器的办法也是无记名表决。

间接选举出来的人大代表的罢免通过的条件。罢免县级以上的地方各级人大选出的上一级人大代表，按照人大开会和闭会两种情况下，选举法第五十三条分别规定了罢免通过的条件。第一，在人民代表大会开会期间，罢免代表通过的条件是须经各该级人民代表大会过半数的代表通过。第二，在代表大会闭会期间，罢免代表通过的条件是须经常务委员会组成人员的过半数通过。罢免的决议，须报送上一级人大常委会备案、公告。

直接选举出来的县乡级人大代表罢免通过的条件。根据选举法第五十三条规定，罢免县级和乡级人民代表大会代表，必须经过原选区过半数以上选民的通过。按照选举法第四十五条第一款的规定："在选民直接选举人民代表大会代表时，选区全体选民的过半数参加投票，选举有效。代表候选人获得参加投票的选民过半数的选票时，始得当选。"由此可见，罢免人大代表的条件比选举人大代表的条件要严格。

（六）罢免的后果

根据宪法、地方组织法等法律的规定，全国人大常委会的组成人员、县级以上的地方人大常委会的组成人员，以及乡、民族乡、镇人民代表大会的主席、副主席，均由人大从本级人大代表中选出；全国人大以及地方人大专门委员会成员，由大会主席团在本级人大代表中提名并经大会通过。如全国人大组织法第二十三条规定，全国人大常委会由委员长、副委员长若干人、秘书长、委员若干人组成，常委会的组成人员由全国人大从代表中选出。全国人大组织法第三十四条规定，各专门委员会的主任委员、副主任委员和委员的人选由主席团在代表中提名，全国人民代表大会会议表决通过。在大会闭会期间，全国人民代表大会常务委员会可以任免专门委员会的副主任委员和委员，由委员长会议提名，常务委员会会议表决通过。地方组织法第四十七条规定，省、自治区、直辖市、自治州、设区的市的人大常委会由本级人大在代表中选举主任、副主任若干人、秘书长、委员若干人组成。县、自治县、不设区的市、市辖区的人大常委会由本级人大在代表中选举主任、副主任若干人和委员若干人组成。地方组织法第三十四条规定，各专门委员会的主任委员、副主任委员和委员的人选，由主席团在代表中提名，大会通过。地方组织法第十八条规定，乡、民族乡、镇的人大设主席，并可以设副主席一人至二人。主席、副主席由本级人大从代表中选出，任期同本级人大每届任期相同。按照这些规定，担任上述职务的前提条件，就是必须具备本级人大代表的资格。

　　根据选举法第五十四条的规定，县级以上的各级人大常委会组成人员，县级以上的各级人大专门委员会成员的代表职务被罢免的，其常务委员会组成人员或者专门委员会成员的职务相应撤销，由主席团或常务委员会予以公告。乡、民族乡、镇的人民代表大会主席、副主席的代表职务被罢免的，其主席、副主席的职务相应撤销，由主席团予以公告。

　　所谓相应撤销，就是指自然撤销，即代表一旦被罢免，就产生撤销其所担任职务的效力，无须本级人大或者常委会再专门通过一个撤销其职务的决定，而只需由大会主席团或者常务委员会予以公告即可。

　　总之，罢免人大代表已经有一整套严格的法律程序。但是，罢免案的提出程序和罢免案的受理审议与表决，以及罢免的决议备案和公告等工作，在实践中仍然需要与时俱进地加以完善。

人大代表被罢免和人大代表辞职，都是人大代表资格终止的情形，都是人大代表去职的手段。但二者有一些区别：人大代表辞职一般是自愿的和主动的；人大代表被罢免是强制性的惩处措施。

需要指出的是，在实践中，有的地方人大发明了监督代表履职的新方式，比罢免程度要轻。一是约谈。对于消极履职、积分较低、述职评议结果较差的人大代表，由人大进行约谈，能够起到一定的鞭策作用。二是劝辞。对于履职不力或怠于履职，约谈后不整改的代表，或有其他情形，不适宜继续担任代表职务的代表，劝其主动辞去代表职务。

综上所述，人民代表大会工作是一项关系中国特色社会主义建设全局的伟大工作，关系着中华民族复兴的伟大事业，具有极强的时代性、政治性、法律性、专业性、责任感、道德感、光荣感，对人大代表的思想政治、法律知识、专业知识、人大知识、道德水平都有很高的要求。随着时代进步，按照党和人民群众的期望，随着社会主义民主政治的深入发展，人大承担的工作会越来越繁重，工作的领域会越来越宽广，扮演的角色会越来越重要。因此，对人大代表的民主监督和民主管理，也就会越来越重要、越来越严格。

人大代表应结合自身履职的需要，自觉地努力地学习党的路线、方针、政策和国家法律法规，自觉地努力地学习经济、社会、历史、文化、科技、军事等各方面的知识，大力扩大视野，培养全局观念，改进思想作风，增强调查研究和议政督政的能力，增强为民履职的担当和行动自觉，力争不辜负新时代人民群众的重托。

监督和管理人大代表履职的工作是一个复杂的系统工程，已经有一整套的法律、法规、体制、机制、程序等。我们希望，人大代表履职的监督和管理系统，与整个人民代表大会制度一起，要随着时代不断进步，随着人大工作实践不断完善，不断科学化、民主化、制度化、规范化、系统化、公开化、现代化、信息化、智慧化，全面、强力督促人大代表始终不渝地高质量高效率地为人民服务。由此，中国特色社会主义民主政治建设就进入了一个更加美好的伟大境界。

参考文献

《中华人民共和国宪法》，人民出版社 2018 年版。

《中华人民共和国全国人民代表大会和地方各级人民代表大会选举法（最新修正本）》，中国民主法制出版社 2020 年版。

《中华人民共和国全国人民代表大会组织法》，人民出版社 2021 年版。

《中华人民共和国地方各级人民代表大会和地方各级人民政府组织法》，人民出版社 2022 年版。

《中华人民共和国立法法（含草案说明）（2023 年最新修订)》，中国法制出版社 2023 年版。

《中华人民共和国各级人民代表大会常务委员会监督法》，法律出版社 2006 年版。

《中华人民共和国全国人民代表大会和地方各级人民代表大会代表法（最新修正本)》，中国民主法制出版社 2015 年版。

《中华人民共和国监察法》，人民出版社 2018 年版。

习近平：《高举中国特色社会主义伟大旗帜　为全面建设社会主义现代化国家而团结奋斗——在中国共产党第二十次全国代表大会上的报告》，人民出版社 2022 年版。

习近平：《习近平谈治国理政》1—4 卷，外文出版社，2017 年、2018 年、2020 年、2022 年版。

习近平：《论坚持人民当家作主》，中央文献出版社 2021 年版。

中共中央文献研究室编：《十八大以来重要文献选编》上、中、下册，中央文献出版社 2014 年、2016 年、2018 年版。

中共中央党史和文献研究院编:《十九大以来重要文献选编》上、中册,中央文献出版社 2019 年、2021 年版。

《党的二十大报告辅导读本》编写组编著:《党的二十大报告辅导读本》,人民出版社 2022 年版。

张春生主编:《代表法讲话》,人民出版社 1992 年版。

蔡定剑著:《中国人民代表大会制度》,法律出版社 1998 年。

人民代表大会制度研究所编:《与人大代表谈如何履行职责》,人民出版社 2004 年版。

尹中卿主编:《人大研究文萃》,中国法制出版社 2004 年版。

中共中央文献研究室编:《十六大以来重要文献选编》(中),中央文献出版社 2006 年版。

施友松著:《人大代表工作简论》,中国民主法制出版社 2006 年版。

乔晓阳主编:《中华人民共和国全国人民代表大会和地方各级人民代表大会代表法导读与释义》,人民出版社 2010 年版。

陈斯喜主编:《人大代表履职问答及指南》,人民出版社 2011 年版。

上海市人大常委会办公厅编:《人大代表履职简明手册》,复旦大学出版社 2011 年版。

李树春著:《人民代表大会制度知识读本》,中国民主法制出版社 2012 年版。

《人大代表工作手册》编委会编:《人大代表工作手册》,广东人民出版社 2013 年版。

程湘清主编:《人大常委会主任工作全书》,中国民主法制出版社 2013 年版。

全国人大常委会办公厅编:《全国人民代表大会及其常务委员会

大事记：1954—2014》，中国民主法制出版社 2014 年版。

刘政著：《人民代表大会制度的历史足迹（增订版）》，中国民主法制出版社 2014 年版。

全国人大常委会办公厅、中共中央文献研究室编：《人民代表大会制度重要文献选编》，中国民主法制出版社 2015 年版。

李适时主编：《地方组织法、选举法、代表法导读与释义》，中国民主法制出版社 2015 年版。

吴高盛主编：《地方组织法、选举法、代表法释义》，中国民主法制出版社 2015 年版。

万其刚主编：《人民代表大会制度简史》，中国民主法制出版社 2015 年版。

王汉斌主编：《人民代表大会制度文献集成》，中国民主法制出版社 2016 年版。

陈斯喜：《人民代表大会制度概论》，中国民主法制出版社 2016 年版。

李伯钧著：《人大代表依法履职实用手册》，中国民主法制出版社 2016 年版。

张洪明、王云奇著：《人民代表大会规范用语》，中国民主法制出版社 2016 年版。

陈庆立编著：《怎样当好人大代表》，人民出版社 2017 年版。

李树春编著：《人大代表依法执行职务知识读本》（第二版），中国民主法制出版社 2017 年版。

吴会清、谭筱刚编著：《地方各级人大代表履职教程》，中国民主法制出版社 2018 年版。

法律出版社法规中心编：《中华人民共和国法律全编》，法律出版社 2019 年版。

浙江省人大常委会代表与选举任免工作委员会编：《人大代表提出议案、建议应用手册》，中国民主法制出版社 2019 年版。

《人民当家作主：人民代表大会制度的运行和发展》编写组：《人民当家作主：人民代表大会制度的运行和发展》，人民出版社 2020 年版。

全国人民代表大会常务委员会办公厅编：《中华人民共和国第十三届全国人民代表大会第四次会议文件汇编》，人民出版社 2021 年版。

许安标主编：《新编人大代表履职工作手册》，中国法制出版社 2021 年版。

席文启著：《人民代表大会工作问答》，中国民主法制出版社 2021 年版。

全国人大常委会办公厅：《关于完善人大代表联系人民群众制度的实施意见》，《中国人大》2016 年第 16 期。

《新时代新征程上的奋进答卷——十三届全国人大及其常委会五年工作回顾》，《中国人大》2023 年第 2 期。

《中共中央　国务院印发〈党和国家机构改革方案〉》，《人民日报》2023 年 3 月 17 日第 1 版。

中国人大网：http://www.npc.gov.cn/

后记

　　本书坚持以习近平新时代中国特色社会主义思想为指导，根据中央有关文件和宪法、法律的最新精神和规定，在吸收、借鉴前人研究成果和总结近年人大代表工作实践经验的基础上，以通俗、简明的方式，较为全面地梳理了人大代表的基本情况，代表的选举与罢免，代表的性质与地位，代表的权利与义务，代表在人大会议期间的工作，代表在人大闭会期间的活动，代表的履职保障以及对代表的监督与管理等。全书具体分工如下。

　　章　林：制定全书框架纲目，全书统稿，编写前言、第一章第一节、第五节、第六节和第二章、第三章，改编第四章。

　　李跃乾：编写第五章。

　　刘福军：编写第一章第二节、第三节和第四节。

　　王仰飞：编写第四章。

　　本书在编写、出版过程中，北京联合大学周小华编审和杨积堂教授提供了重要的支持和帮助，全国人大图书馆馆长万其刚、西安交通大学教授王维国以及外审专家提出了十分宝贵的修改意见，责任编辑做了大量的文字编辑工作，在此一并表示感谢。本书虽然吸收了当前已有的相关成果，但由于作者水平有限，书中还存在许多问题和不足，恳请读者批评指正。

　　我国的人民代表大会制度，是中国共产党领导人民在长期革命斗争中创造的一种新的政权组织形式。1949年9月29日，中国人民政治协商会议第一届全体会议通过的《中国人民政治协商会议共同纲领》提出："中华人民共和国的国家政权属于人民。人民行使国家政权的机关为各级人民代表大会和各级人民政府。"人民代表大会制度由此确定。1949年至1954年8月，从中国人民政治协商会议和地方各界人民代表会议向各级人民代表大会过渡。1954年9月，第一届全国人民代表大会第一次会议召开，我国人民代表大会制度建立。至今，人民代表大会制度走过了70年，回顾这70年历程，从1954年到1966年人民代表大会制度全面确立并曲折发展；"文化大革命"的10年，人民代表大会制度遭受严重破坏；从粉碎"四人帮"特别是党的十一届三中全会开始，人民代表大会制度得到恢复和进一步健全，人大工作取得重大进展。党的十八大以来，我们党立足新的历史方位，深刻把握我国社会主要矛盾发生的新变化，积极回应人民群众对民主法治的新要求新期盼，着力推进国家治理体系和治理能力现代化，健全人民当家作主制度体系，加强基层政权建设，改进人大代表工作，人大工作取得历史性成就，人民代表大会制度更加成熟、更加定型。

《中国特色社会主义根本政治制度——人民代表大会制度纪实》丛书，则是尽可能通过整理历史文献的方式，记录和展现人民代表大会制度确立、曲折发展、不断健全、逐步成熟、完善定型的制度发展和人大工作全貌。项目实施过程，是回顾中国特色社会主义根本政治制度逐渐完善的过程，是汇集70年来历代人大工作者工作成就和艰辛探索的过程。同时，也是编写团队记录、整理、学习，以及勤奋耕耘的过程。该丛书具体构成和分工如下：

《人民代表大会制度引论》，万其刚著；《人民代表大会制度发展历程》，万其刚著；《人大选举制度和任免制度》，徐丛华著；《人大立法制度》，主编：张生，副主编：刘舟祺、邹亚莎、罗冠男；《人大代表工作制度》，章林、李跃乾、刘福军、王仰飞编著；《人大讨论决定重大事项制度》，任佩文、吴克非、王亚楠编著；《人大监督制度》，吉卫国著；《人大会议制度》，陈家刚、蔡金花、隋斌斌著；《人大对外交往工作》，王柱国、陈佳美思、庞明、刘亚宁编著；《人大自身建设》，唐亮、万恒易、梁明编著；《人大选举和任免工作纪实》，主编：任佩文，副主编：王亚楠；《人大代表工作纪实》，主编：任佩文，副主编：吴克非；《人大会议工作纪实（目录）》，主编：李正斌，副主编：高嵩；《人大立法工作纪实（目录）》，主编：曾庆辉，副主编：邱晶；《人大监督工作纪实（目录）》，主编：曾庆辉，副主编：邱晶。

上述作者分别来自全国人大、北京市人大、安徽省人大、兰州市人大、人民代表报、中国社会科学院法学所、北京联合大学、西安交通大学、西北师范大学、江西师范大学、中共广东省委党校等单位，既有一直从事人大制度研究的学者，也有长期从事人大工作的实务工作者。

限于出版篇幅，丛书暂未收录地方人大相关文献；同时，适应出版新形态的需要，部分工作纪实将目录纸质出版，具体内容同步以数据库方式出版。参与数据库编纂工作的人员有杨积堂、周小华、王维国、崔英楠、曾庆辉、邱晶、李正斌、高嚣、王柱国、陈佳美思、庞明、刘亚宁、任佩文、吴克非、王亚楠、刘宇、周悦、曹倩、赵树荣、姜素兰、王岩、魏启秀、沙作金、马磊、张新勇、李少军、喻思敏、钟志龙、王婷、邱纪贤、钮红然、祝蓉、陈敏、杨世禹、常晓璐、周义、王乔松、梅润生、杨娇、周鹏、李俊、杨蕙铭、徐博智、于淼、陈东红、冯兆惠、石亚楠等同志。丛书由杨积堂和吴高盛担任执行总主编并负责统稿。

"中国特色社会主义根本政治制度——人民代表大会制度纪实"是所有参与人员努力协作的成果，由于时间跨度大，内容交叉多，为了尽可能反映 70 年来人大工作的全貌，各部分作者之间反复进行沟通、协调，力求内容准确全面，同时尽可能避免重复。在编写过程中，每一位作者、编辑都倾尽全力，以高度的责任感和使命感投入工作，翻阅了大量文献资料，进行了深入研究与探讨。虽然我们已竭尽全力，但深知丛书一定存在不足之处，我们期待着读者的反馈与建议，以便在未来不断改进和完善。

在丛书即将出版之际，我们要特别感谢全国人大图书馆为文献查阅提供的帮助和支持，感谢北京联合大学人民代表大会制度研究所从选题策划到最终编写全过程给予的大力支持。中国民主法制出版社刘海涛社长、贾兵伟副总经理带领团队，对丛书编写、审读、编辑、出版的每一个环节给予严谨的指导和热忱的帮助，责任编辑张霞、负责数据库开发的翟锦严谨、敬业，在此一并表达敬意和感谢。

习近平总书记强调："人民代表大会制度，坚持中国共产党领导，坚持马克思主义国家学说的基本原则，适应人民民主专政的国体，有效保证国家沿着社会主义道路前进。人民代表大会制度，坚持国家一切权力属于人民，最大限度保障人民当家作主，把党的领导、人民当家作主、依法治国有机统一起来，有效保证国家治理跳出治乱兴衰的历史周期率。人民代表大会制度，正确处理事关国家前途命运的一系列重大政治关系，实现国家统一高效组织各项事业，维护国家统一和民族团结，有效保证国家政治生活既充满活力又安定有序。"值此全国人民代表大会成立 70 周年之际，我们希望这套丛书能够为人民代表大会制度研究和实务工作的更好开展尽绵薄之力，把国家根本政治制度坚持好、完善好、运行好、宣传好，努力开创人大工作新局面。

编　者